KB048408

홍광수의 K-DISC

관계 혁명

홍광수의 K-DISC

관계 혁명

초판 1쇄 인쇄 2023년 11월 6일
초판 1쇄 발행 2023년 11월 10일

글	홍광수
펴낸곳	(주)거북이북스
펴낸이	강인선
등록	2008년 1월 29일(제395-3870000251002008000002호)
주소	10543 고양시 덕양구 청초로 66
	덕은 리버워크 A동 309호
전화	02.713.8895
팩스	02.706.8893
홈페이지	www.gobook2.com
편집	오원영, 류현수
디자인	김그림
디지털콘텐츠	이승연, 임지훈
경영지원	이혜련
인쇄	(주)지에스테크

ISBN 978-89-6607-471-6 03190
이 책에 실린 글과 그림은 저작권자와 맺은 계약에 따라
일부 또는 전부를 무단으로 싣거나 복제할 수 없습니다.

영혼을 담은 책 '북소울'은 ㈜거북이북스의 '변화와 성장' 출판 브랜드입니다.

홍광수의 K-DISC

관계 혁명

홍광수 지음

북소울

인간관계,

갈등 해결의 비밀을 알고 싶은

모든 분에게 이 책을 바칩니다.

희로애락으로 들끓는 성격 너머에
순수하고 고요한 영혼의 자리가 있다

이 책이 최초의 DISC 교과서가 되기 바란다.

DISC라는 인간 행동 유형을 공부한 지 30년이 흘렀다. 그동안 여러 권의 DISC 관련 서적을 출간했지만, DISC를 제대로 이해하는 '교과서'가 필요했다. 미국의 DISC 서적들도 인간 유형이 어떻게 만들어지는지, 기질과 체질의 원리를 모른다. 그래서 원리가 작동하는 행동 양식을 총망라한 책을 남기고 싶었다. 그 간절한 소망이 이 책《홍광수의 K-DISC: 관계 혁명》을 쓴 원동력이다.

DISC란 사람마다 독특하게 행동하는 패턴에 대한 연구이다. 1920년 즈음에 미국 컬럼비아대학교의 윌리엄 말스톤 교수에 의해 개발된 인간 행동 유형론이다. 히포크라테스로부터 비롯된 인간의 체질 이론을 말스톤 교수는 사람의 행동 양식에 따라 4유형으로 분류하였다.

6

DISC 4유형이란 D형, I형, S형, C형을 말한다. 애니어그램은 천문학에 의거한 고대의 영성적인 인간 이해인데 9가지로 분류하였고, MBTI는 칼융의 제자인 마이어스와 브릭스 두 모녀에 의해 개발된 분석 심리로 인간의 성향을 16개로 분류했다.

DISC는 4가지의 독특한 캐릭터를 통해 누구나 알기 쉽고 빠르게 사람을 이해할 수 있다.

Dominance지배, 점유로 대표되는 D형은 주도형이다. 성격이 급하고 강하며, 일에 강점이 있는 대신에 사람을 함부로 대하고 지배하려는 단점이 있다.

Influence영향, Interest관심, 흥미, 호기심, 재미로 대표되는 I형은 사교형이다. 사람을 좋아하며 밝고 긍정적이다. 타인에게 희망을 심어주는 장점이 있지만 일을 완벽하게 마무리하지 못하고 사치와 낭비하는 단점이 있다.

Steadiness착실, 끈기, 불변, 안정로 대표되는 S형은 안정형이다. 온건하며 성실하고 관용적이다. 조직에 대한 충성도가 높은 장점이 있지만 두려움이 많고 회피하며 결정적일 때 극단의 이기심으로 돌변할 수 있는 단점을 가졌다.

Conscientiousness근면, 성실로 대표되는 C형은 신중형이다. 섬세하며 차분하다. 책임감이 강하고, 학문과 연구에 깊이 몰입하는 장점이 있다. 하지만 지나친 결벽주의로 사람을 좋아하지 않는다. 자신과 타인에 대한 높은 기대치로 쉽사리 실망하거나 스트레스 처리가 힘든 단점을 가지고 있다.

한 사람의 행동 양식은 부모가 물려준 DNA와 몸의 장기들이 가진 강함과 약함 그리고 체질과 성장 환경이 연합하여 만든다. 인간의 체질은 기질을 만든다. 기질은 성장하면서 성격을 형성하고, 성격은 행동을 낳는다.

《삼국지》에서 성정이 난폭하여 부하들을 잘 때린 장비는 결국 부하들에 의해 죽었다. 오만한 관우는 그가 무시했던 오나라 손권에 의해 죽었다. 이 두 사건은 결국 촉의 멸망을 불러왔다. 만약 장비가 부하들을 잘 돌보고, 관우가 겸손했더라면? 중국의 역사는 유비, 관우, 장비 3형제에 의해 전혀 다른 모습으로 바뀌었을 것이다. 그들의 성격이 긍정적 요소로 결합할 때는 나라를 세웠지만, 부정적 요소로 결합하자 자기들이 세운 나라를 무너뜨리고 말았다. 이처럼 인간의 성격은 자신의 존재를 가로막는 에고 덩어리다. 인간은 성격 때문에 성공하고 성격 때문에 망한다. 우리는 자신이나 타인이 왜 그런 식으로 반응하고 행동하는지를 깊이 이해해야 한다. 이것이 소크라테스가 말한 "너 자신을 알라."이다. 자신을 알면 우주의 절반을 알게 된다. 나로부터 우주가 시작되기 때문이다.

이 책《홍광수의 K-DISC: 관계 혁명》은 DISC를 배우려는 연구자와 조직을 이끄는 리더, 인간관계를 고민하는 현대인, 그리고 아이를 훌륭하게 키우고 싶은 부모를 위한 책이다. 모든 것이 인간 성향을 잘 이해해야 가능하기 때문이다. 오랜 시간 연구한 인간 유형에 대한 이해와 대응하는 방법들을 정리한 이 책은 총 5장으로 구성했다.

1장에서는 기질이 탄생하는 원리를 다룬다. 2장에서는 4기질의 사람들에 대해 어떻게 이해하고, 어떻게 대응해야 하는지를 이야기한다. 절판된 나의 저서《관계》에서 밝힌 내용 중 꼭 필요한 부분은 2장에 다시 수록했다. 3장에서는 복합 기질의 이해와 원리를, 4장에서는 기질 사전인 40개 행동 유형 프로파일을 실었다. 5장에서는 부모를 위한 유형별 자녀 양육법을 설명한다.

개신대학원에서 강의할 때 유난히 날카로운 질문을 던지는 한 학생이 있었다. 지혜창조연구소를 만들어 많은 강사를 배출하고 있는 김민영 대표다. 그녀는 내게 DISC를 더 깊이 연구하도록 1, 2급 전문 과정과 DISC 강사 과정 그리고 탁월한 프로그램인 DISC 코치 과정을 만들어 진행하도록 도왔다. 그렇게 강의와 연구를 통해 나만의 K-DISC로 집대성할 용기가 생겼다. 삼성전자 임원 코칭 때 만난 김홍균 코치는 나와 함께 실버 코칭을 진행할 예정인데, 책 출간에 여러 도움을 주었다. 이 책을 출간한 거북이북스 강인선 대표는 K-DISC

1, 2급 강의를 직접 수강했고 책의 방향성도 설정해 주었다. 모두 고마운 분이다. 변함없이 부족한 종을 언제나 지지하고, 종을 위해 기도하는 선한 이웃교회의 성도들께도 감사드린다. 이제는 홀로 되신 나의 아버지 홍석산 목사님은 아들을 위해 매일 기도하신다. 아내는 가톨릭대학원에서 상담심리 치료학 공부를 마쳤는데, I/D형답게 대인관계 문제를 풀어나가는 데 탁월하다. 세 자녀와 사위, 손주들까지, 사랑하는 가족 모두에게 이 글을 빌려 고마움을 전하고 싶다. 무엇보다도 내게 생명을 주셔서 이 책을 쓰게 하시고 앞으로 BIBLE DISC를 완성할 때까지 보호하시고 사랑해 주실 나의 하나님께 무한 영광과 감사를 드린다. 이 세상에서 가장 좋은 일은 하나님이 나와 함께 하심이다.

K-DISC는 설문지로 검사하지 않아도 얼굴과 의상, 말투와 걸음걸이, 심지어는 카톡의 프로필 사진만 보아도 상대의 유형을 파악할 수 있다. 행동을 보고 사람을 이해하는 유형론이기 때문이다. 또 오링테스트로 자신의 본래 유형을 확인할 수 있다. 책을 진지하게 들여다보면 자신의 행동 원리를 알게 될 뿐 아니라 타인에 대한 이해와 사랑을 시작할 수 있다.

앞으로 이 책의 내용을 조금씩 나누어 방송으로 진행하고 싶다. 조직이나 가정의 문제를 실제로 풀어주는 라이브코칭으로 이어나갈 생각이다. K-DISC를 더 깊이 공부하여 이 책을 뛰어넘는 세계적인 강사들이 많이 배출되길 바란다. 인간관계 갈등의 비밀, 인간관계 해결 공식인 K-DISC의 나무 열매를 모든 인류가 함께 먹었으면 좋겠다.

하늘에 먹구름이 잔뜩 끼어있어도 비행기는 그 구름을 뚫는다. 하늘로 올라가 마침내 하얀 창공을 난다. 그곳은 먹구름도 오염된 비도 내리지 않는 태초의 빛만 존재하는 곳이다. 우리 마음도 그렇다. 희로애락으로 들끓는 성격 너머에 순수하고 고요한 영혼의 자리가 있다. 바로 우리 인간이 가진 본래의 영성이다. 이제는 그곳으로 갈 때가 되었다. 고요한 충만을 회복해야 한다.

홍광수

목차

5장 유형별 자녀 양육법

1장

인간의 원형, 기질의 시작

01

DISC를 만드는 원리

원형과 기질

신이 만든 기질

태초에 신神이 있었다. 신은 흑암으로부터 우주 만물을 만들었다. 인간의 과학적 분석에 따르면, 우주는 약 138억 년 전에 빅뱅으로 탄생했다고 한다. 우주의 극적인 탄생을 이야기하지만 모든 만물은 그 근원이 있는 법이다.

현대 양자 물리학은 온 우주가 양자와 파동으로 가득한 것을 알아냈다. 양자 파동은 신의 언어이며, 신의 운동 원리이다. 신은 그의 언어 파동으로 우주 만물을 만들었다. 138억 년 시간도 사실은 지구의 시간이다. 시간 개념은 모든 우주에서 다르다. 태양의 시간은 지구보다 느리다. 블랙홀의 시간은 더 느리게 간다. 인간의 시간은 유한한데 신의 시간은 시작과 끝이 없이 영원하다. 유럽의 과학적·합리적 사고로 인하여 현대인은 점점 자신의 창조 근원과 신비를 잃어갔다.

우주는 신의 게임을 위한 바둑판이다. 인류는 가로세로 19줄 바둑판에서 수십억 판의 게임을 했지만, 단 한 번도 마지막 수까지 똑같은 바둑을 둔 적이 없다. 그러니 온통 신비 가운데 있는 우주의 근원을 인간 뇌로는 알 수 없다. 신은 인간이 우주의 본질을 알도록 인간의 몸에 단서를 숨겨놓았다. 이것이 인간 존재의 목적이다. 너하고 나하고 게임을 하자는 것이다.

우리 인간은 자기의 몸도, 자기의 성격도, 자기 존재의 목적도, 심지어 자기의 감각이나 감정조차 모른 채 살다가 죽는다. 인간은 그렇게 아무렇게나 살다가 죽는 단순한 생명체인 걸까? 아니다. 휴먼 에너지장HEF을 연구한 나사NASA 출신의 바바라 앤 브레넌Barbara Ann Brennan을 비롯한 정신물리 통합Psychophysical Synthesis 연구자들은 인간 존재의 구성 원소들을 진지하게 이해했다.

인간은 눈에 보이는 존재와 보이지 않는 존재로 구성된다. 눈에 보이는 존재로는 첫째는 몸, 둘째는 에테르라고 불리는 감각, 셋째는 감정, 넷째로는 이성이 있다. 이성은 우리 뇌의 최상층부를 차지하는 신피질이다. 그런데 인간은 단순하게 유물론적으로 보이는 존재로만 구성된 게 아니다. 뉴턴이나 데카르트 같은 합리주의 시대의 물질적 사고가 인간 존재를 단순한 분자 구성 물질로 만들었다. 보이는 인간은 형상Form이다. 하지만 형상을 만드는 질료Matter는 다분히 양자적이며 영적이다.

인간은 죽으면 몸, 감각, 감정, 이성의 순서대로 소멸한다. 하지만 아스트랄체나 에테르 형판 수준이나 천상계, 케테르계와 같은 인간 구성의 지고한 초이성적, 영적 원소들은 소멸하지 않는다. 이런 원소들은 인간 안에 신비로 존재한다. 수많은 신비한 구성이 동시성의 원리를 이끈다. 생각 에너지의 파동은 양자 끌림 같은, 생각대로 이루는 경험을 선사하고, 하루아침에 암 덩어리가 사라지게도 한다.

그러니 아무리 힘들어도 자기 생명을 스스로 끊는 것은 참 어리석은 일이다. 목숨은 끊는다고 끊어지는 것이 아니다. 모든 게 죽는 것이 아니기 때문이다. 물론 몸과 감각, 감정은 죽는다. 그러나 보이지 않는 구성체들은 고유한 인간으로서의 의미와 목적을 가진 채 영구히 존재한다. 인간은 이렇게 위대한 영적 존재다.

그러므로 인간은 자기 존재의 의미를 찾는 데 자신의 생명을 사용해야 한다. 신이 인간 속에 감추어놓은 신의 명령어를 찾아내자. 그래야 인생을 정확하게 살다 갈 수 있다.

존재 신비의 실타래, 인간

구약 성경 창세기는 하나님이 인간을 만드는 장면을 상세히 기록했다. 하나님은 빛과 풀, 채소와 나무들을 만들고 해와 달과 무수한 별을 창조했다. 새와 바다의 생물들 그리고 땅의 모든 짐승을 순서대로 만들었다. 후에 자기 형상, 곧 하나님의 형상대로 사람을 창조했다. 남자와 여자를 창조하고 그들에게 복을 주었다. 창세기 1:27

하나님은 자기 형상대로 사람을 창조했으니 인간의 원형은 하나님의 형상인 것이다. 형상이란 형태形態의 상像이다. 어떤 형태가 밖으로 드러난 모습을 말한다. 그리고 형태란 질료의 결과물이다.

화를 잘 내는 질료를 갖고 태어난 사람은 화를 잘 내고, 까다로운 질료를 갖고 태어난 사람은 까다롭게 행동한다. 편안하고 부드러운 질료를 갖고 태어난 사람은 마음씨 좋은 사람이 되고, 말을 재미있게 하는 질료를 갖고 태어난 사람은 실제로도 재미있다. 원형이 형상을 만든다. 인간의 원형이 신이라는 사실은 너무나 영광이다. 우리의 원형이 아메바나 물고기 혹은 원숭이 같은 것이 아니어서 행복하다. 우주를 만든 가장 위대한 창조주의 형상이 인간의 원형이라는 사실만으로도 우리는 이미 고귀하다.

행복은 만드는 것이 아니다. 발견하는 것이다. 내 안에 숨어있는 신의 원형을 발견하는 사람은 가장 행복한 신의 자녀이다. 내 안에 살아 숨 쉬는 존재가 신이기 때문이다. 인간 창조의 또 다른 비밀을 살펴보자.

"여호와 하나님이 땅의 흙으로 사람을 지으시고, 생기를 그 코에 불어넣으시니 사람이 생령이 되니라." 창세기 2:7

형상만 닮게 지은 게 아니다. 하나님의 생기 곧 신의 숨을 인간의 코에 불어넣었는데 그때부터 사람이 살아있는 영적 존재가 되었다는 말씀이다. 하나님의 숨을 히브리어로는 '루아흐'라고 하고 그리스어로는 '프뉴마'라고 하는데, 이는 신의 능력이며 신을 영원히 존재케 하는 영원한 숨이며 생명이다. 이 숨의 정체가 인간 존재의 근원이다.

플라톤의 이데아처럼 신을 그리워하는 마음, 절망 가운데서 하늘을 탓하거나 하늘의 도움을 바라는 무구한 원시적 행동들은 우리 숨속에 숨어있는 신의 숨결이다.

프로이트처럼 인간의 욕망에서 인간의 근원을 보고 싶지는 않다. 우리 속에 흐르는 거룩한 하나님의 숨결이야말로 인간 성향의 근원이기 때문이다. 여기서부터 사람의 관계와 사람 됨됨이에 대한 본질적 욕망을 풀어나가려 한다. 다시 말하면 물질적 욕구를 충족시키려는 인간은 본래의 자신이 아니라는 것이다. 인간은 하나님의 형상과 숨결 속에서 만들어진, 위대하고 영원한 생명을 가진 영속적인 존재다. 이런 정의에서부터 인간관계에 대한 이해가 시작된다.

왜 우리는 외로울까?

인간의 외로움은 자신의 근원인 신과의 단절로 인해 시작되었다. 세상에 태어날 때 웃으며 태어나는 아기는 1명도 없다. 모두 울면서 태어난다. 왜 울까? 엄마와의 단절 때문이다. 인간의 고통은 단절로부터 시작한다. 단절 때문에 힘들고 단절 때문에 외롭다. 그렇다면 인간의 행복은 어디에서 만들어질까? 바로 어머니 배 속이다. 그곳은 하나님과 부모와 자식이 영혼의 숨결로 이어진 곳이다. 이것이 관계다. 관계는 행복하기 위해 맺는다.

행복을 회복하려면 우리는 제일 먼저 신에게로 돌아가야 한다. 신과의 관계 회복이 메마른 영혼에 생명을 불어넣는다. 그다음은 부모를 향한 사랑으로 탯줄을 다시 잇는다. 마지막으로 이웃과의 사랑으로 삶의 탯줄을 회복한다.

이렇게 인간 기질의 원형은 관계를 지향한다. 인간 존재 원형의 성격은 철저하게 영적이며 신적이다. 내가 도킨슨 같은 진화론자들을 싫어하는 이유가 있다. 자기 존재의 근원을 영적인 데에 두지 않기 때문이다. 2차 세계대전 당시, 생명의 존엄한 의미도 없이 속절없이 죽어가는 사람들을 보면서 사르트르나 카뮈와 같은 실존주의 철학자들은 인간을 어떻게 이해했을까? 인간을 팽개쳐진 존재로 인식했다. 그 허무적 실존주의로 무수한 젊은이들이 목숨을 끊었고 히피와 같은 현실 기피 문화를 낳았다. 우리는 전적으로 영적이어야 한다. 그래야 인간의 존재 비밀이 풀린다. 인간이 자신의 삶을 어떤 태도로 바라보느냐가 그만큼 중요하다는 이야기다.

하나의 질료 2가지 형태

신은 인간에게 짝이라는 상대를 만들었다. 모든 사람이 짝이 있는 것은 아니지만 하나에서 둘을 만들었다는 것이 상대성의 시작이다. 상대성은 신의 본성을 실현하는 대상이며 삶의 자리Sitz im Leben이다. 곧 '네가 있으므로 내가 존재'하는 것이다. 네가 없으면 나도 존재의 의미가 없다.

지금 보아도 섬뜩한 좀비 영화가 있다. 윌 스미스가 주연한 〈나는 전설이다〉라는 영화다. 인류가 사라진 도시에 주인공은 홀로 남았다. 빈 항공모함에 올라가 골프를 치고, 주인 없는 CD 가게에서 공짜로 테이프를 가져간다. 아무 집에나 들어가서 필요한 물건을 갖고 나온다. 영화에는 없지만 백악관에 들어갈 수도 있겠다. 대통령 책상에 다리를 올린 채 서류를 집어던지며 소리를 지를 수도 있다. 유엔에서 연설하고, 케네디 홀에서 공연하고, 자유의 여신상에 올라가서 횃불을 대신 들고 인류의 평화를 외친다한들 무슨 의미가 있을까? 아무도 봐줄 사람이 없으니 말이다. 만약 이 지구에 아무도 없이 홀로 남으면 어떤 일이 벌어질까? 영어도 중국어도 공부할 필요 없다. 공부하고 싶은 전공과목도 필요 없고, 피아노도 배울 필요 없다. 백화점에 가서 명품 옷을 사거나 저녁 약속을 위해 근사한 식당을 예약할 필요도 없다. 만날 사람이 없기 때문이다. 에리히 프롬Erich Fromm은 존재를 사랑Being-Love하는 사람은 자기를 주는 사람이고, 결핍한 사랑Deficiency-Love은 자기의 욕구를 남에게서 채우는 사랑이라고 했다. 존재의 정의는 누군가를 사랑하든지 아니면 누군가의 사랑을 받든지 상대가 있어야 비롯되는 것이다.

남성성과 여성성

'짝'이라는 두 형상은 사랑이라는 하나의 질료가 근원이다. 그래서 항상 그리워하고 짝을 찾아 결합하려는 본성을 갖는다. 둘에서 하나의 원형으로 돌아가려는 본능적인 성질이다.

생물학적으로 남자와 여자를 이해하는 시각보다 좀 더 넓게 성性이란 성질의 차원에서 인간을 이해해 보자. 그래야 더욱 넓고 깊게 사람을 이해할 수 있다.

남자인데 여자 같은 사람이 있다. 또 여자인데 남자 같은 사람도 있다. 동물도 암컷 같은 수컷이 있고, 수컷 같은 암컷이 있다. 모계사회 부족이나 섬 지역에 사는 여자들은 남성미가 넘친다. 그러니 인간을 남자와 여자로만 구별한다는 것은 인간 이해를 어렵게 만든다.

물론 신체 구조나 뇌의 활동 또는 임신 같은 특성에서 서로의 성별 특이점을 배제할 수는 없다. 그러나 남자에게만 용기가 있는 것이 아니고, 여자에게만 눈물이 있는 것도 아니다. 나는 추운 겨울, 바닷가 조그만 포구의 가로등 불에 흩날리는 눈발을 보면 눈물이 난다. 하지만 내 아내는 추운데 뭐 하려고 밖에 나가는지 모르겠다면서 차 안에서 친구들과 메시지로 내 흉을 본다. 인간은 그만큼 이해하기가 어렵다.

남성성

남성성이란 보편적으로 남자답다는 의미다. 힘을 바탕으로 만들어지는 다양한 성격이나 행동 양식을 말한다. 용기, 책임감, 추진력, 근력, 공격성 등을 보인다. 화도 잘 내고 사소한 데 목숨을 건다. 폭력적이며 드러나기를 좋아한다. 얼굴이 남성적인 사람들은 특징이 있다. 머리통이 크고 코가 크다. 눈도 부리부리하고 목청도 큰데 힘도 세다.

여성성

반대로 여성성이란 부드럽고 다정다감한 것을 말한다. 사랑도 많고 정도 많다. 말도 많고 거짓말도 잘한다. 삐치기도 잘하고 울기도 잘한다. 숨기기도 잘하고 잔꾀도 많다. 머리통이 작고 뼈도 작다. 몸은 부드러우며 목소리는 가늘다. 힘도 그다지 세지 않다.

여자 같은 남자

주변에서 여자 같은 남자를 찾아보라. 남자인데도 목소리가 잔잔하고, 부드럽고 다정다감하며, 눈물도 많고, 요리하는 것을 좋아한다. 남과 다툴 줄 모르고 조용조용한 남자는 남자일까, 여자일까? 정답은 '여성성이 강한 남자'다.

남자 같은 여자

반대로 남자 같은 여자를 찾아보라. 여성인데도 목소리가 굵고, 밖의 일을 더 좋아하고, 감성보다는 이성이 더 발달하여 매사에 명료하게 일 처리도 잘한다. '남성성이 강한 여자'다.

여기서 우리는 인간을 2개의 성으로만 이해한다는 것이 얼마나 부분적인가를 알게 된다. 동양체질의학은 음양에서 4개의 체질, 곧 태양, 소양, 태음, 소음의 4체질을 발견했다. 이 4체질은 훗날 더 갈라져 8상 체질론으로 나아갔다. 지금은 인간 체질을 16상까지 다양하게 연구한다. 인간의 기질도 마찬가지다. 남자와 여자가 결합하여 자손을 낳는 데서부터 이 신비한 결합은 순열처럼 오묘하게 번져나간다.

남성과 여성의 4유형

남성과 여성이란 2유형은 남자 같은 남자, 여자 같은 남자, 남자 같은 여자, 여자 같은 여자, 이렇게 4유형으로 확장될 수 있다. 한 개인이 살아온 삶과 갖고 태어난 성향을 오랜 시간에 걸쳐 관찰하고 분석해 보자. 그러면 주어진 환경에 따라 어느 성향으로 변해갔는지를 알수 있다.

나는 여러 가지 방법으로 개인들의 성향을 검사하지만, 특히 직업을 가진 사람들의 경우에는 현재 하는 일과 지위를 꼭 묻는다. 여성이라도 직위가 높으면 남성 성향을 많이 띠게 되고, 남성이라도 지위가 낮으면 여성 성향을 많이 띤다. 위에서 지시하고 아래에서 순종하는 기업문화 탓이다.

남성성이 강한 여성이 전업주부로 살 때는 스트레스가 많다. 반대로 여성성이 강한 여성인데 자기보다 더 여성적인 남편과 사는 경우, 생활을 책임지거나 바깥일을 맡아서 해야 할 때 스트레스가 많다.

나의 아내는 뱀띠인데 뱀을 무서워한다. 뱀 비슷하게 생긴 지렁이만 봐도 기겁한다. 오래전 일이다. 아내가 늦둥이 아들을 데리고 시골길을 걷는데 뱀이 나타났다. 아내는 근처의 큰 돌로 뱀을 때려죽였다. 나는 지렁이는 무서워 소리를 지르면서 뱀은 돌로 때려죽이는 이 여자가 대체 어떤 여자인지 궁금했다. 갑자기 뱀이 안 무서워진 건가? 이유는 단 하나다. 평소에 그토록 무서워하는 뱀을 돌로 때려죽이는 광기 어린 순간에는 아들을 지키려는 강한 남성성이 발현한 것이다. 이런 원시적 원형이 인간을 이해하는 단서가 된다.

남녀 커플의 가정

남자 같은 남자와 여자 같은 여자가 결혼한 경우다.

가장 완벽한 성향의 보완을 이룬다. 남자는 강한 힘과 책임감, 능력으로 여자를 보호하고 가정을 이끌어나간다. 여자는 그를 내조하고 아이들을 돌보며 사랑으로 양육한다. 모범적인 보완관계다.

오래전에 상영한 〈킹콩〉이라는 영화를 보면, 킹콩은 총에 맞아도 죽지 않고 광포하기 짝이 없지만 가녀린 한 미녀 앞에서는 어찌할 줄 몰라 한다. 여자를 보호하는 본능적인 정서를 보면, 킹콩은 그녀와 이루어질 수 없는 사랑을 하는 남자로 비친다.

나무는 양수 종과 음수 종으로 나뉜다. 양수 종은 껍질이 두꺼워 햇볕과 피부병에 강하다. 열매를 맺지는 못하지만 주로 큰 재목으로 사용된다. 그래서 산림을 할 때도 양수 종들을 바깥에 심는다. 피부가 얇고 주로 열매를 맺는 음수 종들은 양수 종 뒤에서 자라고 열을 피하도록 배치 식목을 한다. 그래야 나무들이 자연스럽게 자란다. 음수 종을 앞에 심어서 강한 햇볕을 받게 하면, 수액의 온도가 올라가 병들어 쉽게 죽는다. 팔을 잘라 몸만 남은 대한민국 길거리 가로수들을 보면 마음이 아프다. 저 남자 나무들은 메마른 가지에 잎 하나 없이 햇볕을 온몸으로 버텨야 하는구나 싶어서다.

가정도 마찬가지다. 여자들은 더 많은 수입과 소비를 위하여 가정과 직장을 병행한다. 돌도 안 된 아기가 부모와 떨어져 자란다. 학교에서 돌아와 텅 빈 집에 홀로 있는 아이는 사람을 죽이는 게임에 몰두한다. 마음의 문을 닫고 외롭게 살아간다. 엄마라는 여자가 집에 없기 때문이다. 돈이라는 자본주의 괴물 때문이다.

가정의 음수 종, 곧 여자의 자리는 앞자리가 아니다. 자녀 양육과 자기 계발만 하여도 충분히 먹고 살 만한 나라가 되면 어떨까? 아이도 많이 낳고, 현대 사회에서 벌어지는 문제의 대부분이 해결될지도 모른다. 가장 중요한 가치가 무엇이냐고 물었을 때 대부분 나라에서는 '가족'을 말했다. 우리나라만 '돈(물질적 풍요)'이라고 밝혔다. 그렇게 풍요롭게 살자고 애쓴 결과가 세계 최고의 자살률과 노인 빈곤층을 가진 불행한 나라가 되었다. 둘이 열심히 벌어 부자가 되었는가? 이미 지난 시간 속에서 상처로 얼룩진 아이들의 영혼은 벌어놓은 돈을 다 쏟아부어도 치유될 수 없다.

4커플 중에서 가장 원만하고 평화로운 커플은 남자다운 남편, 여자다운 아내가 있는 가정이다. 가정 밖에 나가 돈을 버는 것보다 이제는 가정을 살려야 한다.

남남 커플의 가정

남자 같은 남자와 남자 같은 여자가 결혼한 경우다.

이런 가정의 장점은 사회성과 추진력이 강하고, 경제적 자립도가 높으며 목표지향적이라는 점이다. 단점은 남녀 간의 이성적인 보완관계보다는 가정이 일을 위한 전진 기지 같은 분위기를 풍긴다. 다정다감한 가정적인 위로보다는 서로 결과물을 산출해 내는 과업 중심으로 부부가 결속한다. 가족 단위의 사업을 하는 팀으로는 잘 맞을 수 있으나, 부부간에 주도권이나 경제력 등에서 분열과 갈등의 요소가 많다. 잦은 가족 싸움이 일어나 이혼율이 높다.

여남 커플의 가정

여자 같은 남자와 남자 같은 여자가 결혼한 경우다.

이런 가정은 상호보완이 가능하다는 장점이 있다. 남자가 가정을 돌보고, 살림하며, 육아와 외조를 한다. 여자는 바깥일을 주로 하며 사업이나 사회 활동을 잘 해낸다. 남자는 여자가 하는 일에 불만이 없으며, 요리하고 아이와 함께하는 세세한 돌봄을 해낸다. 여자는 대범하고, 사업이나 사회를 보는 안목이 남다르며, 추진력과 체력이 좋다. 상호 간에 약속을 잘 지키고 깊은 이해를 바탕으로 서로의 일을 감당한다면 나름대로 안정적인 가정 시스템을 유지할 수 있다. 자녀들은 안정적인 가정 생활을 충분히 누릴 수 있다.

여여 커플의 가정

여자 같은 남자와 여자 같은 여자가 결혼한 경우다.

이들의 결합에는 부드러움과 자상함이 흐른다. 원만한 가정을 이루고 서로 이해하면서 감정을 잘 어루만지는 등 행복한 가정을 만들 수 있다. 약간의 갈등 요소라면 외부적으로 발생하는 어려운 일이나 고난이 올 때 헤쳐나가는 동력이 약하다는 거다. 피하거나 덮어놓다가 더 큰 손실을 감당해야 할 경우가 발생할 수 있다.

늙으면 다시 하나로 돌아가는 원형의 힘

남자는 나이를 먹으면 '테스토스테론'이라는 남성 호르몬 분비가 적어진다. 대신 '에스트로겐'이라는 여성 호르몬이 많이 분비된다. 그래서 목소리가 가늘어지고 행동 범위가 좁아지며 두려움도 많아진다. 성격이 따뜻해지고 온화해지며 없던 사랑도 갑자기 생겨난다. 젊은 날

떼어놓고 다녔던 부인을 졸졸 따라다녀 '하와이 대학생'이라는 별명을 얻는다. '하와이'란 '하루 내내 와이프 뒤를 따라다닌다'는 의미다.

그런가 하면 여자는 나이가 들면 들수록 얼굴이 사각으로 변해간다. 할머니들의 얼굴은 대부분 사각형이다. 목소리도 굵고 크다. 병원에 가면 할아버지가 탄 휠체어를 밀고 다니는 할머니들이 많다. 여자들이 젊었을 때는 홀로 길을 가거나 밤길을 혼자 걷는 것을 상당히 무서워하다 나이가 들면 겁이 없어진다. 여성의 남성화 때문이다.

외향성과 내향성

우뇌와 좌뇌

외향성Extroversion은 남성성의 결과물이다. 남자가 외향성이라는 것이 아니라, 남성이라는 성性이 외향적인 행동 양식을 갖는다는 뜻이다. 그러므로 남성 성향이 강한 여자들도 외향성이 있다.

외향성은 어떻게 만들어지는가?

말 그대로 외향성은 사람이나 사물을 보는 시각이 외향적이다. 이들은 집안일보다는 바깥일을 더 좋아하고 남에게 관심이 많다. 바깥에 관심이 많으니까 활동적인 환경을 좋아한다. 늘 사람과 함께 있고, 어떤 재미있는 말을 하다 갑자기 일을 만들어낸다.

이러한 외향적인 특징은 우뇌 활동이 만든다. 우뇌의 기능은 다분히 직관적이며 영적이고 감정적이다. 우뇌형은 상상력이 뛰어나다. 이들은 글로써 이해하기보다는 그림이나 은유와 같은 비유에 이해가 빠르다. 사물을 그림으로 보기 때문이다.

우뇌를 사용하는 사람들은 신비스러운 감각이 뛰어나고 창의적인 발상을 많이 한다. 예술가나 작가가 그렇다. 순간 떠오른 느낌이나 악상 혹은 그림을 단 한 번에 그리거나 아주 짧은 시간 안에 완성해 낸다. 우뇌가 활성화된 것이다.

헨델은 〈메시아〉를 8일 만에 작곡했고, 조용필은 자신을 대스타로 만든 〈창밖의 여자〉를 비행기에서 8분 만에 작곡했다. 베토벤은 청력이 완전히 상실된 후에도 교향곡 9번 〈합창〉을 작곡했다. 이런 영감이 떠오른 순간을 '종이 울렸다.'거나 '세렌디피티Serendipity[1]'라는 말로 표현한다. 바로 직감이 발현된 순간이다.

우뇌형은 몸의 언어에도 민감하다. 몸으로 하는 것은 다른 사람의 행동을 보기만 해도 쉽게 배운다. 좌뇌형은 운동의 원리부터 배워도 자신의 몸으로 체득하기까지 상당한 시간이 걸린다.

나의 경우엔 좌뇌 60%, 우뇌 40%를 쓴다. 중국의 상하이에서 강의할 때 일이다. 중국 코치들은 쉬는 시간에 음악에 맞춰 춤을 췄다. 팔을 좌우로 흔들며 운동하는 일종의 센터링 체조였다. 대부분의 참가자가 아주 재미있게 잘했다. 나 혼자만 못 춰서 내겐 공포의 시간이었다. "아, 내 몸과 생각은 하나가 안 되는구나." 한탄하며 대나무 숲 속에 들어가 홀로 부단히 연습했다. 정신을 놓아가면서 팔을 휘두르다 보니 갑자기 춤이 되기 시작했다.

한국에 돌아와서 우뇌형 아내에게 이 춤을 해보라고 했더니 한 번 보고 1초 만에 따라 했다. 우뇌를 사용하는 사람들이 이렇게 몸의 지능이 빠르다. 거울 신경세포도 발달해서 타인의 흉내를 잘 내며 특징

---

1) 세렌디피티(Serendipity): 노력하는 자에게 주어지는 무의식의 보상.

을 잡아내는 능력이 뛰어나다. 사물의 성격을 보는 데도 탁월하다. 직관과 예지 능력도 뛰어나서 드라마나 추리 영화를 볼 때 금세 범인을 찾아내고 다음 행동을 예측한다. 이들은 대화 시에도 신체 언어를 많이 사용한다. 논리적인 차분한 언어보다는 촌철살인의 단말마와 같은 깊이 있는 명언들을 많이 구사한다.

상대의 이름은 기억하지 못하지만 이미지는 잘 기억하고, 패턴을 찾아내는 데도 탁월하다. 공간지각 능력이 뛰어나고 순간적인 행동도 민첩하다. 도로에서 과속으로 달리지만 의외로 사고가 덜 나는 것은 그만큼 방어 신경도 빠르기 때문이다. 이들은 멋도 잘 내고 나서기를 좋아하며 대중의 갈채와 환호를 갈망한다. 누군가의 칭찬과 인정 때문에 인생을 살기도 한다. 이러한 우뇌적인 특성들이 그들을 외향성으로 만든다.

보편적으로는 여자가 우뇌형이고, 남자가 좌뇌형이라 생각하지만, 인간은 그렇게 남자와 여자로 단순하게 나누어지지 않는다. 실제로 강의 중에 진단을 해보니 남자 중에도 우뇌형이 상당히 나왔고, 여자 중에도 좌뇌형이 많았다. 그러니까 생물학적인 남자와 여자라는 단순 논리로 이해하기보다 남성성이나 여성성으로 폭넓게 이해하여야 한다. 좌우 뇌도 한쪽이 100%인 사람은 존재하지 않는다. 좌뇌가 60%, 우뇌가 40%라는 식으로 자신을 이해하는 편이 편하다.

나는 남자가 수학적 분석이나 추론적, 합리적 기능이 여자보다 무조건 앞선다고 보지 않는다. 마찬가지로 감정적, 정서적인 기능이 남자보다 여자한테 많다고 보지 않는다. 남녀를 불문하고 어떤 사람이 남성성이 더 많은가, 또 여성성이 더 많은가를 봐야 한다. 그게 바른 인간 이해의 방법이다.

그렇다면 우뇌는 남성성인가, 여성성인가?

우뇌를 많이 사용하는 사람이 오히려 남성성이 더 강하다. 감성이나 직감과 같은 정서적 영역 하나만을 가지고 우뇌가 여성적이라고 설명하기엔 우뇌는 너무도 심오하고 영적이다. 여자도 수학을 잘하며 논리적이고 깊은 철학적 사고를 한다. 한국수력원자력 연구소에서 강의하다가 놀랐다. 여자 인력이 그렇게 많을 수가 없었다. 남자인 나는 원자력의 원자도 모른다. 남자지만 음악을 들으면 눈물이 나고, 낙엽이 구르면 쓸쓸하다. 작은 일에 자주 삐치고 쉽게 마음이 상한다. 얼굴은 남자인데 속에는 상처받은 여자 하나가 살고 있다.

좌뇌가 발달한 사람은 언어 영역인 베르니케에서 논리적, 분석적인 성향이 만들어진다. 베르니케 영역은 귀 뒤쪽 측두엽으로 연결되어 있다. 청각 피질로부터 언어의 정보를 해석한다. 바다를 떠올리면 파도 소리나 통통 뱃소리, 갈매기 소리가 먼저 들린다. 아파트의 층간소음에 민감하고 조금만 시끄러워도 잠을 못 이룬다. 이들은 눈에 보이는 형상으로부터 추론하지 않고, 읽고 듣고 생각하는 논리적 사고로 추론한다. 정확히 이해한다는 것은 정확한 사고의 원천이다.

성격이 급한 사람은 직관이 강하거나 직감이 빠르므로 상대가 무슨 말을 하려는지 미리 알아차린다. 이들이 우뇌형이다. 공부도 감으로 때려잡아서 하거나 커닝을 하거나 교수에게 살살거려서 어떻게든 살아남는다.

좌뇌가 강한 사람은 기억이 정확하고 들은 것을 다시 되새겨야 하므로 말도 느리게 한다. 뇌의 회전 자체가 천천히 굴러가게 되어있다. 직관적이지 않고 분석적이다. 이들은 미리 판단하거나 결정을 지어놓지 않는다. 아래에서부터 추론해 올라가는 귀납적 방식을 좋아한다.

이미지보다는 이름을 잘 기억하고 사물의 특징보다는 구조를 잘 이해한다. 보다 근원적이고 원리적인 이해를 추구한다. 이들은 이해가 느려서 답답하지만 그 대신 집중하고 오랫동안 한 우물을 판다. 따라서 덜렁거리고 일만 벌여놓고 또 다른 일을 하는 우뇌형보다는 성과를 내는 데 훨씬 쉽고 실용적이다. 노벨상 수상자들이 대부분 좌뇌형인 것도 이성적 사고를 바탕으로 한 DNA를 갖고 있기 때문이다.

좌우 뇌를 진단하는 재미있는 도구들이 많은데 전화를 할 때 우측으로 통화하는 사람은 우뇌형, 좌측으로 통화하는 사람은 좌뇌형이 많다. 손을 깍지 꼈을 때 오른손 엄지가 위로 올라온 사람이 좌뇌를 조금 더 사용한다. 왼손 엄지가 위로 올라간 사람은 우뇌를 조금 더 사용한다. 팔짱을 꼈을 때 오른손이 위로 보이면 좌뇌형, 왼손이 위로 보이면 우뇌형으로 분류할 수 있다. 이런 실험 결과가 아주 정확한 것은 아니다. 하지만 어느 정도 일리는 있다. 전화를 받는 머리 부분은 좌우 뇌와 얼굴의 요소들이 같은 방향으로 배치되어 있고, 목 아래부터는 엑스 자로 신경을 관장하기 때문이다.

그러나 우리가 한 사람을 이해할 때 어떤 1가지 도구만 가지고 하면 안 된다. 이런저런 검사와 어린 시절 가정 환경과 친구들, 영향을 준 사람들이나 사건들, 살아온 지역의 지리적 환경이나 삶의 수많은 경험치를 고려해야 한다. 기질 검사와 뇌 검사 등을 통합적으로 이해해야 한다.

외향성: D형, I형의 탄생

우뇌형인 외향성도 다시 둘로 갈라진다. 모든 사람은 크게 둘로 구분하면 이해하기가 쉽다. '일을 좋아하는 사람인가?', '사람을 좋아하는 사람인가?'이다. 그렇다면 외향성인데 일을 좋아하는 사람은 어떤 사람일까? 이들은 적극적으로 일을 만들며 추진해 나가는 데에 가장 큰 즐거움을 느낀다. 긍정적이며 나서기를 좋아하고 리더십이 강해 큰 일을 쉽게 한다. 부정적인 면은 지나치게 강압적이거나 언어가 거칠고, 폭력적이라는 점이다. 이들은 주도적인 사람이다.

두 번째로 외향적인데 일보다는 사람을 좋아하는 부류다. 이들은 같은 외향성이면서도 사람하고 함께할 때 즐거움을 느낀다. 그래서 사교에 많은 시간을 할애한다. 사람 사귀는 데에 두려움이 없고, 사람 자체를 좋아한다. 좋아하는 사람들과 함께 있을 때 가장 행복하다. 사람을 좋아하고 소통을 많이 해야 하니 말이 많다. 부정적인 면으로 보면 주의산만하고 사치를 부린다. 이들은 사교적인 사람들이다.

정리해 보면 외향성도 일을 좋아하는 주도형(D형)과 사람을 좋아하는 사교형(I형)으로 분류된다.

내향성: S형, C형의 탄생

이번에는 내향성 사람을 보자. 내향성인 사람도 외향성과 똑같이 일을 좋아하는 사람과 사람을 좋아하는 사람으로 구분할 수 있다. 그러나 약간의 차이가 있다. 아무래도 내향성인 사람이기 때문에 일과 사람과의 관계에서 외향성만큼 적극적이거나 열정적이지는 않다.

내향성인데 사람을 좋아하는 사람은 사람과 함께 있는 게 좋지만, 자신이 누군가를 끌고 다니기보다는 누군가가 자신을 끌어주기를 바란다. 결단을 내리기까지 생각이 많다. 특별히 자신이 좋아하는 몇 가지 영역을 제외하고는 관심이 많지 않기 때문에 결단을 타인에게 맡긴다. 그래서 이들은 누군가 빨리 결단을 내려서 자신에게 어떻게 하라고 시키길 바란다. 자기 마음을 잘 알아서 자신을 데리고 다니면서 먹을 것을 사주고 재미있게 해주는 사람이 좋다.

이들은 조용해서 있는지 없는지 드러나지 않지만, 문득 돌아보면 항상 그 자리에 있다. 사람과의 관계에 성실하다. 소리 없이 사람들 속에서 사람들의 사랑을 누리며 살고 싶은 이들은 안정을 추구하는 사람들이다. 4가지 유형 중 안정형이 가장 많다.

내향성인데 일을 좋아하는 사람이 있다. 이들은 꼭 일을 좋아하기보다는 타고난 책임감 때문에 해야 할 일을 잘하는 것뿐이다. 실상 일보다는 책을 읽거나 홀로 있기를 좋아하는 사람이다. 마치 고양이처럼 홀로 있어도 외롭지 않은 사람이다. 하지만 직장 생활이나 해야 할 일을 할 때는 갖고 태어난 완벽한 성향 때문에 일 처리 능력이 탁월하다.

정밀한 수치와 연구, 명확한 설계와 철저한 분석이 중요한 현대사회의 특성 때문에 꼭 필요한 존재다. 이들은 정확함과 신중함으로 새로운 과학을 발전시켜 더 넓고 깊은 세계를 열어갈 것이다. 이들은 신중한 사람들이다.

정리해 보면 내향성도 안정형(S형)과 신중형(C형)으로 나누어 볼 수 있다. 신의 숨결로부터 2개의 외향성과 내향성이 만들어지고, 이 2개 성향의 결합으로 주도형(D형), 사교형(I형), 안정형(S형)과 신중형(C형)이라는 인간의 4가지 성향이 만들어진다.

DISC를 만드는 체질과 기질의 원리

서양적 원리: 체액과 정신

서양에서 체질의학의 시조인 의학의 아버지 히포크라테스는 그리스의 '코스'라는 섬에서 태어났다. 코스는 그리스 신화 속 의술의 신인 아스클레피오스를 숭상하는 지역이다. 히포크라테스는 어려서부터 의술과 친밀했다. 훗날 의사가 되어 사람들을 치료하면서 같은 병을 앓는 환자인데도 똑같은 약에 낫기도, 낫지 않기도 한다는 걸 알았다. 연구를 계속하면서 인간에게는 4개의 특이한 체질이 있다는 걸 발견했다.

고대 자연 철학자인 엠페도클래스는 물, 불, 공기, 흙 4원소가 우주를 존재하게 하는 본질Arche이라고 하였다.

물, 불, 공기, 흙이라는 우주의 4원소가 보이는 액체인 점성 성분과 보이지 않는 정신적인 성분으로 구성되어 있다는 것이다. 그는 인체를 해부하면서 유난히 담즙의 색깔이 황색을 띠는 사람Yellow Bile이 있다는 것을 알았다. 그들은 대부분 화를 잘 내거나 성격이 급한 편이었다. 그래서 훗날 서기 150년대 해부학자인 갈레노스가 이를 정리하여 이런 유형의 사람들을 담즙질Choleric이라고 불렀다.

또 유난히 적혈구Blood 활동이 강한 사람을 보게 됐다. 그들은 지극히 활동적이고 명랑한 사람들임을 알게 되었다. 그들을 다혈질Sanguine이라고 하였다.

다른 한 부류는 인체 수액의 점성질Phlegmatic이 강했다. 그들을 점액질Phlegm이라고 했는데, 이들은 천성이 느긋하며 활동이 적은 사람들이었다.

마지막은 유난히 담즙 색깔이 검은색Black Bile인 사람들이었다. 이런 사람들은 우울하고 자조적이었다. 그들을 우울질Melancholy이라고 하였다.

이것이 히포크라테스가 발견하고 갈레노스가 정리한 4체액설이며, 서양적 인간 유형 이해의 시작이다.

1920년대 컬럼비아대학 윌리엄 말스톤William Marston 박사는 인간 행동 유형의 공통점을 담아서 DISC 이론을 만들었다. DISC는 서양의 행동 양식에서 비롯된 인간 이해이다. 그러나 실제로 눈에 보이는 것을 중시한 이성적, 합리적 사고 구조를 가진 서양인들은 왜 이러한 기질이 형성되었는지를 깊게 알지 못한다. 그저 설문지 한 장으로 인간 유형을 설명할 뿐이다.

인간은 그렇게 단순한 존재가 아니다. 왜 인간한테 이러한 기질이 형성되는지를 동양의학은 이미 5천 년 전부터 깊은 인체와 정신 체계로 알려주고 있다. 중국의 황제내경의 오행에서 시작되어 우리나라에서 더욱 발전된 4가지 체질 이론이 이의 바탕이 된다.

동양적 방식으로 K–DISC 이론의 배경을 찾아보자.

동양적 원리: 4자 구조

4자 구조란 사자성어처럼 단순하면서 깊은 의미를 함축하고 있다. 수메르나 바빌론, 히브리 문화에서도 4는 완전수이며 신의 숫자이다.

- 물, 불, 공기, 흙
- 아침, 점심, 저녁, 밤
- 봄, 여름, 가을, 겨울

- 소년, 청년, 장년, 노년
- 동, 서, 남, 북
- 태양, 소양, 태음, 소음
- 나무木, 불火, 쇠金, 물水

자동차, 문, 장롱, 밥상, 당구대, 가방, 냉장고, TV, 세탁기, 휴대전화, 수건, 책, 책장, 의자 등 우리 주변의 모든 사물은 사각 구조이다. 사각 구조가 안정된 것은 바닥에 서있는 무게 하중을 가장 잘 견디기 때문이다. 원형은 불안하지만, 사각형은 안정적이다.

우리 인생 전반에서도 4자 구조는 친숙하고 편안하다. 음악도 4박자를 기본으로 만든다. 매일 듣는 뉴스도 동서남북으로부터 온다. 바로 4의 구조이다.

4는 어떤 구조의 틀을 이해할 수 있는, 의미 있는 숫자다. 나는 동양적인 4개의 구조에서 DISC 이론의 4가지 원리를 찾아냈다. 이를 지혜창조연구소 김민영 대표를 비롯한 나의 제자들이 'K-DISC'라고 이름을 지어 불렀다. 사실 동양적 기질의 이해 순서는 D/I/S/C보다 I/D/C/S로 가야 철학적 원리의 순서 배열과 가장 잘 맞는다. 사교형인 I형의 에너지가 만물의 시작 에너지이기 때문이다.

4개의 유형을 만드는 원리

어떠한 이론을 성립할 때에는 가설을 세우고 시작한다. 건축가들은 눈앞에 보이는 땅에 아무것도 없지만, 미리 설계도를 그린다. 우리도 DISC라는 건축물을 세우기 위해 먼저 동, 서, 남, 북이라는 4개의 방위를 기조로 설정한다.

동서남북은 봄, 여름, 가을, 겨울을 상징하고 온도와 인간 삶의 패턴을 설명한다. 본 장에서는 동서남북의 방위를 기조 가설로 세우고 그 위에 생애주기와 계절, 하루 시간대의 특징을 이해함으로 K-DISC라는 집을 만들 것이다.

K-DISC의 구조

① 동, 서, 남, 북

② 소년, 청년, 장년, 노년

③ 봄, 여름, 가을, 겨울

④ 아침, 점심, 저녁, 밤

위 4개의 범주 안에서 다양한 특성을 찾아내면서 각 유형의 기질이 어떻게 만들어지는지 살펴본다.

I형(사교형)을 이해하는 원리

동쪽 사람들

동쪽이란 해가 떠오르는 쪽을 말한다. 동양과 서양의 기준도 태양이 회전하는 방향에서 정해진 것이다. 해가 떠오르는 것은 인간 생존의 시작이다. 컴컴한 어둠이 물러가고 시야가 밝아오면서 만물이 잘 보인다. I형 중에서 시각형이 많은 것도 이러한 우주의 성질에서 비롯된다. 동쪽은 해만 떠오르는 것이 아니라 떠오르는 햇살과 함께 삼라만상의 기온도 오른다. 온도가 상승하면서 인체도 양기가 돌기 시작하고 동물들도 기지개를 켠다. 활동의 시작이다.

I형이 활동량이 많은 다혈질이라는 것도 이러한 우주적인 깊은 궤도와 맞물려있다. 동쪽을 바탕으로 만들어진 노래 대부분은 빠르고 경쾌하고 긍정적이다. 동쪽을 주제로 시를 쓰는 사람들의 시어는 슬픈 느낌이 없다. '보라 동해에 떠오르는 태양, 누구의 머리 위에 이글거리나?', '동해물과 백두산이 마르고 닳도록', '동방의 아름다운 대한민국'처럼 밝고 씩씩하다.

아침 사람들

아침은 하루의 시작이다. 우리말에 '천 리 길도 한 걸음부터'라는 말이 있고, '시작이 반'이라는 말이 있다. 아침 사람들, 곧 아침의 기운을 가진 사람들은 시작을 잘한다. I형은 대부분 시작을 잘한다. 그런데 거기서 끝인 경우가 많다. 원래 I형이 그렇다. 그래서 저녁 사람인 C형에게 욕을 먹으며 살아간다. 마무리에는 관심이 없고, 항상 새것과 재미있는 것을 향하여 출발한다. 어디론가 눈에 보이는 곳을 향하여 떠날 준비가 된 아침의 사람들이다.

소년기의 사람들

I형을 이해하는 아주 중요한 패턴은 소년기의 특징을 이해하는 것이다. 소년기의 아이들은 꿈이 많다. 항상 밝고 재잘거리고 분주하다. 미움보다는 호기심이 많다. 말이 많아서 감정 표현을 잘한다. 이들 옆에 있으면 같이 기분이 좋아지고 마음이 상쾌해진다. 그들에겐 근원적으로 어린아이 같은 밝음이 있기 때문이다.

봄 사람들

I형은 봄을 이해하는 데에서 실체가 확연히 드러난다. 봄에는 꽃이 핀다. 봄은 예쁜 계절이다. 지금은 지구온난화로 인하여 꽃들이 동시 다발적으로 피어 봄의 즐거움이 짧아졌지만 불과 몇 년 전만 해도 3월부터 철쭉, 진달래, 개나리, 목련, 벚꽃, 라일락, 영산홍으로 장식하는 봄의 아름다움은 인간 세상의 큰 기쁨이었다. 봄은 모든 사람의 꿈이다. 봄이 오면 무엇을 해야 한다는 꿈을 얼마나 많이 꾸는가? 봄이 오면 온 천하가 예쁘고 분주하다. 사람들은 거리로 쏟아져 나온다. 농부들은 드디어 생명의 씨앗을 땅에 심는다. 학교는 문을 열고, 동물들도 겨울잠에서 눈을 비비고 깨어난다. 겨울 동안 굶은 동물들은 긴 잠에서 깨어나 먹이 활동을 한다. 낚시꾼들한테도, 난방비를 아끼며 춥게 살던 가난한 사람들에게도, 모든 사람에게 봄은 희망의 시작이다.

위 4개의 카테고리를 이해하면 I형이 어떠한 사람들인지 보인다. 동양에서는 이들을 작은 태양이라고 해서 소양인少陽人이라고 부른다.

I형은 무엇을 결정짓는 사람들이 아니다. 무엇인가를 꿈꾸며 씨앗을 심고, 발아시키고, 만들기 시작하는 봄 같은 사람들이다.

D형(주도형)을 이해하는 원리

남쪽 사람들

남쪽은 따뜻한 곳이 아니라 뜨거운 곳이다. 강렬한 태양 덕분에 극히 강한 에너지가 흐른다. D형을 '머리에 화산이 붙은 사람'이라고 한다. 이들은 주체할 수 없는 에너지로 한겨울에도 반바지에 슬리퍼를 신고 돌아다닌다. 몸의 강한 열 때문에 번거로움을 싫어한다. 일도 이른 시간에 끝내야 뜨거움을 피할 수 있으므로 일 처리도 빠르다. 멕시코나 페루와 같은 남미 지역의 국가들에는 D형이 많다. 뜨거운 열정의 남쪽 기질 때문이다.

한낮의 사람들

회사에서 한낮은 가장 일을 많이 해야 하는 시간이다. 아침에는 출근하고 업무 준비를 한다. 커피 한잔을 하면서 회의도 하고 업무를 개시한다. 하지만 한낮은 정신없이 일하는 시간대이다. D형은 이렇게 일을 가장 많이 해야 할 시간대의 사람들이다.

청년기의 사람들

청년기는 수많은 꿈 앞에 도전하는 시간이다. 혼자 배낭여행도 떠나고 이것저것 해보고 싶어서 도전을 시작한다. 공부해야 하고, 취업도 해야 하고, 결혼도 해야 하고, 놀기도 해야 해서 정신이 없다. 내 기억으로도 20대의 시간이 가장 길었던 것 같다. 남의 눈치 보지 않고 닥치는 대로 행동했다. 밤을 지새우며 공부하고 방황하고 사랑했다.

여름 사람들

D형을 이해하는 중요한 사항은 여름 농사에 있다. 1년 농사는 사실상 여름에 달려있다. 여름에 일조량이 적거나, 홍수나 태풍을 이겨내지 못하면 농사는 끝이다. 여름에 잘 자라야 가을에 추수할 것이 생기는 법이다. 여름에 뜨거운 열기를 받아야 하고, 강한 바람과 홍수를 이겨내야 한다. 인류에게 먹을거리를 제공하는 사람들이 여름의

사람인 D형이다. 그래서 이들을 태양인太陽人이라고 부른다.

C형(신중형)을 이해하는 원리

서쪽 사람들

동쪽인 I형과 정반대인 C형은 서쪽을 이해하면 그들의 기질 생성 원리가 보인다. 서쪽은 해가 지는 곳이다. 밝음이 사라지고 어두워지면 모든 사람은 집으로 돌아갈 준비를 한다. 서쪽은 노을이라는 쓸쓸한 아름다움과 온도가 내려가는 분기점에 있다. 사람들은 움츠러들고 노래도 서글프다. 〈고향 생각〉이라는 우리 가곡은 서쪽 풍경을 잘 보여준다.

해는 져서 어두운데 찾아오는 사람 없고
밝은 달만 쳐다보니 외롭기 한이 없다
내 동무 어디 두고 나 홀로 앉아서
이 일 저 일을 생각하니 눈물만 흐른다

이것이 서쪽 풍경이다. 이런 서쪽의 풍경은 우울질이라는 별명을 지닌 C형의 정서적 원리가 된다.

저녁 사람들

C형은 오후 3시부터 밤 9시까지 시간대의 사람이다. 하루의 모든 일과를 마무리하고 비로소 쉼이라는 것을 준비해야 한다. 저녁은 오

늘을 마무리할 뿐 아니라, 내일을 준비하는 시간이다. 퇴근하는 사람이 내일 일을 준비해 놓지 않고 퇴근하면 그다음 날이 피곤하다.

농사꾼에게 저녁은 낮보다 더 바쁘다. 해가 떨어지기 전에 예정해놓은 일들을 마무리해야 한다. 일이 끝나도 끝이 아니다. 동물들에게도 밥을 주고, 울타리를 돌보고, 부랴부랴 저녁을 지어 먹고, 어지러운 집도 청소하고, 낮에 하지 못한 일들을 마무리해야 한다.

공부하는 사람들에게 저녁은 또 다른 학업의 시작이다. 크게 중요하거나 한 번에 끝나는 일은 아니지만, 삶을 사는 데 필수적인 모든 행위는 저녁에 마무리해야 한다. 저녁에는 세심한 일로 바쁘다.

장년기의 사람들

인생의 장년기에는 생각이 많다. 자녀들에 대한 생각과 늙으신 부모님에 대한 생각, 자기 일을 마무리하고 성과를 내야만 하는 시기다. 책임도 커지니 마음이 밝은 시기가 아니다. 자신을 돌보기보다는 주어진 일을 해야만 하고, 그것도 여러 부분에서 책임질 것이 많은 나이다. 자신의 인생도 마무리를 향한 준비를 해야 하고, 신체에서 약해지는 징조들이 여기저기 나타나기 시작한다.

하지만 그 누구에게도 책임을 돌리지 못하고 전부를 짊어지고 가야 한다. 고달픈 시기라 짐이 무겁다. 이러한 성숙한 장년기의 에너지는 자기 책임감이 강한 C형을 만드는 요인이 된다.

가을 사람들

가을은 단연코 추수의 계절이다. 우리나라 천자문에 '추수동장'이라는 사자성어가 있다. 가을 추秋, 거둘 수收, 겨울 동冬, 감출 장藏은 가을에 거두고 겨울에 저장해 놓는다는 뜻이다.

가을이 되면 온 천하가 갈색으로 변하고, 이때 곡식을 저장하지 않으면 겨울에 먹을 것이 없다. 그래서 C형은 부지런히 겨울을 준비한다. 준비에 항상 철저한 이유가 이런 에너지적인 원리에서 비롯된다. 가을이 되면 온도도 내려가고 인체도 서서히 추위를 타기 시작한다. C형은 기온이 떨어지기 시작할 때에 알코올 중독자가 많이 되기도 한다. 몸을 덥히려는 신체 반응과 가을의 쓸쓸한 정서가 합해졌기 때문이다. 그래서 이들을 소음인小陰人이라 부른다.

가을은 풍성한 추수 뒤에 오는 텅 빈 들판과 열매가 사라진 나무들을 보는 허무함이 있다. 오늘의 결실을 보기보다는, 1년 농사의 허탈함을 느낀다. 내년의 고달픈 생활을 또 준비해야 하는 무언의 압력 때문에 빈 들을 볼 때마다 힘이 든다.

우리 노래 가운데 빠르고 경쾌한 가을 가곡은 〈코스모스를 노래함〉 외에는 없는 것 같다. 대부분 '가을엔 떠나지 말아요'라고 하거나 '가을을 남기고 떠난 사람'에 대한 아픔을 노래한다. 왜 사랑하는 사람들은 가을에 떠날까? 대표적인 C형 가수 유익종은 〈9월에 떠난 사랑〉에서 이렇게 노래한다.

코스모스 고개 들면
돌아올 수 없는 길을
너 떠난 그 빈자리 지난여름 이야기
또 한 번 이렇게 느껴보지만
떠나지 마라
슬픈 9월엔

꿈에라도 내 안에서 쉴 수 있도록

울지 말아라 울지 말아라

9월에 떠난 내 사랑아

S형(안정형)을 이해하는 원리

북쪽 사람들

동서고금을 막론하고 북쪽을 떠올리면 춥고 어두우며 무엇인가 무거운 느낌이 든다. 시베리아가 영상 45도가 넘어 큰불이 났다는 말을 접해도 얼핏 믿어지지 않는다. '북'에 대한 동토凍土 개념 때문이다. 북방은 무언가 신나고 즐거운 환경이 별로 없는 곳이라 사람들도 비활동적이다. 이것이 S형을 이해하는 중요한 요소이다.

노년기의 사람들

사람은 노년이 되면 비활동적이게 된다. 인생의 즐거움도 사라지고 오직 생존만 남는다. 추운 지역은 더욱 그렇다. 노년기에 이르면 말수가 줄어들고 대인관계도 자기를 돌봐주는 사람들에게 의존한다. 몸도 열정적으로 활동하기에는 에너지가 부족하다. 단순하고 반복적인 패턴으로 생활하는 것이 편하다. 노인들은 먼 거리를 여행하거나 몸으로 활동하는 것이 힘들고 두렵다. 보이는 것도 잘 안 보이고, 들리는 것도 잘 안 들린다. S형들이 비활동적인 원인은 그들이 노인들과 같은 원시적 자기 생존 보호 본능이 강하기 때문이다.

밤의 사람들

밤은 컴컴하다. 사물의 분간이 어렵고 안전하지 않다. 안정되고 편안한 곳이 필요하다. 낯선 환경이 무섭고 처음 보는 환경은 더욱 불편하다. 출입을 삼가고 이제 잠을 잘 시간이다. 비로소 자리에 눕는 시간이 되어서야 입에서 '아이고!' 소리를 내며 쉼을 얻는다. 안전한 곳에서는 밤이 도리어 편안하다. 오직 피곤한 몸을 쉬게 하고 싶다. 그것이 잠이다. S형은 잠이 많다. 이렇게 비활동적인 원인은 그들이 밤의 에너지를 갖고 태어났기 때문이다.

겨울 사람들

겨울은 농사를 짓지 못한다. 땅도 쉬어야 하니 곡식이나 동물의 먹이도 제공하지 않는다. 기온은 낮고 만물은 비활동적이다. 그래서 가을에 준비한 것들을 전부 가지고 집으로 들어온다. 축적해 놓은 음식들을 먹는다. 동물들은 미리 먹어놓은 음식물을 바탕으로 긴 겨울잠에 들어간다. 겨울은 낮이 짧고 밤이 길어 집에서의 활동이 많다. 주로 집에서 많은 일을 하며 집에서 밥을 먹는다. 김장처럼 가을에 준비해 놓은 음식으로 찌개를 끓이고, 지져 먹고, 볶아 먹고, 날로 먹는다. 음식이 반복적이고 단순하다. 밤이 깊으니 잠자는 시간이 길고, 눕는 것을 좋아한다. S형의 움직이지 않는 행동 양식은 여기에서 비롯된다.

겨울은 위대하다. 흰 눈 덮인 들녘을 바라보면 아무것에도 쓸모없는 땅 같다. 하지만 그들은 봄, 여름, 가을 9개월 동안 창조할 곡식을 위하여 쉬면서 양분을 축적한다. 밤에 잠을 자야 다음 날 활동할 수 있듯이 땅도 쉬어야 한다. 실제로 I/S형이나 S/I형의 사람들은 자기 일보다 남을 도와주고 이롭게 한다. 남에게 위로와 격려의 자양분이 되어준다. 그들에게는 충분한 겨울의 쉼이 있기 때문에 타인을 향한 따듯한 에너지가 있다. 태음인太陰人이라 불리는 S형들에게서 인류는 쉼과 위로라는 자양분을 얻는다.

02

DISC 행동 유형 평가와 진단

DISC 설문지 진단법

행동 유형 평가

자신의 DISC 성향을 파악하기 위해서 먼저 설문 진단을 해야 한다. 총 15개의 문항에 각 4개의 설명이 들어있다.

질문을 읽고 자신에게 가장 잘 맞는 부분에 4점, 그다음 잘 맞는 부분에 3점, 약간 해당하면 2점, 거리가 멀면 1점의 배점을 준다. 주의할 것은 4개의 칸에 모두 다른 숫자를 넣어야 한다. 비슷하다고 3, 3, 2, 3 이런 식으로 배점을 주면 통계를 낼 수 없다. 모든 칸에 4, 3, 2, 1점을 하나씩 모두 기록하고 세로로 합산하여 150점이 나오면 제대로 한 것이다.

K-DISC 행동 유형 설문지(일반용) 나를 잘 묘사한 순서대로 4점, 3점, 2점, 1점으로 적는다.

내 성격은	명령적이고 주도적이다		사교적이며 감정 표현을 잘한다		태평스럽고 느리다		진지하고 세심하며 상식적이다	
나는 _에 둘러싸인 환경을 좋아한다.	개인적 성취와 보상 및 목표지향적		좋아하는 사람		그림, 편지와 내 물건들		질서, 기능, 조직	
내 성격 스타일은 _한 경향이 있다.	결과를 중시		사람을 중시		팀을 중시		세부사항을 중시	
다른 이에 대한 내 태도는 _하다.	시원시원하다		친절하고 싹싹하다		착실하고 순응적이다		차갑고 객관적이다	
다른 사람의 말을 들을 때 나는 _하다.	종종 참을성이 없다		주의가 산만하다		아무 말 없이 듣는다		사실에 초점을 맞추고 분석한다	
다른 사람과 _에 대해서 이야기하는 것을 좋아한다.	내 업적		나 자신과 다른 사람들		가족		사건, 정보, 조직	
나는 타인에게 _한 경향이 있다.	지시하는		영향을 미치는		잘 용납하는		가치와 질로 평가하는	
축구 팀에 들어가면 나의 포지션은_	최전방 공격수		공격형 수비수		수비형 공격수		최종 수비수	
나에게 시간은	항상 바빠하는		교제에 많은 시간을 사용하는		시간을 중시 하지만 그리 부담이 없는		시간의 중요성을 알고 시간 활용을 잘하는	
내가 교통 표지판을 만든다면 _가 좋다.	무단횡단 저승길		웃는 엄마 밝은 아빠, 알고 보니 양보운전		조금씩 양보하면 좁은 길도 넓어진다.		졸음 운전 앞차, 경적 울려 사고 예방	
평소 내 목소리는 _하다.	감정적, 지시적, 힘 있고 짧고 높은 톤		감정적, 열정적, 가늘고 높은 톤		감정이 적게 개입되고 굵고 낮은 톤		냉정하고 감정을 억제하고 가늘고 낮은 톤	
내 제스처는 대부분 _하다.	강하고 민첩하다		개방적이고 친절하다		반응이 없고 느리다		차분하고 신중하다	
나는 _ 스타일의 옷을 좋아한다.	정장		멋을 내는 캐주얼		실용적이고 편리함을 추구		검소하고 소탈 하며 깔끔함	
나의 전체적인 태도는 _으로 묘사될 수 있다.	권위적		매력적, 사교적, 외향적		순종적		평가적, 말이 없는	
내 삶의 페이스는_	빠르다		열광적이다		안정되어 있다		조절되어 있다	
총점	(가)	점	(나)	점	(다)	점	(라)	점

51

K-DISC 40개 행동 유형 프로파일(일반용)

나의 DISC 결과

A. 나의 행동 유형은
_____형(알파벳 기재)이다.
(D/I/S/C 중에서 35점 이상만 기록)

B. 나의 프로파일은
_____형(한글 기재)이다.
(40개 행동 유형 프로파일에서
가장 비슷한 그래프 형태 1개를 골라 기록)

40개 행동 유형 프로파일

D 감독자형	**I** 분위기 메이커형	**S** 팀플레이어형	**C** 논리적 사고형
D/I 결과 지향형	**I/D** 설득자형	**S/D** 전문적 성취자형	**C/D** 설계자형
D/I/S 관계중심적 지도자형	**I/D/S** 정치가형	**S/D/I** 디자이너형	**C/D/I** 프로듀서형
D/I/C 대법관형	**I/D/C** 지도자형	**S/D/C** 수사관형	**C/D/S** 심사숙고형
D/S 성취자형	**I/S** 격려자형	**S/I** 조언자형	**C/I** 평론가형
D/S/I 업무중심적 지도자형	**I/S/D** 헌신자형	**S/I/D** 평화적 지도자형	**C/I/D** 작가형
D/S/C 전문가형	**I/S/C** 코치형	**S/I/C** 상담자형	**C/I/S** 중재자형
D/C 개척자형	**I/C** 대인협상가형	**S/C** 관리자형	**C/S** 원칙중심형
D/C/I 대중강사형	**I/C/D** 업무협상가형	**S/C/D** 전략가형	**C/S/D** 국난극복형
D/C/S 마이스터형	**I/C/S** 조정자형	**S/C/I** 평화중재자형	**C/S/I** 교수형

프로파일 작성법

프로파일 작성지에 D줄에는 앞의 (가)의 총점, I줄에는 (나)의 총점, S줄에는 (다)의 총점, C줄에는 (라)의 총점에 점을 찍고 줄을 이어본다. 줄을 잇는 목적은 그래프의 형태를 보고 빠르게 이해하기 위함이다. 4개의 점수 중 35점 미만은 버린다. 점수가 높게 나온 순서대로 A항 나의 행동 유형 란에 D/I/S/C 중에서 골라 기록한다. 프로파일 표를 보면 한글로 유형들의 이름이 있다. 그 이름을 B항 나의 프로파일 란에 기록하면 된다. 점수가 같게 나온 경우 본인이 좋아하는 유형을 택한다.

4개 모두 35점 이상이 나왔다면 슈퍼바이저형이라고 기록하면 된다. 도합 40개의 유형들에 대한 설명은 이 책의 4장에 상세하게 기록해 놓았으니 참조하기 바란다.

진단의 오류 페르소나

그러나 이 진단이 정확한지는 확신할 수 없다. 진단은 자신의 생각으로 판단하기 때문이다. 자신이 세상을 바라보는 관점에 따라서 설문 결과가 변한다. 교육된 나도 있고, 환경에 의해서 수동적으로 만들어진 나도 있다. 숨기고 싶은 자아도 있을 것이고, 되고 싶은 자아도 있다.

그래서 설문에는 상당한 오류가 숨어있다. 많은 사람을 대해야 하는 사람, 어떤 단체에 속해있거나 주어진 규정에 따라야 하는 사람에게는 그 환경에 맞춰진 또 다른 자아가 있다. 이것을 페르소나Persona라고 한다. 이런 또 다른 모습이 항상 자기 내면에 숨어있다. 페르소나가 자기 마음에 들면 페르소나를 자신과 동일시한다.

옛날에 여우가 죽은 호랑이의 가죽을 주워 쓰고 돌아다녔다. 모든 동물이 자기를 보고 피했다. 얼마나 신났을까? "야, 이거 재밌다." 여우는 절대로 호랑이 가죽을 벗지 않았다. 썩은 고기나 눈치 보며 훔쳐 먹던 존재에서 갑자기 온 천하 동물이 두려워하는 존재가 됐으니까. 권력의 자리를 절대 놓고 싶지 않았다. 여우는 끊임없이 호랑이 가죽을 뒤집어쓰고 다녔고 결국 호랑이 가죽을 쓴 자신과 쓰지 않은 자신을 하나로 보기 시작했다. 이것이 착각의 자기 동일시다. 오늘날의 권력자들과 똑같다.

본래의 나와는 다른 페르소나를 자기 자신으로 착각할 때에는 설문에서 상당한 오류가 생기게 된다. 이렇게 되면 진짜 자기 성향을 찾았다고 볼 수 없다. 결국, 설문은 진짜 나의 모습이라기보다는 현재를 사는 지금의 내 성향일 뿐이다.

오링테스트란?

양자 파동을 이용한 장부 오링테스트

그럼, 본래 나의 기질은 어디에 숨어있을까? 나의 성향을 찾기 위한 이런저런 연구 끝에 이제마 선생의 《동의수세보원》이라는 책을 통해 우리나라의 사상체질의학을 접했다.

태양인, 소양인, 태음인, 소음인에 대한 설명 중 인체 장부의 기운과 그 기운이 만드는 성향에 대한 답이 있었다. 태양인들은 '폐의 기운이 강하고, 성정이 촉급하고' 이렇게 기록되어 있다. 그 사람이 바로 D형이다. 폐 기운이 성질이 급하고 사나운 D형을 만든다. 소양인들은 비장의 기운이 강하고, 사교성이 뛰어나다는 구절에서 비장의 체질이 I형이라는 기질을 만드는 것을 알았다. 간이 큰 태음인 체질이 반응이 느린 S형을 만드는 것을 찾았고, 신장이 강하고 차가운 소음인 체질이 C형의 기질을 만드는 것을 발견했다. 이렇게 폐, 비, 간, 신이라는 4개의 큰 장부를 중점으로 인간의 체계를 구성해 놓은 것이 유익하면서도 신비했다.

그렇다면 체질은 기질과 어떤 연관성이 있을까? 어떻게 폐가 강한 사람임을 알 수 있으며, 왜 폐가 강한 사람이 D형 성격이라는 걸까?

응용 근신경학Applied Kinesiology은 이 문제에 답을 제공한다.

응용 근신경학은 양자 파동에 그 원리를 두는 근역학 반응이론이다. 인체 장부나 심지어는 인간 언어나 마음 생각까지도 근육의 반응을 검사하여 알 수 있다. 데이비드 호킨스David Hawkins 박사처럼 물리적인 측정 기계를 활용하거나, 팔을 올리고 손목 끝에 압력을 가하여 팔이 버티는 근육 강도로 실험한다. 하지만 미국식 방법은 손끝으로 느끼는 감각이 둔하여 강도를 측정하기가 어렵다.

우리나라 체질의학에서 진단하는 오링테스트를 도구로 삼아 폐장, 비장, 간장, 신장 4곳에 왼손을 대고 오른팔을 내밀어 오링테스트를 실시해 보자. 더욱 정확하게 신체 에너지를 진단할 수 있고 상당히 놀라운 결과를 볼 수 있다. 설문으로 진단한 사람들의 약 60%는 설문과 장부의 에너지가 비슷하게 나왔다. 나머지 사람들은 약간의 오차나 전혀 다른 진단 결과가 나왔다. 오링테스트를 할 때는 피검사자가 엄지와 검지 2개를 붙여 만든 O 자를 검사자가 벌리면서 힘의 강도를 측정할 수 있다. 설문의 결과지에 에너지 강도를 수치화하는 것도 유형 이해에 큰 도움이 된다.

오링테스트 위치

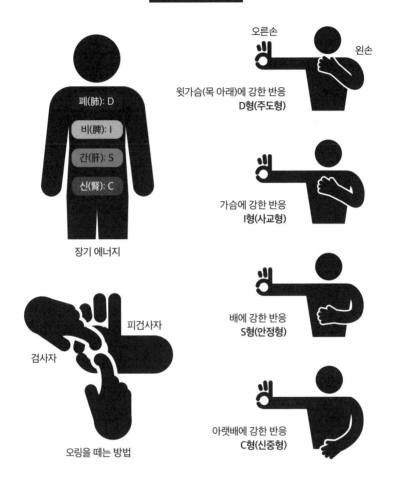

폐(肺): D

비(脾): I

간(肝): S

신(腎): C

장기 에너지

검사자

피검사자

오링을 떼는 방법

오른손

왼손

윗가슴(목 아래)에 강한 반응
D형(주도형)

가슴에 강한 반응
I형(사교형)

배에 강한 반응
S형(안정형)

아랫배에 강한 반응
C형(신중형)

장부 에너지로 DISC 유형을 찾는 오링테스트는 K-DISC만의 특장점
이다. 오링테스트를 실시하기 전에 먼저 설문지 검사를 마쳐야 한다.
오링테스트는 검사자와 피검사자 두 사람이 짝을 이뤄서 한다. 두 사
람의 몸에 금, 은반지나 자석류의 장신구가 있다면 빼고 진단하는 것
이 좋다. 검사자와 피검사자는 일어선 채 테스트를 진행한다. 만약 피

검사자가 왼손잡이일 경우는 오른손을 자신의 신체에 대고 왼손으로 오링을 만들면 된다. 피검사자의 손가락 힘이 약한 경우는 검사자도 최소한의 힘으로 피검사자의 오링을 떼야 한다. 반대로 피검사자가 손이 크거나 힘이 강할 경우는 검사자도 힘의 강도를 높여서 검사해야 한다.

오링테스트 진단법

폐의 자리 D형

실제로 D형은 폐 자리에 손을 대고 테스트했을 때, 두 손가락의 힘이 강해 안 떨어진다. 설문지와 오링테스트가 일치하면 확실한 D형이다.

비장의 자리 I형

두 번째는 비장 에너지 검사이다. 가슴 부위에 손을 대고 테스트했을 때 오링을 만든 두 손가락의 힘이 강한 사람은 I형이다.

간의 자리 S형

그다음 세 번째로는 명치끝에다가 손바닥을 대고 약간 우측의 간 방향으로 테스트를 해보자. S형은 힘이 세게 나온다.

신장의 자리 C형

마지막으로 신장 자리다. 신장은 허리 뒤쪽에 있지만, 콩팥에서 요로로 아랫배에 연결되니 아랫배에 손을 댄다. C형이 세게 반응한다.

오링테스트 주의사항

오링테스트는 4곳 장부 에너지의 파동으로 검사하기 때문에 주의사항이 있다. 만물의 구성 원인이 양자이기 때문에 가능한 검사이다. 검사자나 피검사자가 어떠한 생각을 하면 에너지장이 바뀌어서 정확한 검사를 할 수 없다. 양자 역학의 '더블 슬릿' 실험 결과와 같이 파동은 관찰자의 생각에 의해 바뀌어버린다.

'이 사람 I형일 거야.'라고 생각하고 오링을 하면 실제로 I형의 비장자리에서 강한 반응이 나온다. 유형을 진단할 때에는 잡념 없이 그냥 손가락으로 측정하는 일에만 몰두하여야 한다.

이러한 양자 파동의 원리를 이해하면 양자의 원리로 병을 치료할 수도 있다. 강의 중에 아픈 사람 1명을 세워놓은 적이 있다. 수강생들에게 그가 치료받은 모습을 상상하라고 했다. 3분 정도 지나자 수강생의 통증이 사라지고 아픈 부위가 낫는 일이 벌어지는 걸 목격했다. 여러분도 충분히 가능하다. 신의 능력의 원리가 우리 영혼에 들어있기 때문이다.

장부의 성향과 DISC

폐와 D형

첫 번째 폐肺 성향은 폐가 가지고 있는 어떤 신체적인 특성을 말한다.

폐 한자를 잘 보면 달월 月 변에 저자 시市 자가 붙어있다. 달은 신체 내면에 감춰진 음부 장기라는 것이고 옆에 붙은 저자는 시장, 곧 마트를 말한다.

정치인들이 왜 시장에 가서 정치 활동을 하는 걸까? 사람이 제일 많이 드나드는 곳이기 때문이다. 폐는 크기도 크지만, 날개도 2개가 있다. 온종일 산소를 들이마시고 이산화탄소를 내보내면서 바쁘게 일하는 곳이다. 동양의학에서 폐는 슬픔을 주관한다고 해서 폐주비肺主悲라 한다. 그래서 폐가 강한 D형은 눈물이 없다.

긍정적으로 보면 큰일을 잘하지만, 부정적으로 보면 잔인하다는 뜻이다. 어떤 중대한 사안에 부딪혔을 때 일을 빠르고 냉정하게 처리하는 능력이 있다. 난파한 배의 선장이 D형이라면 많은 생명을 살릴 수 있다. 많은 사람의 생명을 살리는 게 D형의 강점이다. 하지만 히틀러처럼 잔인한 D형은 수백만 유대인을 학살한다.

D형은 폐 기능이 강하기 때문에 성악가도 많다. 왕년의 유명 대중가수 대부분은 D형이다. 폐는 입과 제일 가까운 데 붙어있다. 그래서 D형은 자연스럽게 말이 빠르고, 어투도 강하고, 명령적이다.

비장과 I형

두 번째 비장 성향은 참 재밌는 특성이 있다.

비장의 비脾 자에서는 비卑에 의미가 있다. '비천卑賤하다', '비굴卑屈하다'를 표현할 때 사용하는 글자다. 비천하거나 비굴하다는 말이 부정적인 의미로 사용되지만 상인들에게는 중요한 비즈니스 덕목이다. 자존심이 강하면 장사가 힘들다. 심지어는 사회생활도 힘들다. 인간 사회에서 자기 자존심을 다 지켜가며 살 수 있는 사람은 없다. 이 꼴 저 꼴 다 참아내며 돈을 벌어야 하는 인간 세상의 구조가 그렇다.

I형이 장사를 잘하는 이유는 비장 기능이 좋기 때문이다. 타인의 비위를 잘 맞춘다. I형은 비위를 맞춰준다고 자신이 비굴하다고 생각

하지 않는다. 도리어 내가 저 사람의 기분을 좋게 해줌으로써 인간의 기능을 다 했다고 생각한다. 이들이 사람을 잘 사귀고, 자기를 좀 무시하는 듯해도 기분 나빠하지 않는 것은 전적으로 비장 기능의 특성이다.

동양의학에서 비장의 기능은 비주사脾主思다. 비장은 인간의 생각을 주관한다. 생각을 주관한다는 것은 생각을 안 한다는 말이다. I형은 깊이 생각하는 것을 싫어한다. 아무 생각 없이 산다는 말도 듣는다. 실수하여도 별로 괘념치 않고 부끄러움을 당해도 빠른 회복탄력성을 보인다. I형은 숫자 개념이 약해서 숫자를 잘 틀리고, 남의 이름을 바꿔 부르는 등 실수가 잦다. 약속을 자주 어기고, 인생의 중대사를 중요하다고 생각하지 않는다. 하지 말아야 할 중요한 이야기를 결국 하고야 마는 것은 전적으로 비장의 기능이다.

남을 편하게 대해주니 관계 능력은 탁월하다. 하지만 일을 풀어나가는 행정 능력이나 논리적 합리성, 이성적 사고와 판단은 약하다. 생각하는 게 귀찮아서 안 하기 때문이다. 대신 이들은 뛰어난 감각으로 사물을 바라보고, 그 깊이보다는 현상을 본다. 예쁘고 화려한 것을 좋아하며 긍정적이고 낙천적이다. 그림을 잘 그리거나 디자인을 잘하고, 표현 감각이 뛰어나다. 이런 부분이 I형을 이해하는 중요한 동양철학적 요소이다. 동양은 몸과 의식을 통합적 구조로 보지만, 서양은 몸과 의식을 분리하는 물질주의 구조로 본다. 그래서 인간을 깊이 이해하지 못한다.

간과 S형

세 번째는 간肝이다. 방패 간干 자의 의미다. 간은 각종 에너지원을 저장하여 에너지로 사용하는 특성이 있다. 대사활동을 하며 살균과 해독작용을 하는 주요기관이다. 간은 방패처럼 균들을 막아주며 성실하고 꾸준하다.

《오디세이아》에 나오는 티티우스는 제우스의 여섯 번째 아내인 레토를 괴롭힌 대가를 받는다. 그는 독수리에게 간을 쪼아 먹히는 영원한 형벌을 받았다. 매일 쪼아 먹혀도 도로 살아나니 간이 재생된다는 걸 알 수 있다. 간은 이식하여도 또 자라난다. 다른 장부들처럼 아픈 반응이 빨리 오지 않는데, 그래서 침묵의 장기라고 불린다. 간 에너지가 좋은 사람들이 S형이다. 이들은 무던하고 느리다. 반응은 둔하지만 성실하고 꾸준하게 생산해낸다. 방패처럼 원시적 본능으로 자신의 생명을 지킨다.

동양의학에 담긴 의미는 간주노肝主怒, 곧 간은 분노를 주관한다는 뜻이다. 화를 누르는 기능을 한다. S형이 화를 별로 안 내는 이유는 분노를 누르는 간 기능이 강하기 때문이다. 검지에 흐르는 경락을 양명대장경이라 하는데, 검지 손톱 밑을 눌러보면 화가 많은 D형은 통증을 느낀다. 그러나 S형은 별로 감각이 없다.

S형은 간처럼 무던하고 평화로우며 가장 원시적인 생존 본능을 가지고 있다. 그들은 모험을 즐기지 않고, 미지의 세계에 들어가지 않으며 항상 익숙한 세계 안에서 안전하게 오래 산다.

신장과 C형

네 번째는 신장腎臟 에너지이다. 신장은 견고할 견堅의 의미가 있다. 혈액의 20~25%가 신장으로 흘러 들어간다. 그 여과 양이 하루 180ℓ에 이른다. 1~2ℓ의 소변을 제외하고는 전부 재흡수된다. 신장은 마치 자동차의 라디에이터처럼 수분 대사 조절을 통하여 세포 밖의 수분을 유지·조절하는 역할을 한다. 그래서 신장은 차가워야 한다. 염분 조절을 통하여 체내 산성도를 유지해야 하므로 스스로 견고해야 한다. 신장이 스트레스를 받으면 부신에서 에피네프린이나 노르에피네프린이 분비되면서 심박수가 빨라지고 심장과 간에 질병을 일으킨다.

동양에서는 수화지교水火之敎, 또는 수승화강水乘火降이란 말이 있다. 자연 세계에서 불은 올라가고 물은 내려온다. 그런데 인체는 심장의 불이 아래로 내려가고, 신장의 수기가 등줄기를 타고 올라간다. 불이 내려가지 않으면 심한 냉증에 시달리고, 물이 올라가지 않으면 심한 열증으로 고생한다. 수화지교란 이러한 불과 물의 교류가 적당히 균형 잡힌 건강한 몸을 말한다. 물이 흐르는 곳은 시원하여야 한다. 신장이 강한 C형은 성격이 차분하다. 자기 신념에 견고하고 정밀한 대신에 스트레스를 잘 받고 까다롭다.

신장의 에너지 특성을 신주공腎主恐이라 하는데, 신장은 두려움을 주관한다는 뜻이다. C형은 걱정 많은 사람들이지만 반대로 신념과 사상이 정립되면 이들을 이길 사람은 아무도 없다. 조선 시대 선비들은 자기 신념과 사상을 굴복하지 않았다. 신념과 사상을 죽음으로 지켜내는 사람들이 C형이다. "전하, 그리하지 마시옵소서."라고 목을 늘어놓았던 사람들도 C형이다. 섬기던 군왕이 죽을 때 같이 죽을 정도로 배반하지 않는 사람들이다.

《삼국지》에 조조가 원소의 아들 원담의 목을 베어 저잣거리에다 걸고서 누구든지 와서 통곡하는 자는 똑같이 머리를 베겠다고 했다. 그때 별가 신분의 왕수가 찾아와 그 목을 걸어놓은 나무 밑에서 울었다. 그는 결국 잡혀가서 조조에게 심문을 당한다. "너는 방을 못 봤느냐?" "봤습니다." "울면 죽이겠다고 했는데 왜 울었느냐?" "나는 평생 원씨 집안에서 녹을 받고 살았거늘 어찌 죽인다고 내 주인에 대한 의리를 거부할 수 있습니까? 죽여주십시오." 조조는 이런 충직한 사람들을 좋아했다. 그를 죽이지 않고 거꾸로 벼슬을 주었다. 이렇게 지조 있는 사람들이 C형이다.

한 나라의 수장이 잘못할 때 마지막 보루로 나서는 사람들은 종교인이나 대학교수였다. 그들이 등장하면 거의 모든 정권은 무너졌다. 지조 있는 사람들인 C형은 정의와 신념 앞에서는 두려움이 없다. 도리어 두려움은 S형이 많다. 죽을까 봐. C형은 죽는 것에 두려움이 없다. 그래서 실제로 자살자들도 C형이 제일 많다. 참한 사람들인데 독종이다.

종합적으로 보면, 폐장과 비장과 간장과 신장, 이 4곳에서 오는 장부의 역할이 우리의 DISC 성향을 만드는 데 큰 도움이 된다. 장부들의 특성이 인간의 성격을 결정하는 기질을 만든다. 인간에겐 이토록 신비한 인체의 세계가 있다. DISC를 한국에서 공부하면 이러한 동양적 몸의 에너지를 이해할 수 있어서 이롭다.

오링테스트 결과와 설문지 결과

몸으로 진단한 오링테스트 결과가 본래의 자신이라면, 생각이라는 이성적 도구로 진단한 설문지 결과는 지금의 자신을 나타낸다.

오링테스트와 설문지의 DISC 결과가 비슷하게 나온다면 자기를 바꾸지 않고 순탄하게 살아온 사람이다. 그러나 오링테스트와 설문지의 DISC 결과가 다르게 나왔다면, 설문지로 나온 결과가 생존을 위해 노력하고 산 자기의 페르소나로 보면 된다. 이런 결과가 제일 많은 집단이 공무원 조직이다.

공무원 교육을 하면서 설문지 테스트를 진행하면 S/C형을 참 많이 본다. 그런데 오링테스트를 하면 의외로 I/D형이 많다. 왜 그럴까? 답은 간단하다. 부모의 권유나 자신의 의지로 소위 가장 안정적인 공무원의 삶을 살기로 결정했기 때문이다. 오링테스트 결과가 외향성 I/D형으로 나온 공무원에게 조그만 소리로 물었다. "일 할 만 하세요?" 그는 내게 더 조그맣게 얘기했다. "죽을 지경이에요. 갑갑해서." 자신의 기질을 모르고 한 선택이 참 안타깝다. 이 공무원에게 S/C형은 페르소나, 곧 가면이다. 자기의 본래 유형인 I/D형은 뒤에 감춰놓았기 때문에 이를 그림자Shadow라고 부른다. 이 그림자는 무의식으로 눌러놓았기 때문에 압력이 정점에 이르면 터지고 만다. 이때를 '오메가 포인트Omega Point'라고 하는데, 우리말로 '때려치운다'는 의미다.

오링테스트와 설문지 결과는 반드시 병행해서 함께 놓고 분석하자. 자기 인생의 스토리가 보인다.

인체의 신비

인체의 경락에서 만드는 DISC

우리 인체에는 12개의 경락이 전신을 타고 손가락과 발가락으로 흐른다. 금반지를 두 번째 손가락에 끼우고 오링테스트를 해보자. 힘이 강하게 나오는 사람들은 D형이 많다. 새끼손가락에 금반지를 끼우고 오링테스트를 해보자. I형 성향이 나온다. 가운뎃손가락에 금반지를 끼우면 S형 성향이 나온다. 네 번째 손가락에는 C형 성향이 나온다.

D형 손가락인 두 번째 손가락은 양명대장경이다. I형 손가락인 새끼손가락에는 소음심경과 태양소장경이 흐른다. S형 손가락인 가운뎃손가락엔 궐음심포경이 흐르고, C형 손가락인 네 번째 손가락엔 소양삼초경이 흐른다. 경락마다 성격을 만드는 강한 파동 에너지들이 들어있다.

뇌 화학물질이 만드는 DISC

코넬 의대의 에릭 R. 브레이버맨Eric R. Braverman이 저술한 《뇌체질 사용설명서》라는 흥미로운 책이 있다.

저자는 평생 뇌의 화학물질인 호르몬에 관하여 연구했다. 주로 아세틸콜린과 도파민, 세로토닌, 가바에 대해서 재미있는 이론을 내어놓았다. 이 호르몬들이 생성되는 뇌의 자리가 각기 다른 것을 발견했는데, 두정엽에서는 아세틸콜린, 전두엽에서는 도파민, 후두엽에서는 세로토닌, 측두엽에서는 가바가 생성되는 것을 밝혀냈다.

뇌 호르몬은 신경전달물질을 생성하여 이동시킨다. 아세틸콜린은 이 기능 외에 일부 직관을 만드는 기능이 있는 것으로 연구됐다. D형의 머리 정수리에 손을 얹고 오링테스트를 해보면 힘이 강하게 나온다. 이마에 손을 얹고 오링테스트를 해서 힘이 강하게 나오는 사람들은 I형이 많다.

행복한 공상력인 도파민은 I형 전두엽에서 감지된다. 앞이마가 볼록 튀어나온 사람들이 많다. 흑질에서 중뇌를 거친 도파민의 마지막 종점은 이마 우측 부위이다. I형의 발달한 이마가 도파민 생성으로 이루어진 것을 추측할 수 있다. 아세틸콜린과 도파민 호르몬은 스위치를 ON으로 켜는 양陽적인 에너지다. 이 두 호르몬은 외향성을 강하

65

게 만들어준다.

S형한테는 후두엽에서 분비되는 세로토닌이 감지된다. 뒷머리를 쓰다듬거나 만질 때는 거의 위로의 뜻이 숨어있다. 축구선수들이 슈팅을 날렸지만 아깝게 골인하지 못하면 선수나 관중이나 거의 두 손으로 뒷머리를 잡으며 망연자실한 몸짓을 한다. 실망해서 뒤로 넘어지는 자신을 붙잡아주는 자세인데, 그만하면 잘했다는 위로의 뜻이 있다. S형은 뒷머리만 베개에 대도 바로 잠이 든다. 이들은 눈이 달리지 않은 뒷머리 쪽에서 강하게 나오는 세로토닌의 최대 수혜자이다. 이들은 편안함을 만드는 세로토닌의 맛을 안다. 밥을 실컷 먹고 한잠 자려는 쉼의 감각, 따뜻하고 부드러운 침대의 편안한 감각, 숲길을 걷거나 자연의 시원한 공기를 마실 때의 상쾌한 감각은 모두 세로토닌의 기능이다.

C형을 만드는 뇌 호르몬은 측두엽의 가바이다. 가바 호르몬은 신경세포의 흥분성을 억제한다. C형이 자기를 잘 억제하고 잘 참아내는 이유는 가바 수용체의 활동 덕분이다. 이 가바의 역할로 C형은 항상 안정된 상태를 유지하려고 자기를 합리화한다. 아주 작은 일이라도 자기 마음을 안전하게 해야 한다. 이 호르몬 분비 장소가 귀 부분에 위치하기 때문에 C형은 소리에 민감하고, 목소리가 좋은 사람에게 끌린다. 시끄러운 사람들을 사귀지 않고 시끄러운 장소에는 가지 않는다. 층간소음 때문에 큰 싸움까지 벌이는 사람은 대부분 C형이다. 이 두 유형의 호르몬은 음陰적인 에너지로 스위치를 OFF 하는 기능을 발휘한다.

뇌의 화학물질들도 인간의 성향에 영향을 준다. 더욱 신기한 것은 NLP 시간선 치료에서 눈을 감고 과거로 시간선 여행을 할 때다. 외향성인 D형과 I형은 여행 속 자신의 모습이 자신 앞에 있거나 옆에 있다. 그러나 내향성인 S형과 C형은 자신의 옆이나 뒤에 있다.

머리 4부분의 DISC

머리의 두정엽, 전두엽, 후두엽, 측두엽 4부분에 왼손을 얹고 오링테스트를 해보면 신기하게도 강하게 나오는 자리가 있다. DISC 설문지나 장부 오링테스트와도 비슷하게 나온다.

물론 서로 다르게 나오는 때도 있다. 그럴 때는 그 신체 부위의 세밀한 관찰을 통하여 질병을 찾아낼 수 있다. 장부나 호르몬, 경락에서 생기는 약간의 차이를 보완하고 이해하면 좋다.

인체는 신비하다. 수천조가 넘는 세포와 다양한 신경전달물질, 장기들의 조합으로 유지된다. 사람마다 검사 결과가 다르게 나오는 것은 인체가 그만큼 복잡하고 독특하기 때문이다. 지구상에서 나라는 존재는 하나밖에 없다. 다른 사람들과의 차별성을 자신의 독특성으로 생각하자. 자신을 홀로 남은 외로운 존재라고 생각하면 안 된다. 오랜 시간에 걸쳐 자주 진단해 보면 변해가는 자신의 신체 에너지도 볼 수 있다. 딱 어느 유형 하나로만 자신을 이해하면 불행하다.

유형은 사람을 나누려고 공부하는 것이 아니라, 그 사람의 특성을 종합적으로 이해하기 위한 도구이다. 유형으로 사람을 판단하거나 결정짓지 말자. 단지 일은 어떤 유형으로 하고, 대인관계는 어떤 유형으로 하는지, 삶을 대하는 자신의 태도는 긍정적인지 부정적인지를 살펴보자. 보다 훌륭한 사람으로 성장하기 위하여 이런 공부를 하는 것이다.

2장

DISC 단일 기질의 이해

D유형

Dominance - 주도형

D형의 일반적 특징

D	장점	직관력, 결단력, 모험심, 책임감, 리더십, 열정적, 단호한, 추진력, 실천력, 빠른 실행, 의지력, 생산적, 성공지향적, 결과중심, 용감한, 도전 정신, 보스형, 영향력, 낙관적, 실제적, 자존감, 큰 그림, 집중력, 업무 파악, 국난극복, 영웅적, 솔선수범, 문제 해결, 든든함, 조직을 세움, 지도자
	단점	분노, 완고한, 성격이 급한, 폭력적, 불법적, 제멋대로, 불안, 경솔한, 거친 언어, 배려 없음, 잔인한, 거만한, 교만한, 욕을 잘하는, 인내하지 못하는, 경청 불가, 충동적, 기회주의적, 약자에 강하고 강자에 약한, 교활한, 권력지향적, 공격적, 보복하는, 살생, 인간 비존중, 타인을 두렵게 하는, 파괴적인, 잘난 체하는, 권위적인, 동정심 없는, 사이코패스, 사람을 무시하는, 말을 바꾸는, 불법을 저지르는, 변덕이 심한, 진실하지 않은, 내로남불, 위선적

업무중심적인 사람

D형과 C형은 똑같이 업무중심적인 사람들이다. 같은 일을 해도 C형은 준비하느라 속도가 느리지만, D형은 직관적으로 핵심을 보기 때문에 판단력과 실행 속도가 매우 빠르다.

D형의 강점은 모든 분야에서 속도가 빠르다는 것이다. 일에 관한 한 이들을 따라잡을 사람이 없을 만큼 타고난 지도자감이다. D형을 이해하기 위해서는 그들의 가족이나 친구 관계보다는 업무 관계에서 파악하는 것이 효과적이다.

이들이 일에 탁월한 이유는 감정에 이끌리지 않으며, 냉철한 판단력을 가지고 모든 일에 대처하기 때문이다. 이런 특성이 일의 능률을 오르게 한다. I형처럼 다른 사람들과 수다를 떨다가 일을 놓친다거나 C형처럼 이것저것 생각하다가 기회를 놓치는 일은 없다. S형처럼 망설이다 남에게 일을 빼앗기지도 않는다. D형이 일을 잘하는 것은 사고 구조가 실용적이기 때문이다. 사고에 군더더기가 없고 쓸데없는 일에 시간을 낭비하지 않는다. 모든 사람이나 사물을 일의 관계 속에서 내게 이익이 되는가로 평가할 뿐이다.

이들은 순간적인 느낌이나 깨달음이 강하다. 스스로 자기 삶을 성취해 나가는 유형이라 누구의 조언도 필요로 하지 않는다. 혼자서 깨닫고 혼자서 결정하여 실행해 나간다. 사막에 갖다놓아도 충분히 대궐을 짓고 살아갈 만한 사람이다. 주변에 사람이 없어도 절대 외로워하지 않는다. 오히려 혼자 있을 때 집중력이 충만하므로 일을 방해하는 주변 요소들에 혐오감을 느낀다.

마음속을 꿰뚫어 보는 사람

D형은 보편적으로 직관력이 뛰어나다. 사건이나 사물의 본질을 이해하는 데 남다른 능력을 보인다. 다른 사람들은 이야기 내용도 파악하지 못하고 있을 때 D형은 벌써 대답할 말을 찾고 있다. 이것은 천성적으로 타고난 능력이다. 그래서 갈등 구조에서 문제의 해결을 찾는

71

데 능숙하다.

복잡하고 어려운 문제조차도 이들은 지극히 단순하게 해결한다. 어떤 문제든지 해결점을 찾는 데 타의 추종을 불허한다. 특히 S형에게 이러한 D형의 강점이 보완될 필요가 있다. D형이 상당히 거칠어 보임에도 의외로 지혜가 뛰어난 것은 이들의 직관력 때문이다.

책임감이 강한 사람

D형은 보편적으로 보스 기질을 타고난 사람이다. 그들이 회사나 어떤 조직의 장이 되는 것은 강한 책임의식을 가지고 있기 때문이다. 인격이 성숙한 D형은 항상 솔선수범하고 잘못된 결과를 남에게 미루지 않는다. 많은 사람 앞에서도 체면에 상관없이 아랫사람들의 보호막이 되기도 한다. 책임감 있는 D형은 아랫사람들의 존경을 받는다. 대표적인 D형인 박정희 대통령이 다시는 자기와 같은 불행한 군인이 나오지 않기를 바랐던 것도 군인이 정치하는 일이 결국 옳지 않았다는 것을 깨달았기 때문이다. D형의 자기 책임감의 표현으로 이해하면 좋을 것 같다.

고정관념을 잘 부수는 사람

D형은 보편적으로 스케일이 크다. 소프트웨어보다는 하드웨어 쪽에 더 많은 장점이 있다. 엄청난 건물을 짓거나, 산을 깎고, 길을 내고, 섬에 공항을 만들고, 바다 위에 다리를 놓을 생각을 하는 사람들이다.

어떻게 해야 하는가보다는 무엇을 해야 하는가에 관심이 더 많다. 생각은 막힘이 없다. "까짓것 하면 되지!"라는 결단력으로 일을 추진한다. D형은 고정관념을 깨뜨리는 데 탁월하므로 '어떻게 그런 일을 할 수 있을까?'라고 생각되는 큰 비전을 능히 실행하는 사람들이다. 세계 최고의 큰 건물 건설이나 국가적인 큰 행사 개최를 이들이 맡으면 엄청난 결과를 이뤄낸다. 자질구레한 것에 신경 쓰기보다는 일의 핵심을 보고 추진하기 때문이다.

D형의 일에 대한 생각과 스타일은 남다르다. 웅장한 스케일에 박진감 넘치는 일을 할 수 있도록 시스템을 구축할 때, 이들을 따라잡을 수 있는 사람은 많지 않다.

동시다발적으로 일하는 사람

바둑에는 다면기가 있다. 수가 높은 지도자가 수가 낮은 다수의 사람을 대상으로 동시에 바둑을 두는 것을 말한다. 바로 D형이 이런 일을 잘하는 사람들이다. 일에 관한 한 이들의 능력과 속도는 가히 천재적이고 에너지는 끝이 없다. 여러 일을 동시다발적으로 얼마든지 잘해나갈 수 있는 사람들이다.

사업을 많이 벌이다가 낭패를 보는 일도 있지만, 보편적으로는 동시에 여러 가지 일에 집중할 수 있어 모든 일을 능숙하게 해낸다. 다른 사람들이 지칠 시간에도 D형은 일에 대한 열정이 사그라지지 않는다. 집으로 일을 가지고 가고 가족이 잠든 시간에도 일에 매달린다. 일에 방해가 되면 가족을 떠나든지 가족을 재우든지 하는 스타일이다.

이런 유형은 남을 통제하는 기질이 강하고, 일을 방해받는 것을 참지 못한다. D형에게 일방적으로 맞추어야 하는 가족은 기분이 상하기도 한다. 주부가 D형이면 새벽까지 치우고 닦고 정리하며 요란하게 일한다. 그렇다고 그냥 일만 하지 않는다. 물건을 흩트려놓은 청소의 원인 제공자나 일을 매끄럽지 못하게 만든 원인에 대해 온갖 불평을 하며 일을 해나간다. 그래서 D형 사람이 일할 때는 모두가 긴장하게 된다.

비정한 사람

D형은 속도를 제어할 수 없는 '브레이크 없는 벤츠'처럼 앞만 보고 나가는 업무중심의 사람이다. 이것은 강점이지만 동시에 최대의 단점이기도 하다. 업무중심적이면 대인관계에 소홀해질 수 있다. 이들은 인간관계에서 많은 어려움을 겪는다.

가족이나 동료 혹은 아랫사람들은 겉으로 드러내지는 못하지만, 그들을 멀리하고 싶은 두려움을 갖고 있다. D형은 일을 잘하기 위해서 얼마든지 냉정할 수 있는 사람들이다. 그들은 비정하고 잔인할 때가 많으며, 특히 난폭한 언어를 많이 사용한다. 상대방에게 씻을 수 없는 상처를 남길 수 있다. 가슴이 차가운 D형은 남들과 싸워도 괴로워하지 않으며, 자신이 남에게 언어로 상처를 준 것은 기억하지도 못하는 스타일이다. D형의 이러한 기질을 직접 경험한 사람들은 언젠가는 그의 곁을 떠날 것을 결심한다. 그러므로 이들 인생의 노년은 외롭다.

생색내기를 좋아하는 사람

이들은 자기 업적을 중심으로 사는 사람들이다. 자신이 해낸 일에 대해 생색내기를 좋아한다. 조그마한 일에도 '내가'라는 주제어가 반드시 뒤따른다. D형이 제일 두려워하는 것은 권위의 상실이다. 누구라도 자신의 권위나 업적을 깎아내리거나 도전하면, 이들은 수단과 방법을 가리지 않고 분노를 폭발시킨다.

D형은 자기가 행한 일이 칭찬받지 못할 때 포악한 인류의 독재자

가 되곤 한다. 그러니 D형이 자랑할 때 겸손해지라고 말하면 안 된다. 이들은 칭찬과 높임을 받을 때 더욱 많은 봉사와 헌신을 하기 때문이다. 칭찬과 격려는 이들의 분노를 식게 하는 아주 좋은 약이다.

D형과 같이 있는 사람들은 쓸데없는 논쟁이나 대결을 피하고, 마음에서라도 "또 잘난 체하고 있네."라고 비난해서는 안 된다. 이들은 당신의 작은 표정에서 이미 자기를 혐오하고 있다고 생각할 수 있다. 혹시 사업상 이들과 협력이 필요하다면, 한마디 말할 때마다 감탄사를 연발하면서 연신 존경의 눈빛으로 고개를 끄덕이자. 그러면 이들은 당신이 가지고 간 문제들을 해결해 줄 것이다. 이들은 그렇게 할 수 있는 능력이 있는 사람들이다.

남에게는 높고 자신에게는 낮은 기대치를 가진 사람

기대치에 대한 이해는 모든 기질의 사람을 이해하는 데 큰 도움이 된다. '왜 저 사람은 저렇게 행동할까?' 하고 이해하지 못했던 사람들도 각 행동 유형의 기대치를 알면, 비로소 상대를 이해할 수 있게 된다.

기대치가 제일 높은 C형은 남과 자신에게 아주 높은 기대를 갖고 있으므로 남의 실수를 용납하지 않고 비난할뿐더러 자신의 실수도 심각하게 생각한다. 성적 비관으로 스스로 목숨을 끊는 학생 대부분은 자신에 대해 지나치게 높은 기대치를 가진 C형이다. I형이 스스로 목숨을 끊는 경우는 거의 없다. 기대치가 낮으므로 죽을 만큼 속상한 일이 별로 없는 것이다.

I형이나 S형이 대인관계를 잘하는 것은 타인에 대한 기대치가 낮기 때문이다. D형은 C형처럼 타인에 대한 기대치가 높으므로 주변 사람들이 자신의 마음에 흡족하게 일을 못할 때 몹시 화를 낸다. 하지만

D형은 자신에게는 아주 관대하다. 자기의 잘못에 자신을 탓하기보다 잘못하게 만든 원인 제공자에게 모든 화살을 돌린다. 그러니 성숙한 인격으로 거듭난 D형이 되어야 원대한 포부를 가슴에 안은 지도자가 될 수 있다.

이런 기질적 요인들로 인해 D형은 인격이 성숙하지 못한 사람으로 비칠 때가 많다. D형의 이러한 기질을 이해하자. 그들의 인격이 성숙하지 못해서 그런 것이 아니라, 천성적으로 성숙하지 못한 기대치를 갖고 있어서 그렇다. D형 주변의 사람들은 그들을 조금 더 이해하고, D형 자신들은 "왜 나는 남에게 말한 것을 스스로 지키지 못할까?" 하며 자기를 돌아보아야 한다. 최소한 내가 남에게 말한 것은 지키려고 노력한다면, D형은 놀랄 만한 능력에 고매한 인품까지 갖춘 지도자로 거듭날 것이다.

D형의 시각적 특징

몸에 비해서 머리가 크다

동양에서는 머리가 하늘이고, 몸을 땅으로 생각한다. 음양으로 보면 머리가 양이고, 몸이 음인 셈이다. 양을 능동적으로 보고 음을 수동적으로 본다면, 몸보다 유난히 머리가 크다는 것은 주도적인 기운이 더 강하다는 이야기다.

자연히 머리가 큰 사람들은 고분고분하거나 부드럽지 않고, 자기주장이 강한 것을 알 수 있다. 주변의 머리 큰 사람들을 가만히 살펴보라. 일이나 대인관계에 있어서 강한 사람들인 것을 알게 될 것이다.

처음 만나는 사람들이라 할지라도 이러한 사람들을 대할 때는 신중하게 주도권을 이양해 보자. 그들이 얼마나 강하게, 자기 소신껏 일하는지 알게 된다.

윗입술이 두꺼운 사람은 주도적이다

인간을 소우주라고 부른다. 1년이 12달인 것처럼 인체에도 12경락이 흐르고, 1년이 365일인 것처럼 인체의 경혈점도 365곳이 있다. 그 외에도 기경팔맥과 임독양맥이 있다. 기경팔맥은 모든 인간의 내부에서 흐르는 기운의 통로를 말한다. 기경팔맥 중 몸의 앞쪽 위에서 아래로 돌아 다시 몸의 뒤쪽 위로 올라가는 경락을 임독양맥이라고 한다.

임맥은 사람을 포용하며 순종적인 기능을 하고, 독맥은 주도적이고 감독하는 에너지를 가지고 있다. 임맥은 아랫입술에서 시작해서 성기와 항문 중간에 있는 회음혈에서 그친다. 독맥은 회음에서 시작, 등으로 돌아 머리 위의 백회와 전정혈을 거쳐 미간을 타고 내려와 윗입술에서 그친다. 그래서 윗입술이 두꺼운 동물들은 모두 거칠고 공격적이다. 독수리, 솔개, 황조롱이, 매, 올빼미, 부엉이 등이 그렇다. 상어는 이빨 위쪽이 전부 윗입술이다. 동물들이 싸우려고 으르렁거릴 때 보면 윗입술이 위로 치켜올라간다. 사람도 마찬가지로 화가 나면 윗입술이 올라간다.

세상을 떠날 때 억울한 죽음을 맞는 사람들은 눈을 부릅뜨고 죽는다. 그러나 행복한 일생을 마친 사람들은 눈을 스르르 감고 죽는다. 눈을 타고 흘러내려가는 독맥의 에너지는 자기 불만족의 표상이다. 사람 입술의 두께는 그 사람이 갖고 태어난 주도적(윗입술) 혹은 수용적(아랫입술) 기능을 보여준다. 인상을 찡그리거나 눈썹을 추어올리는 행동도 같은 맥락에서 이해할 수 있다.

언젠가 직원에게 시킬 일이 있어 이름을 불렀더니, 윗입술이 쑥 하고 올라갔다. 그래서 본론도 꺼내지 않은 상황에서 "그만 됐다."라고 했더니, "어떻게 자기 마음이 불편한 것을 아시냐?"고 묻는다. 윗입술이 올라가는 것을 보고 알았다고 답했다.

윗입술이 얇고, 아랫입술이 도톰하게 생긴 사람들이 있다. I형이나 S형에게 많다. 이들은 다른 사람의 말을 잘 들어주고, 긍정적인 반응을 한다. 아랫입술에서 강한 임맥의 수용 에너지가 활동하기 때문이다. 누군가 당신 곁에 있는 사람이 윗입술을 씰룩거리면 그의 심사가 무척 못마땅하다는 뜻이다. 반대로 아랫입술이 헤벌어져 있다면 무척이나 기분이 좋은 상황이다. 사람에게 보이지 않는 임독양맥의 장난 때문에 그렇다.

사람은 어떠한 모양으로라도 자신의 감정이나 의사를 드러내게 되어있다. 하지만 매일 보면서도 세밀히 관찰하지 않기 때문에, 상대의 수많은 비언어를 읽지 못한다. 만일 상대가 당신의 승진을 결정할 수 있는 상사라면 어떻게 하겠는가? 작은 몸짓 하나도 그냥 지나치지 않고 그의 속을 읽으려 할 것이다. 우리가 상대의 기질을 안다는 것은 생각의 DNA를 읽을 수 있는 해법서를 가진 것과 마찬가지다.

눈동자에 힘이 있는 D형

눈의 동공은 폐 기능, 흰자위는 간 기능과 연결되어 있다. 눈의 흰자위가 맑지 못한 사람들은 간 기능이 떨어진다. 혈액이 탁하여 맑은 기운이 형성되지 않기 때문이다. 동공이 까만 것은 폐 기능의 강한 기운이 동공에 형성되기 때문이다. 폐는 인체에서 가장 많은 활동을 하는 기관이다. 위장은 혈을 만들기 때문에 음식을 먹어야 하지만, 폐는 기를 흡수하기 때문에 온종일 신선한 우주 에너지를 호흡하고 탁한 기를 내보낸다. 일을 제일 많이 하는 기관답게 폐 기능이 강한 사람들은 일의 에너지가 많다. 동공에 힘이 있는 사람들은 부지런히 쉬지 않고 일한다.

각진 얼굴과 돌출된 광대뼈

각진 얼굴을 가진 사람들은 턱선의 윤곽이 희미한 사람들보다 훨씬 더 지배적이다. 일반적 통계로 보아도 그렇다. 사람은 인상학적인 특징에 따라 받는 대우의 질이 다르다. 군대를 보자. 각진 얼굴을 한 사람이 높은 지위에 오르는 경향이 많다. 턱선이 강할수록 턱을 감싸고 있는 치아가 원시적이고, 부서뜨리는 힘이 강하다.

원시사회라면 효과적인 무기 하나를 더 가진 셈이다. 남성 호르몬 중의 하나인 테스토스테론의 분비가 강하면 이런 치아과 턱선을 갖게 된다. 테스토스테론은 지배적이고 공격적인 성향을 만든다. 그래서 여성이어도 턱선이 강하면 남성과 같은 사회적인 주도력을 발휘한다.

큰 턱을 지닌 사람들은 대개 지배적인 기질이 있고, 작은 턱을 지닌 사람들은 순종적인 기질을 갖는다. 사람이 자기의 힘을 과시할 때 으쓱 턱을 내민다. 아랫니를 위로 밀어올리는 턱 내밀기 습관은 반항의 몸짓으로 자신을 드러낼 때 나온다. 이러한 무뚝뚝하고 화난 표정은 힘의 신호로 해석된다. 수많은 권력자가 왜 그렇게 무뚝뚝한 표정을 짓는지 설명된다. 러시아의 푸틴은 D/C형 스타일이다. 입을 드러내면 자신의 가벼움이 나타나기 때문에 절대로 입을 벌리거나 미소를 짓지 않는다. 자신의 결점을 보완하는 수단으로 사용하는 것이다. D형은 대부분 얼굴이 각지거나 광대뼈가 두드러지게 튀어나와 있다. 외양적으로 D형을 제일 빨리 구분하는 방법은 사각의 턱선과 튀어나온 광대뼈로 알 수 있다.

신호 대기 중에도 일하는 D형

D형은 단순하고 깔끔한 것을 좋아하기 때문에 호사스럽게 치장하지 않는다. 기분 전환을 하거나 특별한 날일 때에는 화려하게 화장도 하고 멋을 내지만, 평소에는 권위적인 의상 스타일을 좋아한다. 이러한 습성은 자동차 취향이나 집 안 살림살이에도 적용된다. 실내외를 깔끔하게 치우고, 다른 장식을 요란하게 하지 않는다.

D형은 일을 좋아하는 사람들이다. 차가 잠시 신호 대기 중일 때도 분주하다. 운전하느라고 하지 못했던 일을 한다. 뒤차에서 보면 사람 머리가 가만히 있지 못하고 좌우로 분주하다. 하지만 잠시 후에 보라. 그리 바쁘게 일하다가도 신호가 완전히 바뀌기도 전에 '부앙~' 소리와 함께 제일 먼저 출발한다.

열 잘 받는 D형

D형은 폐의 열기가 강하기 때문에 화火 기운이 항상 주변에 흐른다. '뚜껑 열린다!'는 말처럼 이들은 항상 뚜껑이 열릴 준비가 되어있다. 언제 발화점이 생기느냐가 관건이다. 조금만 열을 받아도 분노의 표시가 얼굴에 바로 드러난다. 별것도 아닌 일인데 조금만 자존심을 건드리면 금방 화를 낸다. 이들이 화를 낼 때는 주로 자기가 오해받을 때다. 자신의 명령에 불복종하는 상황이나, 말귀를 못 알아들어 2번 이상 말하게 할 때도 빠르게 화를 낸다.

콧구멍이 위로 치켜져 드러나 보인다

이목구비가 서로 조화롭고 몸의 균형이 잘 잡힌 사람은 성격적으로도 건강하고 조화를 이룬다. 하지만 어디 하나가 크거나 작든지, 구부러지거나 쭈그러져 있으면 사람의 기질도 모난 구석이 많다. 코가 오똑하면서 예쁘고 반듯하면, 성격적으로도 음침함이 없고 함부로 분노하지 않는다. 하지만 D형 가운데는 콧구멍이 약간 하늘로 치솟은 사람들이 많다.

사람의 두 번째 손가락에서 시작하는 양명대장경의 에너지는 팔등을 지나 어깨에서 둘로 갈라지는데, 하나는 대장으로 내려간다. 다른 하나는 턱뼈를 뚫고 양쪽 콧구멍으로 들어가서 반대편 콧구멍에서 끝난다. 그래서 사람은 흥분할 때 콧구멍을 벌렁거린다. 평소에 콧구멍이 벌렁거리거나 드러나 보이면, 보편적으로는 쉽게 흥분하는 D형일 경우가 많다. D형은 자기 내면에 영혼의 상처가 있으면, 상황에 대한 구분 없이 아무 때나 화를 잘 내고 금방 후회한다. 콧살의 덮어주는 기능이 약해서 사람의 허물을 보면 참지 못한다.

손가락을 많이 흔드는 D형

인간 내부 에너지의 고속도로인 경락은 양손과 발에 12개가 흘러간다. 엄지손가락에는 태음폐경이 흘러간다. 폐가 강한 사람들은 엄지손가락이 굵고 길며 살집이 많다. 최고라는 사인을 표시할 때 엄지손가락을 내세운다. D형은 엄지손가락을 많이 사용한다. 이 또한 자신을 드러내는 폐경락 기운의 강력한 작용이다. D형은 보편적으로 자기 과시가 강하다. 남이 알아주지 않으면 스스로도 자신의 업적을 드러낸다.

두 번째 손가락에는 강한 양명대장경이 흐른다. 이 경락에는 양명 陽明이라는 기운이 흘러간다. 양명 기운은 늦가을 곡식을 익히는 뜨거운 기운과 서릿발처럼 찬 기운을 모두 담고 있다. 기질로 보면 D/C형이다. 그래서 분노를 표출할 때에 두 번째 손가락을 흔든다. 두 번째 손가락은 타인의 잘못을 지적하는 D형이 가장 많이 사용하는 손가락이기도 하다.

D형은 이렇게 손가락을 사용하고, 두 손보다 한 손을 들어서 명령한다. D형은 입으로만 말하지 않고 손짓으로 지시한다. 로마의 황제들이 엄지손가락을 거꾸로 하면 죽이라는 명령이다. 이들은 손가락 하나만으로도 움직일 수 있는 세상에서 왕 노릇 하며 살고 싶어 한다.

D형의 언어적 특징

D형은 단답형?

D형은 직관 능력이 가장 강한 사람들이다. 상대가 무슨 말을 하려는지 몇 마디만 듣거나, 표정만 보아도 대충 감을 잡는다. 그래서 상대의 긴 이야기를 끝까지 들어주지 못하고 중간에 말을 자른다. 지시를 받는 것보다 지시하는 것을 선호한다.

남의 말을 자른 뒤에, 상대에게 간결하고도 핵심적인 한마디로 해결해 주려 한다. 원래 말을 장황하게 잘하는 스타일은 아니지만, 빠른 결과를 만드는 데에 급한 사람들이기 때문에 단문이나 단답형을 선호한다.

그러므로 이들을 대할 때는 단문으로 이어지는 간결한 대화 형식이 서로에게 조화롭다. 학생들이 내신 성적을 올리려면 과목 선생님의 기질이 무엇인가를 파악하는 것도 중요하다. 만일 D형 선생님이라면 똑같은 논술도 초단문으로 만들자. 선생님은 더 좋아한다.

결과만 중요한 D형

외향성들은 성격이 급하다. 공통적인 특징이다. 속에 감춰진 것을 오래 참지 못하고 어떠한 방식으로든지 표현한다. 어떤 일에서 그 과정은 별로 중요하지 않다. 수단과 방법을 가리지 않고 원하는 결과만 얻으면 만족하기 때문이다. 이들은 원하는 최종 목적을 먼저 말하고, 그것에 동의하는 사람에게 관심을 보인다.

그래서일까? 가진 것이 많은 D형일수록, 그들 주변에는 아부하는 사람들이 늘어난다. 아부하는 사람들은 대부분 D형이 원하는 결론에 초점을 맞춘다. D형의 결과에 대한 편법이나 비도덕적인 생각을 거부하지 않는다. 하지만 나중에 이런 문제들이 터지면 그 책임을 아부했던 부하 직원에게 전부 뒤집어씌운다는 사실도 잊지 말아야 한다.

오래 못 들어주는 D형

보편적으로 상대가 무슨 말을 하려는지 입만 벙긋하면 알아차린다. 눈치도 빠른 사람들이다. 상대가 상사면 미소를 지으며(사실 속으로는 참느라고 부글거리고 있음) 말이 끝나기를 기다린다. 그러나 상대가 부하 직원이면 다르다. 그의 말을 듣는 척하지만, 사실은 속으로 대답해 줄 말을 생각한다. 생각 정리가 끝나면 상대가 어디까지 말을 했든 아무 상관없이 도중에 말을 잘라버린다. "네 이야기는 이런 것 아냐?" 하고 빠르게 나름대로 정리한 답을 던져주고는 나가버린다.

뚜렷한 핵심이나 결론도 없이 온종일 말하는 I형은 황당하겠지만, D형은 결론 없이 말을 장황하고 길게 하는 사람들을 제일 싫어한다.

업무 이야기부터 시작하는 D형

이들은 전화 통화를 하거나 사람을 만났을 때 지난번에 지시했던 일부터 떠올린다. 그만큼 업무중심적이다. D형에 I형이 섞여있으면, 조금 여유 있게 지난 사건을 물어본다. 인사나 가벼운 농담을 한 뒤에 업무를 묻는다. 하지만 D형은 보자마자 지난번 일이 어떻게 되었느냐고 묻는 것으로 인사 끝이다. 전화 통화에서도 누군지 확인하거나, 어떻게 지냈느냐는 인사는 항상 생략이다. "지난번 지하수로 건설계 어떻게 됐어? 나 박 사장이야!" 이렇게 인사와 일의 순서가 뒤바뀐다.

D형은 이러한 상황을 만들 힘을 갖고 있을 때 제일 즐겁다. 하지만 싫은 일을 남에게 억지로 지시받으면 아주 강하게 반발한다. 사회와 가정에 또는 자기 자신에게 폭력을 휘두르기도 한다. 그만큼 자신만만하다는 증거이다. 업무 이야기부터 끄집어내는 D형과 함께 있을 때는 빠른 결과적인 요점만 간략하게 서술하자. 그래야 이들과 박진감 있는 관계를 유지할 수 있다.

제목만 읽는 D형

D형은 간략하게 브리핑받는 것을 좋아한다. 본인도 핵심적인 말만 하는 걸 좋아한다. 아무리 정밀하고 세부적인 설명과 상세한 자료가 첨부되어도 별로 중요하게 들여다보지 않는다. 굵은 줄로 처리된 제목만 읽는다. 어쩌다 오류를 발견하면 그 분야를 집중적으로 공격한다.

D형 대표에게 하는 업무 보고는 첫째, 가장 시급하고 중요한 사항에 초점을 두어야 한다. 둘째, 결과에 대한 예상 도표까지 첨부해서 이미지로 보게 만들어야 한다. 셋째, 그들이 원하는 부분은 완벽하게 암기해서 진술해야 한다. 진술 방법은 앞에서 말한 것처럼 군더더기 빼고, 예화도 빼고 알맹이만 진술한다. D형이 빨리 읽고 빨리 듣도록 만드는 기술이 필요하다.

D형에게 보고가 끝난 뒤에는 그 보고 자료에 사인받아야 하는 걸 잊지 말자. 제출자에게 증빙 서류로 반드시 필요하기 때문이다. D형이 말로서 지시한 것도 그냥 실행하지 말고, 세부계획을 세워서 기안을 만들고 사인받아야 한다. D형은 언제 어떻게 변할는지 자신도 모르는 사람이기 때문이다.

D형의 통화는 방송용?

이들은 폐부가 강하다. 폐부가 강하다는 것은 폐가 크거나 실하여 에너지가 강하다는 이야기이다. 폐 에너지가 강하기 때문에 목소리도 크다. D형이 전철 앞쪽 경로석에서 전화를 받으면 뒤쪽 경로석까지 다 듣는다.

D형은 분노 섞인 큰 소리를 갑자기 지르기도 한다. 평소에도 대화 톤이 높아서 꼭 싸우는 것처럼 말한다. D형은 대부분 목소리가 크다. 목소리의 톤만 듣고서도 이들이 D형인 줄 알게 된다. 그러나 간이 약하기 때문에 장기간 큰 음성을 사용하지는 못한다.

D형을 2번 말하게 하지 말라

D형은 말의 핵심을 알고 빨리 응답한다. 그러나 S형이나 특히 C형

은 빨리 반응하지 않는다. S형은 핵심을 파악하지 못해서 헛다리를 짚을 때가 많다. C형은 상대 이야기의 사실과 정확한 근거를 생각하는 데 시간이 필요한 사람들이다. 하나하나 짚어 가면서 대화를 나누기 때문에 2번 묻는 경우가 많다. 이때 불같은 성정을 가진 D형은 1, 2번은 인내하다가 3번 이상 반복하면 짜증을 낸다. D형에겐 한 이야기를 반복해서 말하는 게 힘든 일이기 때문이다. 이럴 때 D형은 속에서 불이 나서 견딜 수 없다. D형의 측면에서 보면 말귀를 빨리 못 알아듣는 사람이 다시 보기 싫은 사람 1순위다.

D형의 뜻대로

D형이 일만 주도하는 것은 아니다. 모든 일상에서 지시하고 자기 뜻대로 해야 한다. 이들은 상황을 자신이 주도하기 위해 다른 사람이 개입할 여유를 주지 않는다. 자신이 원하는 말을 다 해버려야 한다. 논리적으로 차근차근 대응하다가는 C형에게 걸릴 수가 있다. 그래서 자신이 말할 때 끼어들지 못하도록 빠르게 진행한다.

D형은 직관에 의한 찰나의 영감을 잊기 전에 말로 전해야 하므로 빠르고 강하게 말한다. 상대의 말을 듣기보다는 혼자서 다 말해버린다. 자신의 말에 누군가가 제동을 걸면 그 사람을 미워하고 여지없이 공격해 부숴버린다. 그러고는 다음에 보자며 그냥 나가버린다. 평화를 깨뜨리는 장본인이다. 만일 당신이 이러한 D형 직원이고, 당신의 상사가 평화를 사랑하는 S형이라면 직장에서의 당신 위치는 불 보듯이 뻔하다.

급할 때는 비밀도 폭로

D형은 자기의 상황이 불리하면 비밀까지 전부 털어 자기를 변호한다. 이들은 주도적인 에너지가 강한 사람들이기 때문에 자신이 꺾이는 것을 싫어하지만, 다른 사람들 앞에서 꺾일 때는 자동으로 역공을 가한다. 인생을 사는 동안 남에게 별로 져본 적이 없이 살아왔기 때문이다. 그러다가 자신의 상황이 불리해지면 누군가가 자신에게 비밀을 요구했던 것을 들먹인다. 심지어는 절대로 말해서는 안 될 사람들까지 밝히며 상대를 꺾으려 한다. 이들이 이런 상황에서 잘 쓰는 말이 삼자대면이다. D형에게는 비밀을 말하지 말라. 급하면 모조리 다 갖다 사용할 수 있다.

칭찬은 내 것, 비난은 네 것

D형은 목표지향형이다. 그들은 자신의 목적을 이루기 위해서라면 못할 일이 없다. 아랫사람들을 편하게 해주는 것보다, 윗사람들에게 잘 보이려는 경향이 강하다. 윗사람에게 잘 보이기 위해서 자신과 가까운 사람들까지도 출세를 위해 이용할 수 있다. 아랫사람들의 능력으로 자신에게 좋은 결과가 찾아와도, 마치 자신이 그 모든 일을 한 것인 양 영광은 자신이 갖는다. 그렇게 이용하고도 좋은 소스를 제공한 사람에게 여러 가지 미진한 점들을 들추어 그것 때문에 일하는 데 애를 먹었다고 한다. 일이 아예 잘못되었을 때는 책임을 그 사람에게 전적으로 다 뒤집어씌우고 책임을 묻기까지 한다.

자기를 과시하는 D형

D형은 여러 기질 중에서 가장 자신을 과시하는 사람들이다. 그들

의 용어는 무심결에 자신을 드러내는 단어들이 많다. 혼자 말하면서도 '우리'라는 용어를 많이 쓴다. 이 말은 주로 쫀쫀한 사람들과 차별되는 통 크고 시원시원한 집단에 대한 표현이다. 이를테면 다음과 같다. "우린 뭘 먹어도 제대로 먹어야지. 아이고, 이것도 고기라고.", "우린 놀아도 화끈하게 놀아야지, 이건 좀스러워서." 이들은 또한 '버려'라는 말을 많이 쓴다. 나중에 버린 것을 후회하면서도 당장 눈앞에 거추장스러운 것이 있으면 잘 버린다. 물건도 잘 버리고, 사람도 잘 버리고, 돈도 잘 갖다 버리고, 뭐든지 쌓아놓기보다는 내다 버리기를 잘한다. D형 여자들이 살림을 잘하는 것도 잘 버리기 때문이다.

이들은 일도 하다가 잘 때려치우고, 사람도 잘 버리고, 물건도 잘 없애는, 버리기 도사들이다.

D형의 비언어적 특징

윗입술이 치켜올라가면 부정적 반응

이미 언급한 대로 D형은 임독양맥 중에 독맥의 기능이 강하다. 사람이 화가 날 때 아랫입술이 내려가지 않고 윗입술이 올라가는 것도 이러한 독맥 에너지의 반증이다. 사나운 동물, 특히 새의 경우를 보면 공격적 성향을 지닌 새는 윗부리가 아랫부리보다 튀어나오거나 갈고리 형태다. 반면에 온순한 새는 윗부리와 아랫부리의 두께가 비슷하고, 새끼를 입속에 넣고 운반하는 펠리컨은 아예 아랫부리가 더 크다. 위아래 입술이 두툼한 돌고래는 사람과 친숙하고 사람을 위해 갖은 재주를 부린다. 사람도 같은 맥락에서 이해할 수 있다. 아랫입술이 두툼하면 온순해 보인다. 하지만 사람도 동물도 화가 나거나 공격적 자세를 취할 때는 윗입술이 올라가며 으르렁거린다.

업무 보고를 할 때 상사의 입술을 보고 말하면 그의 의중을 빨리 찾을 수 있다. 다른 사람의 흉을 보는 사람들의 입술을 보라. "그래 맞아, 나도 그 인간이 그렇게 행동할 줄 알았어. 어휴, 정말 치사해." 라고 하면서 대부분 윗입술이 치켜올라간다. 윗입술이 움직이는 것은 무언가 통제할 상황이 발생한 것이다. 열심히 설명하는데 상사의 윗입 술이 씰룩거리면 그쯤에서 정리하는 것이 좋다. 하지만 아랫입술이 벌 려지면 호의적인 반응을 보이는 것으로 조금만 더 설득하면 좋은 결 과를 얻게 된다. 아랫입술에는 상대를 받아들이는 임맥 에너지가 흐 르고 있기 때문이다.

손에서 드러나는 D형

악수할 때 상대 스타일을 빠르게 알아보자. 악수는 사람을 만날 때 처음으로 부딪치는 몸의 언어다.

대부분의 내향성은 상대의 손에 자신의 손을 맡기고 가만히 쥐었 다 놓는다. 반면에 외향성(D형이나 I형)은 상대의 손을 붙잡을 때 강 한 호의를 보인다. 이들은 상대에 대한 호감이 크면 클수록 상대의 손을 붙잡고 흔든다. C형은 D형의 이러한 과도한 액션에 당황해서 빨 리 손을 빼려 한다. 하지만 손을 아주 힘없이 쥐었다가 놓는 사람들보 다 이렇게 요란하게 정감을 드러내며 악수하는 사람이 일을 풀어나가 기 훨씬 수월하다. 같이 흔들거나 같이 더 꽉 쥐어주면, 손바닥에 흐 르는 경락들을 통한 인간애의 에너지에 동감하고 마음을 빨리 연다.

사람은 무의식중에 자신의 몸을 드러낸다. 손등이나 팔등을 상대에게 보일 때는 자연히 무엇인가를 쥐고 있거나 감추는 모습이다. 서양인의 악수는 내 손에 총이 없으니 염려하지 말고 서로 친하게 지내보자는 뜻이다. 손이나 팔의 안쪽 면을 내어 보이는 모습은 나는 당신에게 아무런 긴장이나 속임이 없다는 자연스러운 반증이기도 하다.

공격 성향이 강한 D형이 손바닥이나 팔의 안쪽 면을 보일 때는 당신에게 긴장하지 않고 있다는 사인이다. 이야기하는 동안 그들의 손바닥이 안을 향해 있는지 밖을 향해 있는지 유심히 보면서 행동 양식을 점검해 보라. 독특한 몸의 언어들을 읽을 수 있다.

만일 D형이 손가락으로 책상을 두드리거나, 무엇을 붙잡고 흔들면 조급한 마음을 갖고 있다는 뜻이다. 이들은 속내를 감추지 못한다. 좋은 마음이나 불쾌한 마음 모두가 밖으로 드러난다. 화가 날 때는 불같은 욕설이나 분노를 표출하지만, 긴장할 때에는 주로 세 번째 손가락을 가지고 무엇인가를 두드린다. 사람의 세 번째 손가락에는 궐음심포경이라는 경락 에너지가 흐른다. 궐음은 수렴 기능이 강하고 심포경락은 우리가 심보라는 말을 쓰듯이 속에서 흐르는 욕망의 상징적 통로다. 세 번째 손가락을 두드리는 건 이들의 계획이 생각만큼 되지 않았거나, 욕망이 채워지지 않기 때문이다.

D형은 분명한 표출 양식이 있는 사람들이다. D형이 손가락을 두드리고 있다면, 그가 지금 원하는 것이 무엇인가에 관심을 가져보라.

D형이 대화 도중에 손으로 목 뒤를 만지거나 머리 뒤쪽을 만지는 건 더는 대화하기 싫다는 뜻이다. D형은 독맥 에너지가 강하다. 독맥이 강하기 때문에 땀을 흘려도 목 뒤쪽으로 흐른다. 대화 도중에 자꾸 손이 목 뒤로 가는 것은 피곤할 뿐만 아니라 등 라인에 열이 나기 때문이다. 그래서 자꾸 목을 돌리거나 만진다. 더는 대화에 관심 없다

는 뜻이니 그쯤에서 중단하라. "다음에 말씀드릴 기회를 얻었으면 좋겠습니다."라고 점잖게 일어서면 D형은 무척이나 반긴다. 눈치 빠른 당신에 대해서 좋은 기억을 갖는다.

D형에게 대응하기

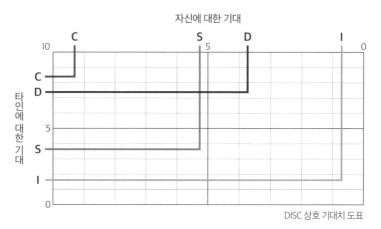

DISC 상호 기대치 도표

D형에게는 아부를?

D형 보스가 있는 회사는 부하 직원들이 앞에서는 아부하고, 돌아서면 욕하는 습성이 있다. D형은 남에 대해서는 기대치가 높고 자신에 대해서는 낮다. 아주 독특한 체질 에너지 구조를 가진 사람임을 이해해야 그들을 알 수 있다. 성숙하기 힘든 인격적 구조를 타고났다.

D형은 변화무쌍하면서도 높아지기를 좋아한다. 잘 맞춰주어 분노하지 않게 하는 것이 회사나 가정을 위해 유익하다. D형들끼리 붙어서 매일 싸운다고 생각해 보라. 회사나 가정이 견디지 못하고 깨지게 된다.

D형을 이해하기 위해서는 상호 기대치 도표를 100% 숙지해야 한다. 각 기질 사람들의 기대치를 이해하면, 우리는 인간 성격의 게놈 지도를 보게 된다. D형은 다른 사람에게는 높은 기대치를 갖지만 정작 자신에게는 아주 낮은 기대치를 갖는다. 타인에 대한 기대치란 자기 외의 다른 사람들이 D형이 원하는 만큼 잘해야 한다는 것이다. 이들은 뛰어난 인재들로 둘러싸인 환경에서 자신이 무엇이든 원할 때마다 그들이 알아서 척척 해내기를 기대한다. 가정에서도 높은 기대치를 가진 D형이나 C형과 함께 사는 식구들은 그만큼 고달프다. 하지만 높은 기대치에 따라 요구가 많은 덕분에, 반듯하고 훌륭한 일을 해내는 가족이 많이 배출된다.

우리가 아는 동서양의 성인들 가운데에는 악처를 둔 분들이 많다. 악처라는 소리를 듣는 것은 그만큼 부인의 기대치가 높아 남편을 힘들게 한다는 것이다. 신사임당 밑에서 율곡이 나오는 원리와 같다. 하지만 신사임당은 자신에게까지 엄격한 C형이라 D형과는 조금 다르다.

D형은 남에게는 잘하라고 하면서도 정작 자신이 말한 것을 스스로 지키지 않는다. 그들의 이러한 행동 양식은 이율배반적인 기대치 시스템 때문에 발생한다. 폐의 에너지처럼 빨리 주고, 빨리 받아먹는다. D형이 다른 사람들, 특히 C형으로부터 인간 취급을 당하지 못하는 요소가 있다면 전적으로 이런 기대치 때문이다.

D형의 기대치를 이해하면 그의 행동 구조를 알게 된다. 그러니 좋은 것이 오리라는 기대를 하지 말고, 항상 옆에 있어서 필요한 것을 채워주는 사람이 돼라. 그러면 나중에 당신 없이는 아무것도 하지 못하는 사람이 된다. 이렇게 되기 위해서는 S형의 가면을 뒤집어써야 한다. D형을 이기는 기질은 S형밖에 없다. 모른 척하고 항상 이들의

곁에서 가려운 곳을 박박 긁어주라. D형에 대해서 무디게 반응하는 S형의 마음으로 무장한다면 훗날 상상 못 할 좋은 선물을 얻게 될 것이다.

D형의 자기 과시엔 눈을 까뒤집고 감탄사를!

그들이 자기 업적을 과시할 때 입을 벌리고 감탄사와 함께 존경의 눈빛을 보여라. D형은 일종의 자기 과시형이다. 무수한 D형은 은연중에 자신의 업적을 말하며 사람들이 자신을 높이고 알아주기를 원한다. 그러나 C형은 이러한 말을 할 줄 모르고, 설사 하고 싶어도 입에서 나오지 않는다. 그래서 D형은 답답한 C형을 싫어하고 시원시원하고 알아서 해주는 비위 좋은 I형을 좋아한다.

동서양 최대의 현자라고 불리는 솔로몬도 D형이다. 그는 잠언에서 스스로 자신을 칭찬하지 말고 사람들의 입으로 너를 칭찬하도록 하라는 교훈을 주었다. 다른 기질의 사람들은 이런 생각을 하지 않는다. 그러나 D형 솔로몬은 스스로가 자신을 높여도 주변의 반응은 썰렁함을 수차례 겪었다. 그럴 때마다 칭찬은 남이 해주어야지 스스로 해보아야 별 볼 일 없으므로 이와 같은 교훈을 남긴 것이다. 이는 전적으로 D형에게 주는 말이다.

이처럼 D형은 남에게 하는 칭찬은 인색해도 남으로부터 칭찬받기를 원하는 사람이다. 신발 가게로 일례를 들어본다. D형은 물건을 오래 고르지 않는다. 눈이 높고 물건을 보는 직관 능력이 강하기 때문에 좋은 물건을 빠르게 고른다. 이런 일을 제일 못하는 사람들이 S형이다. 신발 가게 주인이 고객이 D형임을 빨리 알아차린다면 고른 물건에 대한 안목을 칭찬해 주어야 한다. 될 수 있으면 눈을 크게 뜨고,

고개를 뒤로 젖히며 감탄사를 연발해야 한다.

"아, 손님, 대단하십니다. 저 이 장사 27년 했지만 이렇게 짧은 시간에 그런 명품을 고르는 분은 처음 봤습니다. 혹시 이런 전문적인 일에 종사하십니까?"라고. 주도형인 D형은 "아니요, 그냥 조금." 이렇게 얼버무린다. 하지만 가게에 들어왔을 때보다 어깨가 약 1인치는 올라가있는 걸 보게 된다. "한번 신어보시지요." 하고 겸손히 무릎을 꿇는 모습으로 자세를 낮추고, 그들의 발에 신을 신겨주자. 그들은 이 맛에 세상을 산다는 감정을 갖게 된다. 잘 맞는 신발을 골라준 뒤에 불편하신 부분은 없느냐고 묻자. D형이 좋다고 하면 조금 비싸게 부른다. D형은 깎을 수 없다. 이미 전문적인 식견과 무릎 꿇는 대접까지 받아서 조금 비싼 듯 보여도 그런 것에 개의치 않는다.

이렇게 D형의 마음을 알아주면 서로 간에 도움Win-Win이 된다. D형에 대한 판매 전략은 최상의 손님으로 대접하는 것이다. 항상 기억하라. D형은 각진 얼굴에 광대뼈가 돌출됐고, 짧은 단문을 사용하며, 무뚝뚝해 보이는 사람이라는 사실을.

D형은 언터쳐블

D형이 무언가를 드러내려 할 때 막지 말라. 특히 같은 D형인 경우는 더욱 그렇다. 상대를 통제하는 유형이기 때문에 서로 과시를 통제하다가는 큰 싸움이 벌어진다. D형은 누가 막는다고 중지하는 사람들이 아니다. 도리어 누군가가 그들이 하려는 일을 막을 때 이들은 분노하고 더욱 강하게 반발한다. D형이 화를 내고 있을 때는 옆에서 참으라고 하지 말자. 화를 내게 만든 대상을 향하여 더욱 크게 분노하자. D형 남편이 화가 잔뜩 나서 퇴근하면, 부인이 부엌에 들어가서 칼이

라도 들고 나와 "어떤 놈이 우리 신랑을 이렇게 화나게 했어, 응? 누구야? 당장 말해! 내가 가서 결단 내고 올게!" 이런 식으로 말을 하는 게 사태를 훨씬 빨리 진정시킨다.

D형이 자기 과시를 할 때, "여보, 당신 아니면 누가 이런 일을 하겠어! 내가 사람 하나는 잘 골랐다니까! 대단해요!"라며 띄워주어야 한다. 기질을 모르는 사람은 D형의 자기 과시를 못 견뎌서 주저앉히려고 한다. 주저앉을 사람이 아니니 더 큰 반발을 불러일으켜 사태를 악화시킨다. D형은 말리지 말고 더 띄워야 한다는 사실을 잊지 말자.

D형의 변덕을 대비하라

D형의 최대 단점은 자신의 말을 아무 때나 바꾸는 것이다. 그래서 근거를 마련해 두어야 한다. 만약 당신이 D형 대신 책임지고 당한다 한들, D형은 동정을 보내지 않는다. 미안하다고 하면 자신의 잘못이 판명 나기 때문에 D형은 끝까지 자신한테 책임이 없음을 주장하고 당신을 더 미워한다. 당신이 부하 직원이라면 명령에 절대적으로 따르더라도 언제든지 발생할 수 있는 말 바꾸기에 대비해야 한다. 일을 시킨 날짜와 일의 내용 그리고 관련된 모든 사람에 대한 자료를 마련해 놓자. 이왕이면 일을 기획한 당신의 자료에 D형 상사의 서명란을 만들자. 긴급한 상황에 대비할 수 있다.

D형의 뒤안길은 내 것

D형은 영광과 칭찬은 자신이 받고, 모욕과 책임은 남에게 주는 비인격적인 요소를 가지고 있다. D형 상사에게 비밀 자료를 제공하고 업무를 은밀하게 뒷받침해 주면 무궁한 신뢰를 받을 수 있다. 현재 진

행 과정과 미래 예상 분석 자료를 보기 편하게 만들어 '나중에 시간 날 때 참조하고, 직원들에게 말씀하시라'고 해보자. 마치 자신이 분석하고 만든 것인 양, 다른 직원들을 훈계할 때 요긴하게 사용한다. 하지만 정작 자료를 만들어준 당신에게는 문장이 틀렸다든지, 분석이 정확하지 않다며 지적한다. 그는 벌써 당신이 제공한 자료를 자신이 분석한 것으로 착각하고 있다. 섭섭하게 생각하지 말라.

D형 상사는 급하면 당신을 찾는다. 당신이 말한 것을 기억하고 당신의 말 없는 지원을 아주 요긴하게 활용한다. 중도에 포기하고 싶은 생각이 들기도 하겠지만, 정기적으로 이런 사적인 보고서를 올리고 말없이 그 일이 이루어지는 것을 보는 즐거움도 만만치 않을 것이다. 무슨 영광을 얻을 걸 기대하지는 말자. D형은 자신이 얻을 것을 다 얻고 난 뒤에야 남은 선물을 주기 때문이다. 하지만 상대가 그룹의 총수라면 다르다. 절대 적지 않은 선물을 그 대가로 얻는다.

D형이 실수할 때는 그저 모른 척, 못 본 척

D형은 자신의 실수에 그다지 부끄러워하지 않는다. 그러나 남들이 비웃는다고 느낄 때는 견딜 수 없어 폭발한다. 항상 D형이 실수할 때에는 모른 척, 못 본 척하는 것이 상책이다.

반대로 당신이 D형 앞에서 실수했을 경우는 빠른 사과를 강하게 여러 차례 하는 것이 옳다. 이들은 몇 차례 강하게 야단을 치겠지만, 당신의 빠른 사과는 더는 사건을 확대하지 않는 데 도움을 준다. S형처럼 대충 넘어가려 하면 도리어 더 큰 어려움을 당하게 된다. 항상 D형과는 좋은 일이든, 나쁜 일이든 빨리 정리하고 넘어가는 것이 좋다는 사실을 기억해야 한다.

D형에게 열 받을 땐 호흡이 최고

D형은 자신이 말할 때 모두가 자신에게 시선을 두어야 한다고 생각한다. 말할 때 딴짓하는 사람을 미워한다. 자신을 경멸한다고 생각하기 때문이다. 시선은 D형에게 고정하고, 손에는 펜을 들고 메모하며, 진지하게 듣는 사람이 자신에게 충성하는 사람이라는 인상을 받는다. 직장 내 상하관계가 형성되어 있으면 D형 부하는 D형 상사에게 어쩔 수 없이 충성해야 한다. D형 부하 중에는 직장을 때려치우더라도 혼자 총대를 메려고 할 때가 있다. 하지만 사회생활이라는 것이 용기 하나만 가지고 해낼 수는 없다.

봐주기 힘든 D형 상사의 만용이 시작되면, 호흡을 배 깊은 곳까지 가늘고 길게 하면서, 오른쪽 두 번째 손톱 밑을 왼쪽 엄지손가락으로 세게 눌러주라. 분노의 에너지 경락인 양명대장경에 자극이 가면서 일순간에 분한 기운이 가라앉는다. 이렇게라도 다급한 상황을 피하는 것이 좋다. D형에게는 S형처럼 오래 버티는 사람이 승자다. 분노가 치밀 때마다 속으로 긴 호흡을 하는 것이 장수에 이롭다.

힘들더라도 어쩔 수 없이 D형과 살아야 하는 직장인이라면 머리의 인식 시스템을 근본적으로 전환하자. 군대에 근무한다고 생각하면 어떨까? 군인정신으로 무장하고 회사 생활을 하면 D형과 아주 잘 어울리게 된다.

생각을 전환하지 못하고, '직장이 군대도 아닌데, 이렇게까지 해야 하나?'라고 생각하면 사회생활을 잘해낼 수 없다. 많은 D형이 또 다른 D형과 충돌해서 이 직장, 저 직장 옮겨다니다가 아무것도 남기지 못한 채 세월 다 보내는 사람들이 얼마나 많은가.

D형으로 성공하기

D형은 세상에 태어날 때부터 다른 사람보다 성공 욕구가 강하게 설정된 사람이다.

사물이나 역사나 사람을 보는 눈도 다르고, 생각하는 것도 다르다. 성공을 향한 자신의 동기부여와 분명한 가치관을 따른다.

또 남들이 어렵게 생각하는 일도 쉽게 생각하고, 일의 전체를 보는 사람이다. D형으로 성공하는 사람들은 어려서부터 엄한 부모나 선생을 만나는 경우가 많다. 모든 기질은 강점으로 성공할 때 아름다운 꽃을 피우게 된다. 대나무는 곧게 자라면 여러 가지 유용한 목재가 된다. 어린 대나무 때부터 휘어진 채로 자라면, 거의 쓸 곳이 없고 도리어 다른 나무의 성장을 방해한다.

D형도 마찬가지다. 어려서부터 부모나 선생이 선한 방향으로 비전을 심어주고, 일을 시키고, 성취감을 맛보게 하여 국가의 미래 동량으로 길러야 한다. D형은 다른 사람보다 강한 에너지를 가지고 태어난다. 원자력을 좋은 방향으로 사용하면, 사람의 병을 치료하고 전기도 만드는 등 각종 에너지원이 된다. 하지만 잘못 사용하면 대량 파괴 무기가 된다. D형은 원자력 에너지 같은 사람이다. 인류의 역사 동안 얼마나 많은 D형의 과오를 봐왔는가? 히틀러가 그랬고, 스탈린이 그랬고, 나폴레옹이 그랬다. 이런 사람이 100명만 있으면 인류는 멸절할 수도 있었다.

부모가 자녀의 기질을 안다는 것은 그만큼 중요한 일이다. 특히 D형 아이에 대해서는 더욱 깊은 이해와 배려가 있어야 한다. D형의 에너지가 가장 선한 곳으로 쓰일 때 이들은 그 내면에 지혜의 빛이 충만한 사람이 된다. 여기서 지智란 깨닫는 직관 능력을 말한다. D형처럼 사물의 본질과 사안의 핵심을 직관적으로 이해하고 빠른 해결방안을 가진 유형은 없다. 국가나 회사 조직의 어려움 앞에서 혜성처럼 등장해 문제를 해결하는 이순신 장군과 같은 사람이 D형이다. 이들의 지智 능력은 사회가 혼란할수록 더욱 크게 빛을 발한다.

그러나 강한 에너지가 휘어진 대나무처럼 제멋대로 자란다면? 그 누구도 행동에 관여하지 못하면, 비루하다고 할 때 사용하는 비鄙의 사람이 된다. 비鄙의 사람은 사회의 통념이나 정상적 인간관계를 망가뜨린다. 누구하고도 어울리지 못한 채 제멋대로 살아가는 존재다. 이들은 나쁘게 변하면 살인, 강도, 불특정다수에 대한 범죄, 사회폭력 등으로 자신의 에너지를 사용한다. 사회에 가장 크게 공헌할 사람이 가장 빨리 제거해야 할 사회악으로 변한다. 에너지를 선하게 사용하도록 누군가 물꼬를 터주어야 한다. D형은 반드시 성공해야 한다. 큰 사람은 크게 되어야 하고 잘될 사람은 잘되어야 한다. 잘될 사람이 잘되지 못하고 성공해야 할 사람이 성공하지 못할 때, 그들의 에너지는 다른 곳으로 흐르기 때문이다.

이미 성장을 마친 D형이라 할지라도 스스로 만족하지 못한다면 지금부터라도 자신의 삶을 정리하고, 에너지를 마음껏 터트릴 수 있도록 방향전환을 해야 한다. 다음 사항은 D형으로 성공하기 위한 일종의 에너지 집중훈련이다. 숙지해서 실천하면 반드시 성공한다.

몸은 의식을 만든다

옛날에는 정신이 몸을 만든다고 했지만, 요즘에는 몸이 의식을 만드는 요법이 많이 개발되었다. 인간의 몸은 하늘로부터 에너지를 부여

받는다. 볼텍스Vortex 운동은 일종의 에너지 회전 응집 운동이다. 몸 내부 에너지가 몸의 회전 운동에 따라서 생기기도 하고 풀어지기도 하는 방향 운동을 말한다. 볼텍스란 모든 곳에 존재한다. 작게는 우리 몸의 DNA 이중 나선 구조나 솔방울의 모양, 옥수수 알갱이가 붙어있는 모습, 쿠두 영양의 뿔, 강의 소용돌이, 강한 물살, 유연하게 움직이는 송어의 움직임 등에 존재한다. 크게는 우주 은하계의 나선형 모양, 고대 지구라트 모양 등에도 존재한다. 이는 일종의 내부 응집 운동이다. 우주 에너지를 자신의 내부로 흡수, 응집시켜서 자신이 가진 본디 힘보다 더욱 많은 에너지를 사용하게 한다. 몸을 왼쪽으로 2, 3번 정도만 돌아도 인체의 힘이 풀리고, 오른쪽으로 돌면 힘이 강해지는 것을 알 수 있다.

지금 옆에 두 사람이 있다면 실험해도 좋다. 한 사람을 자리에서 일어나게 한 후 양팔을 위로 들고 안에서 밖으로 큰 원을 3번 그린다. 그다음 오른손의 세 번째 손가락과 엄지를 붙여 오링을 만들고 다른 사람에게 손가락을 떼도록 한다. 힘없이 손가락이 떨어지는 것을 볼 수 있다. 이것을 역볼텍스 운동이라고 한다. 이번에는 반대로 양팔을 위로 들고 안쪽으로 3번 회전시킨다. 똑같이 오링테스트를 해보자. 이번에는 두 손가락을 떼기 힘든 강한 에너지를 느끼게 된다.

힘이 비슷한 사람끼리 팔씨름을 시켜보자. 막상막하의 힘겨루기 끝에 한 사람이 진다면, 3만 원 내기로 다시 해보자. 이제 진 사람이 밖에서 안으로 큰 원을 3번 그린다. 그리고 다시 팔씨름을 시작하면 이길 수 있다. 상대를 이기는 힘이 이 운동을 통하여 발생한다. 인간은 자신의 내부 속에 들어있는 힘보다 외부의 에너지원을 잘 사용하는 사람이 성공한다.

자연 속에 숨은 우주의 에너지들은 운용하기에 따라서 얼마든지 사용할 수 있다. 송어는 거센 물결 속에서 별로 힘도 안 들이고 제자리에 가만히 떠있다. 물살과 돌에서 나오는 에너지를 흡수하면서 자연의 에너지를 운용하는 것이다.

D형은 자신에게 주어진 외적인 힘을 너무 과시하다가 많은 어려움을 겪는다. D형이 자연스러운 우주의 에너지를 공급받고 운용하는 법을 배우면 이들은 하늘의 일을 하는 사람이 될 것이다. 아래의 운동과 요법들은 특히 D형에게 유익하다.

임맥 풀기 운동

독맥의 독은 감독하다 할 때 쓰는 독督 자로 D형의 에너지 라인이다. 임맥의 임任 자는 앞의 사람 인人 변을 바꾸어 계집 여女를 붙이면 임신할 때 사용하는 임妊 자가 된다. 영어의 구상Conception으로 이해하면 된다. 개념을 받아들여서 생각이 떠오르는 구상이나, 남자의 정자를 받아들여서 생명을 만드는 임신처럼 주로 받아들인다는 뜻이다. 그래서 아랫입술이 두툼한 사람은 보편적으로 남의 말을 잘 들어주고 사람에 대한 포용 능력이 강하다.

D형은 독맥 에너지는 강하지만 임맥 에너지가 약하여 사람을 포용하지 못한다. 그러니 강한 D형이나 D/C형은 반드시 아래 운동을 해야 사람과 사물에 대한 포용 능력을 갖출 수 있다.

양발을 어깨너비만큼 벌리고 다리를 조금 구부려 기마 자세를 취한다. 양팔은 구부린 채로 양어깨 높이만큼 세운다. 머리와 몸통을 프로펠러의 축처럼 움직이지 않게 세운다. 그다음 상체를 좌우로 돌리기 시작한다. 임맥이 닫힌 사람은 가슴이 뻐근하고 아프나 하루

100회 이상씩 꾸준히 하다 보면 가슴이 열리고 속이 시원해진다. 이것이 임맥이 열리는 과정이다. 윗입술까지 와서 멈춘 강한 지배의 에너지가 열린 임맥을 타고 가슴으로 흐르면, 분노하지 않고 사람에 관용할 수 있게 된다.

이 운동은 팔굽혀펴기를 통해서도 가능하다. 박자를 맞추어 양팔을 좌우로 활짝 벌리는 운동을 통해서도 가능하다. 얼마나 성실하게 해내느냐가 관건이다.

배는 따뜻하게 머리는 시원하게

D형은 여름 사람이다. 오전 9시부터 오후 3시에 해당하는 사람들이라 밝다. 기운이 치솟으며 명랑하다. 그러나 강한 D형은 정오와 같은 양陽 기운의 정점에 있는 사람이라 마치 여름과 같이 뜨거운 에너지를 가지고 있다.

여름 땅은 뜨거워도 땅속에서 나오는 물은 차갑다. D형은 겉으로 더위를 많이 타도 속은 냉하다. 그래서 한여름에도 배는 덮고 자야 한다. 이들의 배가 차가운 것은 등 뒤의 강한 독맥에 비해 앞의 임맥이 열리지 않아 따뜻한 에너지가 배 쪽으로 흐르지 않기 때문이다. 기름진 것을 먹고 난 후에 찬 것을 먹으면 금방 설사한다. 대장이 약해서다. 대장이 약한 것은 앞에서 설명한 분노의 에너지와 기질 에너지가 동일성을 띠고 있기 때문이다.

배가 찰 때는 두 손바닥을 모아 한참 비비자. 비빈 손에서 원적외선이 발생한다. 따뜻해진 두 손을 배에다 얹고 오른쪽으로 돌려보자. 내게 제일 잘 맞는 원적외선 에너지가 배 속으로 들어가 장기를 따뜻하게 해준다. 약한 임맥을 부분적으로 데워 화기를 관통시켜 가슴을 시원하게 만든다.

요즘 물리학계에서는 거시 물리학인 천체 물리학과 미시 물리학인 양자 물리학의 통합 근거가 마련되고 있다. 이를 '초끈 이론Superstring Theory'이라고 한다. 거대한 우주는 보이지 않는 미세한 에너지 끈으로 연결되어 있다는 이론이다. 우주는 하나이기 때문에 우주 안의 지극히 작은 움직임에도 온 우주는 서로 영향을 주고받는다는 것이다.

이 이론이 여러 가지 자료를 통해 확증되면, 인간의 마음가짐은 우주적인 것이라는 게 드러나게 된다. 내가 선한 마음을 품으면 우주의 좋은 에너지가 나를 위하여 움직인다. 선한 일을 하다가 손해를 보더라도 우주는 나의 선행에 보답하기 위해서 좋은 에너지를 내게 보내 반드시 좋은 일이 일어나게 한다.

옛날 동양의 성현들은 선을 쌓는 가정엔 반드시 경사가 일어나게 될 것이라며 '적선지가 필유여경積善之家 必有餘慶'이라고 말하지 않았던가? D형이 자신의 마음을 다스릴 줄 안다면 존귀한 인물이 될 것이다.

머리를 상쾌하게

D형은 골치 아픈 일이 다른 사람보다 많다. 그만큼 일을 많이 만들기 때문이다. 머리의 탁기를 밖으로 보내면 신선한 두뇌로 창조적 에너지를 만들 수 있다. D형은 항상 머리를 상쾌하게 해야 한다. 일을 잘해놓고서도 돌아서면 욕을 먹는데, 이는 사람관계를 함부로 하고, 권모술수와 욕설, 비리와 비윤리적인 행태가 강하기 때문이다.

D형은 머리가 복잡해지면 주변 사람에게 화를 낸다. 머리를 시원하게 만들어 화를 내는 구조부터 없애는 것이 좋다. 골치 아프면 두드려라. 머리가 복잡할 경우, 양손의 모든 손가락을 구부려 머리 위 백

103

회혈을 두드려야 한다.

먼저 양손을 땅을 향하여 툴툴 털어준 뒤에 양 손가락을 구부려 힘을 뺀다. 정수리(백회혈)를 시원할 정도로 세게 두드린 후 앞으로 내려와 앞골(전정혈)을 두드린다. 이어서 양 관자놀이(태양혈)를 두드린 다음, 목 뒤를 두드리다가 양어깨를 손으로 쓸어내리고, 팔을 지나 손가락까지 쓸어내려준다. 이런 운동을 몇 차례 반복하면 곧 머리가 상쾌해지고 분노 에너지가 사그라지며 시원해진다. 두드릴 때 두드리는 모든 곳으로 분노 기운이 '쉭' 소리와 함께 빠져나간다고 생각하면 더욱 효과적이다.

머리부터 손끝까지 두드리고 쓸어줄 때는 생각을 모아야 한다. 손이 가는 곳마다 그 자리가 터져서 '쉭' 소리와 함께 탁한 기운, 이산화탄소, 트림과 가스, 스트레스의 쓰레기들이 빠져나간다고 생각하자. 입으로 '쉭쉭' 소리를 내면서 두드려주면 더욱 개운해진다. 회의 중에 긴장되고 짜증 나면 잠깐 이 운동을 함께 해보자. 운동 후 덕담이나 농담 한마디를 나눈 뒤에 다시 회의에 집중하자.

D형은 스케일이 큰 사람들이다. 좁디좁은 공간에서 서로 간에 뿜어져 나오는 긴장 에너지를 나누면 더욱 짜증 난다. D형은 눈치가 빠르므로 다른 사람의 예민한 반응을 참지 못한다. 타인의 반응이나 자세를 탓하다가 본말이 전도될 수 있는 소지도 많다. 중요한 회의일수록 넓은 공간을 택하자. 서로 얼굴을 의식하지 않고 회의하는 것이 좋다. 넓은 공간에서 회의하다가 이러한 운동도 잠시 해가면서 가슴을 열면 더 많은 에너지를 얻을 수 있다.

입면기의 영감

에디슨은 발명을 향한 천재적인 영감을 대부분 입면入眠 시간에 얻었다. 입면기란 아주 깊이 잠든 상태가 아니라 이제 막 잠으로 들어가려는 시간대를 말한다. 이때 사람의 몸에는 편안함을 추구하는 신비로운 알파파가 나온다. 알파파는 우리 내부의식의 에너지와 교감한다.

에디슨은 의자에 앉아 잠들 때 양손에 쇠구슬을 쥐었다. 바닥에는 쟁반을 놓았다. 막 잠이 들어 손이 풀어지면 구슬이 쟁반 위로 떨어져 큰 소리를 냈다. 에디슨은 화들짝 놀라 잠에서 깼다. 모든 문제의 답을 알고 있는 그의 내부의식은 그가 고민하는 문제의 해답을 여러 가지 사인을 통하여 알려주곤 했다. 이때 떠오른 영상을 메모한 에디슨은 막혔던 문제들을 풀었다.

D형은 직관적이며 찰나적인 깨달음에 제일 가까운 사람이다. 사업상 문제를 풀지 못해 고민하는 D형은 자신의 내부 에너지에 이 문제를 맡기고, 입면기에서 주는 찰나의 사인을 활용해 보자. D형이 성공할 수 있는 좋은 방법이다.

상처 준 사람을 향한 미움이 있는 상태에서는 내부의식 활용이 힘들다. 속에서 분노 에너지의 사인들이 쏟아져 나오기 때문이다. 우리의 내부의식은 깨달음이나 평화, 사랑, 관용, 이해, 용서, 이런 말들을 좋아한다. 이런 마음을 가질 때 제일 강한 에너지 반응을 보인다. 이 책에서 밝힐 수 없는 놀라운 실험들을 통하여 입증할 수 있다.

나쁜 마음을 갖기 쉬운 D형은 용서와 사랑, 관용과 이해하는 마음으로 내면의 세계로 들어가자. 내부의식이 쌍수를 들고 환영하며 인생의 막힌 문제들을 푸는 데 협력할 것이다. 사람을 향한 사랑의 마음을 가득 안고, 내부의식이 말하는 것에 집중해 보자.

관용의 에너지를 길러야 성공한다

D형은 특히 타인의 실수에 대해서 참지 못한다. 이것이 많은 사람을 떠나게 하는 주요 요인이다. D형의 실수를 다른 사람들이 모른 척해주는 것처럼, 훌륭한 D형이 되려면 다른 사람들의 실수에 관대한 마음을 가져야 한다.

이솝우화에 이런 이야기가 있다. 초원의 사자가 자신의 음식을 훔쳐먹다 들킨 쥐 한 마리를 죽이려고 했다. 생쥐는 이번만 살려주시면 이 은혜를 잊지 않겠노라며 싹싹 빌었다. 사자는 "네까짓 게 나한테 무슨 도움을 주겠느냐?"며 그냥 살려주었다. 그러던 어느 날 사자는 사냥꾼들의 올무에 걸렸다. 밤새도록 울부짖었지만 그 누구도 사자를 도와줄 수 없었다. 깊은 밤, 지쳐 잠든 사자는 이상한 소리에 놀라 깨었다. 수많은 쥐가 사자의 올무를 갉아먹고 있는 게 아닌가? 그때 낯익은 쥐가 사자에게 오더니 "나를 기억하나요?"라고 말했다. 사자의 자비로 살아난 쥐가 그 빚을 갚으러 온 거였다.

성경의 전도서를 보면 "식물을 여럿에게 나누어주어라. 나중에 후히 되어 네게로 돌아올 것이라."라는 말이 있다. 또 "나무가 남으로나 북으로나 쓰러지면 그 자리에 그대로 있다."라고 했다. 심은 대로 거두는 것이 우주 에너지 법칙이다.

D형은 사자과에 속하는 사람이라 남에게 줄 수 있는 것이 제일 많은 유형이다. 여유 있을 때 어려운 사람에게 당신의 사랑을 베풀어 보자. 외로워진 노년에 가장 소중한 친구가 되어줄 것이다. D형은 타인의 실수를 지적하지 말고, 덮어주는 관용을 몸에 배게 하자.

경청의 기술

D형은 상대의 말귀를 빨리 알아듣기 때문에 남의 말을 끝까지 듣지 않는다. 특히 I형이 열심히 설명하면서 흥분의 경지로 들어가려 할 때 찬물을 끼얹는 유형이 D형이다. 이들은 이때 "그래서 결론이 뭐야?"라고 결정적인 한 방을 먹인다. 분위기가 일순 차가워진다. 모두 D형의 무례함에 속으로 분노한다. 이것이 D형이 I형을 잃는 주요한 요인이다.

D형은 조금 지루할지라도 참아야 한다. 다 아는 이야기도 처음 듣는 것처럼, 결론이 뻔한 이야기도 아주 재미있는 이야기인 양 들어주자. 잘 들어주는 횟수만큼 사람들이 모인다. 설령 내 마음에 들지 않더라도 잔잔한 미소로 끝까지 경청하라.

얇은 귀, 빠른 행동을 조심하라

D형은 남의 속내를 잘 파악하는 직관력은 강하지만 대부분 귀가 얇다. 그래서 남의 말을 확인도 안 하고 쉽게 믿어 시행착오를 겪는다. 그리고 원인을 제공한 사람에게 화를 낸다. D형은 남의 말에 너무 빨리 반응하기 때문에 사실 여부를 떠나서 일을 그르치는 경우가 많다. 신중하게 듣고 천천히 답해야 한다. 일의 속도를 한 박자 늦추는 것도 지혜로운 방법이다.

주변 사람이 모두 자기처럼 일을 유능하게 잘할 수 있는 건 아니다. 특히 C형이나 S형 기질을 가진 사람에게는 시간을 주자. 기다려주면 원하는 답이 온다.

D형에게 좋은 음악

밝고 경쾌한 음악

- 멘델스존 가곡 〈노래의 날개 위에〉
- 모차르트 가곡 〈봄을 기다리며〉
- 베토벤 〈봄〉 바이올린 소나타 5번
- 브람스 〈대학축전 서곡〉
- 비제 〈교향곡 1번〉
- 요한 슈트라우스 〈빈 숲속의 이야기〉
- 푸치니 〈허밍 코러스〉 '오페라 나비부인' 중에서

삶의 환희와 용기를 주는 음악

- 로시니 〈알제리의 이탈리아 여인〉 오페라 서곡
- 바흐 〈크리스마스 오라토리오〉
- 바흐 〈토카타와 푸가〉
- 베토벤 〈황제〉, 〈운명〉, 〈환희〉
- 브람스 〈교향곡 1번〉
- 슈만 〈봄〉 교향곡 1번
- 하이든 〈첼로 협주곡〉 2번

분노를 가라앉힐 때 듣는 음악

- 로시니 〈태풍 뒤의 고요함〉 '빌헬름 텔' 서곡 중에서
- 리스트 〈사랑의 꿈〉 3번
- 모차르트 〈세레나데〉

- 바흐 〈골든 베르크 변주곡〉, 〈G선상의 아리아〉
- 베토벤 〈월광〉 피아노 소나타 14번 제1악장
- 슈베르트, 구노 가곡 〈아베마리아〉
- 차이콥스키 〈백조의 호수〉 발레 모음곡

D형에게 잘 맞는 유망 직업군

정치인, UAM 감독, CEO, 군인, 드론 레이서, 드론 조종 인증 전문가, 교통 응급상황 처리 대원, 증강 현실 건축가, 도시 건축가, 데이터 인질 전문가, 기자, 성악가, 오페라 연출가, 운동 감독과 코치, 생활 체육 지도자, 큐레이터, 운동선수, 교도관, 보호관찰관, 경찰관, 소방관, 드라마 PD, 영화감독, 전투기 비행사, 운동처방사, 학교 사회사업가, 캐릭터 MD, 로봇 훈련사, 정부기관 관리자, 고난도 건축물 감독, 대형 프로젝트 감독(올림픽, 월드컵), 스턴트맨, 암벽등반가, 독극물 처리가, 환경지킴이, 보안관리 요원, 여객선 선장, 에어버스 기장, 비행기 기장, 폭발물 처리 전문가, 스턴트맨, 격투기 선수

I유형

Influence - 사교형

I형의 일반적 특징

I	장점	감동하는, 열정적, 친근한, 예쁘게 옷을 입는, 낙천적, 감화력, 설득력, 협상 능력, 자발적, 색채 감각, 사교적, 표현하는, 매력적, 대중적, 반응해 주는, 미소 짓는, 융통성, 따뜻한, 배려하는, 생기발랄, 분위기 메이커, 예술적, 관대한, 잘 챙겨주는, 친화력, 상대를 높여주는, 재밌는, 공상하는, 촉진자, 행복 감성, 감사하는, 긍정적, 미래지향적, 밥을 잘 사주는, 무대 체질, 아이디어
	단점	즉흥적, 의지박약, 실행 부족, 사치, 방종, 유혹에 잘 빠지는, 쾌락적, 낭비하는, 뒷정리 안 되는, 주의산만, 유치한, 변덕스러운, 비현실적, 시간 조절 취약, 과장이 심한, 끼어들기, 말이 많은, 잘난 체하는, 안목의 정욕, 충동구매, 끈기 부족, 마무리가 안 되는, 타협적, 공부하지 않는, 교활한, 절제 부족, 비굴한, 죄의식 부족, 계획성 부족, 준비성 부족, 긴 통화, 호기심

관계중심적인 사람

관계중심이라는 것은 인간관계를 잘한다는 것이다. D형이나 C형은 업무중심적인 사람이다. 업무중심적이라는 것은 그들의 사고 구조가 사람보다 일을 더 좋아하게 돼있다는 걸 말한다. 사람과 일 중에서 일을 더 많이 생각하는 사람이다. 일을 잘하는 사람은 보편적으로 D형 혹은 C형이다. I형이나 S형은 관계중심적인 사람이다. 이들은 일 하는 것보다는 사람들과 함께 어울리는 것을 더 좋아한다. 그중에도 I형은 적극적인 인간관계를 형성하는 사람들이다.

활발한 사람

I형은 외양적으로도 구분하기가 제일 쉽다. 소양인이라 정기가 비 장부에 있다. 기운이 위를 향하니 눈에 정기가 있다. 대부분의 I형은 눈동자가 반짝이고 예쁘다. I형이 예뻐 보이는 것은 순전히 부드럽고 초롱초롱한 눈동자 때문이다. 언제나 웃는 사람처럼 얼굴이 밝고 씩 씩하다.

연예인 대다수가 I형이라는 사실을 알고 TV를 시청하면, 그들의 눈동자가 대부분 부드럽거나 초롱초롱한 것을 볼 수 있다. 얼굴은 아 래쪽이 보편적으로 뾰족하다. 입술이 붉고 얇으며 많이 써서 닳은 흔 적이 보인다. 입술이 약간 앞으로 나와있어 말할 준비가 되어있는 사 람이다.

I형은 비장이 크고 소화 기능이 강하다. 목소리가 크고, 걸음걸이 는 사뿐사뿐하다. 율동을 하듯이 걷는다. 균형 감각이 좋아서 행동 예술에 뛰어나 운동선수가 많다. 겨울에 빙판길에도 잘 넘어지지 않 고 중심을 잘 잡는다. 산에서 내려올 때도 아주 빠르게 잘 내려온다.

표현 능력이 강해서 이야기할 때에 손이나 팔을 흔들거나, 눈썹을 올렸다 내렸다 한다. 사용할 수 있는 모든 신체기관을 전부 동원하면 서 말한다. 이야기할 동안 다른 사람들의 시선은 항상 본인에게 집중 되어야 하며, 누군가가 다른 곳을 보면 그 사람의 얼굴을 자기 쪽으로 돌려놓고 말한다. 남녀를 불문하고 자기 표현이 강하기 때문에 옷을 화려하게 입고 장식이 요란하다. 심지어 자동차나 휴대전화의 장식이나 음악도 요란하다.

미래지향적인 사람

C형과 S형은 과거지향적이고, D형과 I형은 미래지향적이다. D형은 일에 있어서 진취적이고 I형은 인간관계에 있어서 진취적이다. 인간관계가 진취적이라는 것은 기대치와 연관이 있다.

I형은 4기질 중에서 자기 자신과 남에 대해서 가장 낮은 기대치를 갖고 있다. 기대치가 낮으면 모든 실수에 관대하다. I형의 아내가 있는 남편은 자기 스스로 엄하게 다스리지 않으면 죄에 대해 불감증에 걸리기 쉽다.

I형은 사람에게 올무 씌우기를 싫어한다. 자신도 그러한 것을 싫어하기 때문이다. 그들은 항상 "앞으로 잘하면 돼!"라고 말한다. 그래서 I형을 가진 복합 기질 즉, I/D, I/S, I/C는 모두 사람을 길러내는 장점이 있다. 그들은 쉽게 과거의 아픔을 잊으며, 미래에 닥칠 두려움을 생각하지 않는다. 오늘, 여기, 나와 함께 있는 사랑하는 사람만으로 행복하다.

스킨십이 강한 사람

I형이 인간관계를 잘하는 것은 천성적으로 사람을 좋아하기 때문이다. 사람의 모든 것을 좋아한다. 피부 접촉도 좋아하고, 침방울이 튈 만큼 사정거리 안에서 말하기를 좋아한다. 나의 아내와 딸은 I형이다. 길에서 둘이 만나면 무슨 이산가족 상봉이라도 하는 듯 서로 끌

어안고 난리가 난다. 알고 보니 헤어진 지 2시간밖에 안 되었다.

잠을 잘 때 D형은 옆 사람에게 등을 돌리든지 벽을 끼고 잔다. C형은 누가 자기의 몸에 닿는 것을 제일 싫어한다. 그러나 I형은 다리를 걸치든지 몸의 어느 일부분은 상대의 몸에 닿아야 좋다. 길거리에서 손을 맞잡고 큰 소리로 웃고 떠드는 사람들이나 넓은 자리를 두고서도 비좁은 곳에 다닥다닥 붙어 앉아있는 사람들은 대부분 I형이다. 가까운 거리에서 서로 살 냄새를 맡으며 존재를 확인해야 제대로 산다고 생각하는 사람들이다.

실수가 많은 사람

I형은 관계성이 좋다. 역으로 말하면 일을 하는 데에는 어설픈 구조라는 거다. 일하는 것보다 사람과 함께 있는 것을 좋아한다. 일의 중요성을 잊어버리고 행정상 많은 착오를 일으킨다. 자신에 대한 기대치가 낮으므로 큰 실수를 하고서도 그다지 자책감도 느끼지 않는다.

일에 집중 못 하는 I형을 보고 C형은 비난하고 D형은 아예 일을 맡기지 않는다. I형은 남에 대한 기대치 또한 낮으므로 약속 개념이 제일 희박하다. I형과 시간 약속을 하면 C형은 마음을 조금 너그럽게 갖고 시간을 어겨보는 것도 좋다. 가끔 그렇게 하는 것이 완벽을 추구하는 C형에게는 억압된 감정들을 해소하는 동기가 된다.

I형은 자기 말에도 책임지려고 하지 않는다. I형의 말에 깊이 생각하고 결단한 후 찾아간 C형은 I형의 건망증과 중언부언에 상처를 받는다. 전혀 신중하지 않으며, 항상 덜렁거리고, 무엇을 쏟는다든지 흘린다든지 하는 일이 다반사다.

다른 기질은 I형을 그다지 탓하지 않는다. 하지만 유난히 정리정돈을 잘하고 깔끔한 C형은 I형 때문에 속이 터진다. 그래서 잔소리를 많이 하니, I형은 C형을 점점 미워하게 된다. 가정에서도 남편과 아내가 각각 I형과 C형이면 매일매일 전쟁을 치른다. I형은 치약도 편하게 아무렇게나 짜서 사용한다. 그러나 C형은 I형이 중간에 눌러놓은 치약을 매일 잔소리를 하면서 밑에서부터 짜 올려놓는다. 이러니 아침부터 전쟁이다. I형은 치장은 화려하지만, 사는 방은 발 디딜 틈이 없다. 어느 I형 주부는 살림 못한다는 소리가 싫어서 마음먹고 집안 전체를 정리했다. 문제는 그다음 날 생겼다. 무엇을 어디에다가 정리했는지 도무지 생각나지 않았기 때문이다.

미혹 당하기 쉬운 사람

I형은 반사 신경이 발달한 외향성 기질이다. 감각이 빠르고 운동 신경이 발달했다. 운동 신경이 빠르다는 것은 반사 신경이 제일 좋다는 것이다. 반사 신경은 제일 먼저 눈에서 시작한다. 인류가 하나님으로부터 버림받고, 에덴동산에서 추방당한 것도 안목의 감각이 예민한 I형 하와(이브)의 미혹당함 때문이다. I형은 안목의 정욕이 제일 강한 사람이다.

유사한 관계성의 기질이라도 S형은 수수하지만, I형은 예쁘고 반짝이고 튀는 것을 좋아한다. 옷을 입어도 디자인 요소가 많거나 화려하게 드러나는 스타일을 좋아한다. 반지와 팔찌를 하고 머리에도 반짝이는 희한한 핀들을 꽂는다. 남이 치장한 것을 유심히 보고 부러워하며 외출 전 수없이 옷을 갈아입는다.

자동차 운전을 보자. D형은 과속하면서도 딱지를 잘 떼지 않고, 맘에 안 드는 다른 운전자에게 온갖 욕설을 퍼부으며 요령껏 운전한다. C형은 갈 길을 미리 살펴본 후 코스를 택하고 머릿속에 미리 입력시켜 놓는다. S형은 속도위반하는 법이 없다. 재주도 좋게 똑같은 속도를 끝까지 유지하며 간다. 뒤에서 누가 오든 말든 자기 스타일을 고집하며 하염없이 간다. 하지만 I형은 앞이 아니라 옆을 보며 운전한다. 지나가는 사람, 간판 등을 구경하며 여유 있게 노래를 부르며 간다. 신호 대기 중에 있는 차량을 가장 많이 들이받는 운전자가 I형이다.

I형의 시각적 특징

뾰족한 I형

I형의 얼굴은 여성적인 계란형이 많다. 남자 아이돌은 거의 I형 꽃미남들이다. 턱이 뾰족하고 얼굴이 갸름하다. 이러한 얼굴 구조를 가진 사람은 사람 사귀기를 좋아하고, 일보다는 놀기 좋아한다.

요즘 연예인을 보면 갸름한 남자들이 인기 만점이다. 여자들도 턱선이 강하면 자신의 외모를 싫어한다. 그래서 목숨을 걸고 턱을 깎기도 하는데, 이걸 알아야 한다. 유행은 돌고 돈다는 사실이다.

지금은 갸름한 형을 우선시하지만 얼마 전까지만 해도 한국 사회는 달처럼 둥그런 얼굴을 선호했다. 인조적인 것에 싫증 난 사회가 오면, 강한 턱선을 가진 사람을 선호할 수도 있다. 외모지상주의 가치관에서 이제는 내면의 실력을 쌓는 가치관으로 변해야 할 때다.

I형은 베스트드레서

I형은 의상 코디를 제일 잘한다. 독특하고 다양한 캐주얼 스타일을

좋아한다. 의류, 액세서리 쇼핑에서 인생의 행복을 느끼는 사람이 I형이다. 파티나 동창회와 같은 모임이 있으면 한 달 전부터 옷을 고민한다. 분위기를 머릿속에 그리고 그곳에 오는 사람들을 생각한다. 그런 자리에 맞는 옷을 위해서 백화점을 몇 번이고 들락날락하면서 코디에 신경 쓴다.

옷을 잘 입는데, 특히 위아래의 색상을 맞춘 캐주얼 세미 정장 스타일을 좋아한다. 화려하고 세련되면서도 의상과 어울리는 액세서리로 호사스럽게 꾸민다. 그 위에 치렁치렁한 숄을 걸치거나 목에 무엇을 두른 다음, 거울 앞에서 한 바퀴 돌아보는 것으로 그날의 패션쇼를 마무리한다. 입었다가 벗어놓은 옷들을 방 안 가득 놓고 집을 나선다. 집보다는 사람들이 좋고, 내적인 자신을 향한 정리정돈보다는 사람들과 함께 말하고 정신없이 살아가는 것을 좋아하기 때문이다. I형 아내가 떠나면 C형 남편은 온갖 욕을 퍼부으며 방을 정리한다. C형은 이들의 이중적인 생활 구조를 경멸한다. 그래도 I형의 관심은 항상 밖에 있다.

I형은 중재자

I형은 사람을 가리지 않는다. 험악한 분위기에서도 얼른 나서 중재하고 상황을 부드럽게 만든다. I형은 영어의 이니셜로 I형이라고 하는데 그중에 'Interacting'이 있다. 소통하고 교류하여 상호 작용을 잘 시키는 사람이란 뜻이다. 사내에서 누군가 험악한 분위기를 조성하며 싸움이 일어나면, S형이나 C형은 자신에게 피해가 올까 봐 몸을 사리지만, I형은 자리에서 튀어나와 싸움 현장으로 가서 좋은 말로 만류한다. "에이, 뭐 그것 가지고 그래. 나도 그런 스트레스 엄청 받고 살아.

빨리 자리로 돌아가." 모두가 두려워해도 I형은 사람 사이에서 벌어지는 일에 적극적이다. 평화를 만드는 에너지가 강하다.

표현하는 I형

이들은 D형과 마찬가지로 자기 과시를 잘한다. 자동차에 각종 액세서리를 더한다. 다른 사람들이 보는 외장의 치장이 특히 심하다. 옛날에는 지역 이름이 차량 번호판에 붙어있었다. 한번은 어느 도시에 볼일이 있어서 가는데 뒤에서 어떤 차가 라이트를 연신 번쩍거리며 쫓아왔다. 무슨 문제가 있는가 하여 차를 길옆에 세웠다. 뒤를 따라오던 차는 경적을 울리고, 차창 밖으로 손을 흔들며 내 차를 스쳐 지나가는 게 아닌가.

그 차를 뒤따라 가봤더니 강원도 차량이었다. 나 또한 그때 타던 차가 강원도 차량이었다. 지금 곰곰이 생각해 보니 그 운전자는 외지에서 같은 지역 번호를 달고 가는 차를 보니 반가웠던 모양이다. 이런 종류의 사람이 I형이다.

교통 신호 대기 중에 앞차 운전자의 행동을 보면 대충 그들의 성격 유형을 구분할 수 있다. D형은 기다리는 시간을 못 이겨 그 짧은 시간에도 일한다. 물건을 찾는다든지 실내 청소를 한다. 그러다 신호가 떨어지기도 전에 슬슬 움직여 제일 먼저 출발한다. C형은 무엇인가를 닦는다든지, 머리를 돌리며 약간의 운동을 한다든지 하며 신호를 주시한다. S형은 그사이에 잠시 눈을 붙인다. 그러나 I형은 음악을 들으면서 손바닥으로 운전대를 두드리거나 휴대전화를 보다가 뒤에서 경적을 울려야 출발한다. I형이 가만히 있지 않는 이유는 항상 무언가 재미있는 것을 찾기 때문이다.

I형은 항상 즐거워

동양에서 소양인에 해당하는 이 사람들은 새벽 3시부터 오전 9시에 해당하는 사람이며, 계절적으로 봄의 사람이다. 봄Spring은 영어로 여러 뜻이 있다. 봄, 분천, 용수철 등이다. 공통점은 모두 솟구치는 성질을 가지고 있다. 동양의 체질 이론과 서양의 기질 이론 모두가 이들을 명랑한 사람으로 이해한다. 실제로 I형은 스트레스를 받아도 그다지 오래 가지 않는다. 나쁜 환경 속에서도 항상 제일 좋은 것을 선택하는 머리 구조를 갖고 있기 때문이다. 이들이 스트레스를 받는 시간은 30분 안팎이다.

동양에서는 I형의 경박함이 단점이라고 한다. 입도 가볍고 행동거지도 가볍다. 지하철에서 애나 어른이나 할 것 없이 다리를 흔들어대는 사람은 I형이다. I형은 기분이 좋으면 다리를 떤다. 지하철 출퇴근 길에서 쉴 새 없이 큰 목소리로 떠들고 통화하는 사람도 I형이다. 이래저래 차분하고 조용한 것을 좋아하는 C형은 이들을 싫어한다. 그러나 I형은 누구의 눈치도 보지 않는다. 오직 자신이 즐거워하는 일을 하며 무료한 지하철에서도 행복을 찾는다.

I형의 언어적 특징

이미지로 말하는 I형

I형을 설명할 때 'Imaginary'라는 단어를 사용한다. I형은 우뇌가 발달한 사람이다. 우뇌는 이미지의 뇌다. 그래서 I형은 갑작스럽게 단어를 사용할 때에 무의식의 뇌인 우뇌에서 정보를 끄집어낸다. 우뇌

는 사실을 말하지 않고 이미지를 말한다.

나의 아내는 I형이다. 어린이집을 운영하고 있는데 한번은 집에 와서 "여보, 우리 선생님 이구아나 걸렸어."란다. 아내의 머리 구조를 아는 나는 "구안와사!"라고 큰 소리로 정정했다. 편도 5차선인 인천 시내 도로를 달릴 때였다. "여보, 여기서는 사차원으로 가야 해!" "사 차선! 사차원은 당신이고!" 이런 식이다. 체력이 달린다며 정육점에서 고기를 주문할 때다. "사장님, 외제 고기 주세요," "네? 혹시 수입 고기 말씀하시는 건가요?" "네, 두 근이요." 아내는 아예 눈치 못 챈다. 제주도에 강의를 갈 때 아이들이 "아빠 오실 때, 오메기떡 사 오세요."라고 부탁했다. 돌아오는 날 저녁, 가족 단톡방에 당당하게 글을 올렸다. "오늘 밤엔 과메기떡을 먹을 수 있겠군." 누구라고 안 해도 글의 주인을 알 수 있다.

말이나 글을 꼭 하나씩 틀리는 이유는 뭘까? I형의 뇌는 언어의 사실적 부분보다 이미지가 먼저 떠오르기 때문이다. 이미지가 글자의 형상을 망가뜨린다. 수많은 I형에게서 일어나는 공동 현상이다. 그러니 그들을 비웃지 말라. 머리 구조가 이미지화되어 있기 때문이다. 그래서 그림을 잘 그리거나 춤을 잘 춘다.

생각이 혀에 붙어있는 I형

I형은 말하기 위해서 존재하는 사람이라고 해도 과언이 아니다. 그만큼 사람들과 함께 이야기하는 것을 좋아한다. I형 이니셜 중에는 'Intercept'라는 단어도 있다. 남의 말을 중간에 가로채는 것을 말한다. 말하는 것을 좋아하다 보니 자기도 말을 해야 하는데, 다른 I형이 혼자서 떠들고 있으면 그들의 말을 끊고 가로챈다. 언제 가로채는가

하면 상대가 숨 쉴 때. 그때 끼어들어서 가로챈다. 말을 빼앗긴 I형은 그 사람이 숨 쉴 때를 기다리다가 "아까 얘기하다가 말았지만."이라며 중간에 끊고 들어온다. 어떤 I형은 말을 안 빼앗기려고 숨을 안 쉬고 말하다가 기절할 뻔했다고 한다. 그만큼 말하기를 좋아하고 빠르다는 뜻이다. 얼마만큼 말을 빠르게 하는가 하면, 말을 먼저 다 해놓고 "이 말은 비밀이니까, 다른 사람에게 말하지 말라."고 한다. 이들에게 비밀을 털어놓으면 며칠 지나지 않아 모든 사람이 그 비밀을 알게 된다. 말하고 싶어 참을 수 없는 존재의 가벼움에서 발생하는 결과물이다.

정신없는 대화

I형은 말이 길고, 핵심 없는 대화로 세상의 모든 주제를 다룬다. 당신의 대표가 I형이라면 여러분은 업무 이야기만 하면 안 된다.

한번은 여름에 음식을 잘못 먹어 배탈이 나서 병원을 찾았다. 몸에는 두드러기가 나고 호흡까지 곤란해 간신히 병원까지 갔다. 그 병원의 원장은 나의 사돈이다. 순서를 기다리는 동안 화장실을 들락날락하니 얼굴이 하얗게 되었다. 순서가 되어 간신히 배를 움켜쥐고 원장 앞에 앉았는데 "아이고, 어쩐 일이시냐!"고 하더니 지난번에 낚시터에서 만난 일을 회상한다.

그날 내가 먼저 간 뒤 30분 있다가 큰 놈을 잡았는데 줄이 터져서 놓쳤다며 얼마나 실감 나게 말하는지 아픈 것도 잊어버리고 들었다. 그러더니 이번에는 지난번 강원도에서 사냥한 얘기를 시작했다. 멧돼지 잡는 이야기를 하는데 거의 사람 잡는 수준으로 길다. 다 끝난 뒤에야 "근데 왜 왔어요?"라며 묻는다. 음식을 잘못 먹어서 탈이 났다고 했더니 진작 말하지 그 시급한 상황을 왜 말하지 않았느냐고 한다. '언제 말할 시간이나 주었어야지!' 주사실까지 따라 들어온 사돈 의사는 다음번 낚시는 꼭 같이 가자고 청한다. 진료를 받고 나와 보니 대기실에 환자가 가득하다.

회사 대표가 I형이라면, 대표가 좋아하는 다양한 취미에 초점을 맞추어야 한다. 업무 이야기는 나중에 하자. 이미 기분이 좋아진 대표는 결재 서류에 사인하면서 자신의 취미 생활에 동행하기를 바랄 것이다. 대표의 취미 생활이나 업적 듣기에 공감하며 함께할 뜻을 비치면 I형은 자신을 알아주는 동지 하나를 얻은 것처럼 무척이나 흐뭇해한다. 차분하게 결재 서류를 챙기고 잘 처리하면, 그 신뢰도는 가족 수준으로 격상된다. 기억하라. I형에게는 다양한 관심 주제와 취미 이야기가 업무보다 앞선다는 것을.

긍정적인 사람

I형은 사과를 먹어도 좋은 것부터 먹는다. 썩은 것부터 먹는 C형과 확실히 비교된다. 사교형인 I형은 기대치가 제일 낮고, 비판적이거나 부정적인 말을 꺼린다. 타인의 실수에 대해서도 관대하다. "다음에 잘하면 되지. 뭐 그런 것을 가지고 그렇게 신경을 쓰냐?"고 위로하고 자신의 실수도 곧 잊어버린다. 엄청난 실수를 하고서도 아무렇지도 않게 웃는 I형을 보면, C형은 한심하게 느낄 수밖에 없다.

I형은 C형이 걱정하는 만큼 자신의 실수에 그다지 관심이 없다. 말투는 언제나 긍정적이고, 사람의 허물을 덮어준다. I형의 강점이다. 그래서 친구가 많고 모르는 사람이 없을 정도로 인맥이 광범위하다. I형이 세상을 떠난 뒤에는 조문객도 많다. 식구들은 장례식장 손님을 치르느라 울 틈이 없다. I형은 살아있을 때나 세상을 떠났을 때나 항상

사람들을 분주하게 한다.

고마워하는 I형

I형은 항상 고마움을 표시한다. 남에게 선물도 잘 하고 한번 대접받으면 반드시 그 이상으로 갚으려 한다. 별것도 아닌 일에 감동을 잘 받는다. 그러니 I형에게는 감사하는 마음을 표현하는 것이 좋다.

한번은 학생들 대상으로 강의를 마치자 담당 선생님이 달려오더니 "강사님, 오늘 점심은 제가 모시겠습니다."라고 한다. 얼굴을 보니 I형이다. 식당에서도 정신없이 말을 이어가면서 강의가 학생들한테도 큰 도움이 되었고, 무엇보다 자기 자신을 알게 되어서 더욱 기뻤다고 한다. 밥과 반찬이 나오는 대로 전부 내 앞에 갖다 놓았다. 선생님은 반찬을 공수해 가다 그만 나의 맑은 콩나물국에 새빨간 부추 무침을 떨어뜨렸다. 하지만 아무 반응(I형은 알아서 건져 먹을 거라고 생각하거나 관심이 없음) 없이 여전히 무수한 말을 남발했다. 나는 국에 빠진 부추 무침을 건져 선생님 접시에 올려주었다. C형 같으면 무척 기분 나쁘게 생각할 상황이다. 아니 C형이라면 이러한 실수도 없을 것이고, 정중히 사과하고 다시 국을 떠다주었든지 한다. 그러나 이 선생님은 정감 어린 눈빛으로 벌떡 일어서더니 90도로 인사를 꾸벅하면서 이렇게 말했다. "강사님! 영광입니다!"

흥분하는 I형

I형은 다양한 취미만큼이나 즐기는 것을 좋아한다. 우울한 자리나 노동하는 힘든 자리, 심각한 걱정을 해야 하는 자리에는 별로 관심이 없다. 설령 그런 자리에 있다 할지라도 어느 틈에 내뺐는지 사라져

버린다.

하지만 파티가 열린다든지 여행을 간다든지 하면 어디서 그런 적극성이 나오는지 솔선수범하면서 부지런히 움직인다. 먼 여행을 떠날 때, 무엇을 입고 사진을 찍을까가 초미의 관심사다. 오직 여행을 위해 옷을 사고, 다양하게 맞추어 보고, 신발부터 액세서리까지 몇 달 전부터 준비하면서 환상에 젖어 잠을 이루지 못한다. 만약 자신이 가본 곳이라면, 아예 여행 가이드로 변신하여 미리부터 안내한다.

그곳의 아름다움과 먹을거리, 볼만한 것들을 기가 막힌다는 용어를 무수하게 써가며 일행의 가슴에 바람을 집어넣는다. "거기는 꼭 보아야 한다."면서 모든 일을 혼자 다 할 것처럼 말한다. 그러나 막상 현지에 도착하면 이들은 어디로 내뺐는지 다른 재미를 맛보러 돌아다니다가 꼭두새벽에야 돌아온다. 같이 여행하는 낮에는 내내 졸다가 욕을 바가지로 얻어먹는 사람이 I형이다.

공상력이 뛰어난 I형

I형의 결정적인 심각성은 분위기 파악을 못 하고 푼수 같은 발상을 하는 데 있다. 회사의 분위기가 고도로 심각한 상황에 놓여있는데도 이들은 그 심각성을 파악하지 못하고 나름대로 분위기를 좋게 만든다고 돌발적인 발언을 한다. 사고 구조가 아주 엉뚱한 상상력을 가지고 있기 때문이다. 그러다 D형 대표의 분노를 촉발한다.

I형이 나쁜 방향으로 에너지를 사용하면 사기, 유괴, 도둑질, 마약 판매, 강간 등의 범죄를 저지른다. 이는 I형의 뛰어난 공상 때문이다. I형은 시야가 차분하거나 고정되어 있지 않고 눈에 보이는 신기한 사물에 주의를 기울인다. 내 둘째 딸은 I형인데, 4번이나 잃어버렸다가

123

되찾았다.

어떤 I형 부인은 공항 면세점에서 예쁜 화장품에 정신을 팔려, 모르는 남자를 남편으로 착각하고 팔짱을 끼고 돌아다녔다고 한다. 그런데 그 남자도 I형이었는지 자기 아내인 줄 알고 한참을 그렇게 다녔다고 한다.

I형은 가끔은 상상도 못 할 기상천외한 발상으로 문제를 풀어가기도 한다. 영화 〈반지의 제왕〉에서 주인공 프로도의 친구인 피핀은 전형적인 I형이다. 엔트라고 불리는 나무요정들에 도움을 청하나 엔트들은 평화를 지키기로 결의한다. 실망한 피핀과 메리는 엔트가 데려다주는 곳에서 고향 샤이어로 돌아가기로 한다. 그때 I형 피핀은 엔트에게 반대 방향으로 데려다달라고 부탁한다. 아이센가드로 가는 게 더 빠른 길이고, 적이 많은 곳이 도리어 더 안전하다면서 말이다. 전쟁 참여 부탁을 거절한 엔트는 미안한 마음에 부탁을 들어준다. 하지만 아이센가드로 들어선 순간 샤우론 부하들이 나무들을 자르고 불태워 죽인 참상을 본다. 화가 난 엔트 왕은 모든 엔트들을 불러 아이센가드를 침공해 초토화한다. 이를 바라보는 피핀의 얼굴엔 지혜로운 미소가 가득 비친다.

이런 탁월한 발상은 공상이 뛰어난 I형에게 어려운 일이 아니다. I형의 이니셜에 '영감'이라는 뜻의 'Inspirational' 단어가 있는 것도 이와 같은 그들의 재빠른 발상 에너지 때문이다.

모방의 재능
I형의 또 다른 강점 중의 하나는 모방 능력이다. 누군가의 말이 재미있으면 그 말을 따라서 한다. 다른 곳에 가서 들은 이야기를 써먹는

다. 다른 사람의 흉내를 잘 내는 건 핵심을 잘 집어 표현하는 모방 능력이 강하기 때문이다. 그러다 그 말을 한 장본인 앞에서 아주 진지하게 그 말을 해버리기도 한다.

어떤 I형 부인은 남편에게 들은 이야기를 다른 곳에서 들었다고 착각하고 아주 심각하게 "당신, 요즘 제일 재밌는 농담이 뭔지 알아?"라고 묻는다. 만나는 사람도 많고, 말도 많이 하고, 듣고 전하는 것도 많으니 도대체 누구에게서 들었는지 구분이 안 되기 때문이다. 만약 회사 대표에게 이러면 큰일이다. I형의 이런 현상은 나이가 들수록 심해진다.

항상 먼저 쏘는 I형

I형은 평화로운 분위기나 화기애애하고 기분이 좋은 상황이면 기꺼이 제일 먼저 호의를 드러낸다. 그래서 I형은 밥을 잘 산다. 이들은 평소에도 "밥 한번 먹자."라는 말을 자주 한다. 이런 말은 인간관계의 정상화가 필요할 때 자주 사용하는 말이다. 하지만 I형은 모호하게 말하지 않고, 자기가 쏠 테니 밥 한번 먹자고 한다. 이때 아무 소리 없이 밥 사는 사람의 총탄이 떨어질 때까지 얻어먹는 사람이 S형이다. S형은 'I형에게 무슨 좋은 일이 계속 있는 모양이야.'라고 생각한다. I형이 "밥 한번 먹자."라고 하면 관계 정상화가 필요하다는 신호로 받아들이라. 기분을 맞추고 더 좋은 것으로 갚자. 그러면 I형은 그보다 더 좋은 것으로 갚고, 관계가 더 공고해진다.

I형의 사람을 향한 에너지는 끝이 없다. I형이 있어서 이 세상이 재미있고 사는 맛이 난다. C형이나 D형은 이들의 부드러움을 무시하지 말고, 넉넉한 마음으로 받아들이고 함께 어울리자. 차가운 가슴을 I형

으로 덥힐 수 있다는 걸 기억해야 한다.

I형의 비언어적 특징

혼자는 못 살아

I형은 항상 사람 가까이에 있으려 한다. I형이 홀로 있다는 것은 그 집단에 마음을 열지 않는 것이다. 마음이 맞는 사람이 있으면 곁에 머무는 까닭에, 누군가한테 가까이 가있으면 마음을 둘 곳이 있다고 보면 된다. 까다롭고 꼼꼼한 부서에서 일하는 I형은 말할 상대가 없다면 머지않아 그 회사를 그만둔다.

I형은 봄의 사람이다. 봄의 사람이란 오행五行에서 나무에 해당한다. 식물은 군집 형태로 자란다. 꽃잎 하나도 단독으로 자라지 않는다. 다닥다닥 붙어서 자라듯이 함께 붙는 것을 좋아한다. 만지고, 비비고, 살이 닿고, 냄새 맡는 것을 살아있는 상징으로 느낀다.

I형은 C형과 상극이다. C형은 다른 사람의 살이 닿으면 온몸에 소름이 돋아서 어쩔 줄 몰라 부끄러워한다. I형은 아무나 만지고, 툭툭 치고, 때린다. C형에게 이런 스킨십을 하다가 심한 모욕을 당하기도 한다. 아무나 만지는 I형 습관 때문에 작은 몸짓이나 단어 하나에도 그 의미를 묻는 C형은 헷갈린다.

손을 흔들거나 붙잡고 놓지 않는 I형

I형은 어떤 사람에게도 자신의 따뜻함을 드러낸다. 그 첫 대면이 악수이다. 초면에 상대의 기질을 피부로 느낄 수 있는 시간이 악수할 때다.

D형은 지나칠 정도로 힘껏 잡지만, I형은 꽉 쥐고 흔들며 반가움을 표시한다. C형은 어색해서 빨리 손을 놓고 싶다. I형은 반가운 설명을 다 끝낼 때까지 손을 놓지 않는다. 그 상대가 윗사람이거나 C형이라면 I형은 점수가 깎이고 들어간다. 하지만 흔들어대는 사람이 윗사람이라면 같이 흔들자. 얼굴에는 미소를 가득 지으며 반가움을 표시하자. 인간관계의 절반은 성공한 것이다.

I형은 외향성이다. 그래서 항상 관심이 밖에 가 있다. I형이 자동차 사고를 많이 내는 것도 지나가는 다른 사람이나 환경에 관심을 두기 때문이다. 한눈을 팔면서 운전하다 차를 들이받는 운전자는 대부분 I형이다.

사람을 만날 때도 상대의 눈을 주시한다. C형은 사람의 눈을 잘 보지 않는다. 자신의 무엇인가 부끄러운 부분이 상대에게 드러날까 염려하기 때문이다. I형은 그런 부분을 신경 쓰지 않는다. 낮은 기대치 때문에 남에 대해서나 자신에 대해서 별로 허물을 갖지 않는다. 부끄러움이 없다는 이야기이다. 그래서 항상 사람을 바라보고 정겨움이 가득한 미소를 짓는다.

경박한 I형

I형은 흥분할수록 손이나 다리를 흔들거나 무언가를 두드린다. I형은 행동거지가 빨라서 움직임이나 말에 경박함이 있다. 기분이 좋거나 흥분하면 가만히 있지 못한다. 몸을 흔들거나 손가락을 두드린다. 부산하게 움직이는 것은 타고난 봄 에너지 때문이다.

I형의 몸이 안으로 움츠러들며 상체가 뒤로 빠지는 모습이 보이면, 그 분야에 관심이 없다는 뜻이다. 평소 손을 벌리고 흔들면서 말하는

사람이 손깍지를 끼고 있다면 부정적인 반응이다. 입술을 앙다물거나 아랫입술이 안으로 말리면 폭발 직전이다.

I형이 불편하고 화가 나면 아랫입술이 안으로 말린다. 원래 입술이 돌출된 사람인데 입술이 안으로 말려있거나, 윗입술로 아랫입술을 물거나 덮고 있으면 상당히 불쾌하다는 뜻이다. 대화 도중에 아랫입술이 삐죽거리고 밖으로 튀어나오는 것도 불만족의 표시이다.

포용의 상징인 임맥이 열리면, 아랫입술에 윤기가 흐르거나 조금 벌어진다. 영화에서 키스할 때 윗입술보다 아랫입술이 먼저 열리는 것은 상대를 받아들이겠다는 임맥 에너지의 활동 때문이다. 이런 에너지가 강한 I형이 아랫입술을 삐죽거린다면 상대를 받아들이는 데 상당히 힘들다는 방증이다.

이럴 때는 빨리 화제를 돌리거나 상황을 반전시키는 것이 중요하다. I형이 화를 터뜨린 후에라도 바로 미안하다고 말하는 것이 좋다. I형은 상대의 빠른 사과에 빠르게 용서하는 사람이기 때문이다. 그리고 뒤끝도 없다. 함께 식사하면서 이유를 자세히 설명하겠다고 점잖게 양해를 구하면, I형은 당신의 예의에 호감을 느끼고, 어제의 원수라도 오늘의 친구가 된다. D형이나 C형에게는 어림 반 푼어치도 없는 일이다.

I형이 좋아할 땐?

I형의 또 다른 특징은 얼굴의 액션이 강하다는 것이다. 얼굴이란 '사람의 얼이 들어있는 동굴'이라고 해서 얼굴(얼+굴)이다. 모든 사람에게는 일곱 개의 동굴이 있다. 얼굴 액션은 상초 에너지가 강한 D형이나 I형에게서 강하게 표현된다. 포커페이스를 가진 S형이나 쉽사리

반응하지 않는 C형은 얼굴에서 그 마음을 읽기가 쉽지 않다.

I형은 얼굴 전체를 가지고 자신을 표현한다. 특히 눈동자나 눈썹, 입술 표현에 강하다. I형은 조금이라도 감동하거나 동의하면, 눈동자를 위로 치뜨면서 흰자위만 나올 정도의 감탄을 표현한다. 동시에 입을 벌리면서 "아, 예~."라는 표현을 잘한다. 훈련하지 않아도 태어나면서부터 가지고 나온 원초적 감각이다.

이런 긍정적인 반응을 보이는 사람이라면, 당신과 더 좋은 관계로 진전시킬 수 있는 I형으로 보면 된다. I형이 양쪽 눈썹을 올리거나 입을 벌리면 당신에게 감탄하고 있다는 뜻이다. 하지만 대화 도중에 다른 곳을 본다면 정말로 재미없는 것이다. 웬만해서는 다른 사람들에게 그런 표정을 짓지 않기 때문이다.

I형에게 대응하기

오토바이 뒤에 타기

남의 오토바이 뒤에 타본 경험이 있는가? 오토바이는 운전자가 운전하는 대로 움직인다. 그런데 커브 길에서 오토바이가 넘어질까 봐 뒤에 탄 사람이 반대 방향으로 몸을 기울이면 큰 사고를 당할 수 있다. 운전자와 함께 같은 방향으로 몸을 기울여야 안전하다.

우리가 기질을 배우는 이유도 마찬가지다. 무조건 아부하라는 것이 아니다. 상대의 마음을 열기 위해 상대의 언어와 행동에 같은 마음을 보여주자는 거다. 그것이 모든 관계의 기초이기 때문이다.

사람들이 편안한 S형을 좋아하는 것은 그들이 잘 말하기보다 잘 듣기 때문이다. I형에 대응하는 중요한 사항은 말을 들어주는 데에 있다. 악수, 억양, 표정, 톤을 맞추자. I형은 누군가 자신의 말을 듣지 않으면 자신의 말을 들어줄 다른 사람을 찾는다.

업무는 단순하고 쉽게

I형은 인생을 골치 아프게 사는 사람을 좋아하지 않는다. 재미있게 사는 사람을 존경한다. 업무중심의 사람이 아니기 때문이다. I형 상사는 부하가 중요하게 생각하는 업무라 해도 부하만큼 중요하게 여기지 않는다. 업무상 발생한 잘못에 대해서도 관계중심으로 생각한다. 업무가 잘못된 것이 중요한 것이 아니라, 누가 누구를 욕한다는 등의 이야기에 심각해져서 엄청난 일처럼 말한다. D형에게 그런 비난은 눈곱만치도 소중하지 않다. 그러니 I형한테는 업무를 단순하고 쉽게 줘서 마음을 가볍게 만들어야 한다. 누가 어려움을 겪고, 누가 힘들어 하는지 사람에게 관심을 둬야 훌륭한 인격자로 본다.

일보다는 놀이 얘기부터

I형은 복잡하고 어려운 것을 싫어하는 사람이다. 같은 일터에서도 일보다는 주말이나 퇴근 후에 있을 일을 더욱 좋아하는 사람이다. I형과는 쓸데없는 신변잡기가 아닌 신나는 놀이나 재미있는 소재로 대화의 첫 문을 열어야 한다. 그러면 아침부터 에너지가 높아져서 더욱 열심히 일하고, 빠르게 끝내려 한다. I형은 일을 못하는 사람이 아니다. 다만 고리타분한 문서 제작 같은 업무는 동기부여가 되지 않는다. 온종일 말하는 대인관계 근무로 방향을 돌려주면, 이들은 신바람 나게 일한다.

I형이 말할 때 흥미진진하게 들어주고 감동 어린 반응을 보여주라. 항상 당신을 찾고 친밀한 감정을 드러낼 것이다. 특히 I형의 예술, 스포츠, 영화, 자동차, 패션 같은 감각과 식견에 칭찬하고 공감한다고 말하라. I형이 말할 때 다른 곳을 보거나 지루해하는 표정을 짓지 말라. 잘 모를 때에는 질문하자. 그 사람이 관심 있는 그것에 관심을 보여주자.

I형의 예의에 감사의 답례를 하라

모든 선물은 받는 사람한테 빚진 마음을 갖게 한다. 선물은 언젠가 준 사람으로부터 어떤 요청이 올 때, 최소한 한 번은 들어줄 의무감을 만든다. S형이 받아서 기쁜 사람이라면 I형은 주어서 기뻐하는 사람이다. 예를 갖춘 선물은 I형의 마음에 큰 감동을 준다. I형이 베풀기 전에 먼저 선물하라. I형이 가까이 오기 전에 먼저 가까이 가야 한다. I형한테는 무엇인가를 요청하고, 친밀한 마음을 보이는 사람은 나이를 초월해 친구이고 형님이고 아우이기 때문이다.

실패담은 금물

I형은 자살 확률 0%인 사람이다. 세상을 재미있게 살기 원하는 낙천주의자이기 때문이다. I형은 자살하는 C형을 보고 혀를 차며 이해할 수 없는 표정을 짓는다. I형에게 실패나 실수는 아무것도 아니다. 아주 심각한 실수여도 친구를 만나서 속 시원하게 이야기하고 "까짓 것, 내일부터 잘하면 되지." 그렇게 털어버리는 사람이다.

C형은 잘못된 것이 시정될 때까지 계속해서 말하는 사람이다. I형의 실수를 용납하지 않고 1, 2, 3으로 분류해 시정을 요구하고 처벌

을 물어야 한다고 생각한다. 하지만 I형은 C형과는 근본적으로 삶을 대하는 태도가 다르다. 실수는 마치 밥을 먹는 것과 마찬가지이기 때문이다.

I형 부하 직원이라면 정신 차리고 일해야 하지만, 대표라면 손해 본 것으로 처리하고 그것으로 끝이다. 그러니 대표가 웃으면서 정리한 것을 원론을 가지고 밀어붙이다가 도리어 해를 입을 수 있다. I형에게 실패담은 금물이다. 이번 실패를 통해 도움 주지 못한 것이 가슴 아프다 정도만 하자. 앞으로 심기일전하여 서로 도와가며 일하는 조직이 되자고 위로하는 것이 좋다.

I형으로 성공하기

메모하라

I형은 다른 사람이 지적한 잘못이나 틀린 부분을 기억하지 않는다. 좋은 성격이지만 결정적인 실패를 만드는 주요한 원인이다. 신중해야 하는 부분은 반드시 메모해야 한다. 메모 습관을 길러서 문서로 말을 해야 한다. 영국 속담에 '흐린 기억보다 잘 나오는 펜이 낫다.'는 말이 있다. I형은 D형이나 C형과의 약속은 더욱 신중을 기하고 반드시 메모해야 한다.

시간 관리

I형은 시간 관리 능력이 취약한 사람이다. 다른 사람들과 약속을 하면 I형은 그 시간에 맞추어 가지 않는다. I형의 대표적인 나라인 그

리스에는 이런 속담이 있다. '제시간에 가는 놈은 정신 나간 놈이다.' 국민 전체가 약속을 불신하니까, 시간 잘 지키는 사람들만 당해서 나온 속담이다. 상대가 C형이라면 I형의 부족한 시간 관리 능력은 처음부터 모든 일을 그르치게 할 것이다.

세부적인 사안에 관심을 두자

I형이 일하는 데 많은 애로가 있는 것은 D형처럼 숲을 보는 사람도 아니고, C형처럼 나무를 보는 사람도 아니기 때문이다. I형은 항상 밖을 보는 사람이다. 관심이 바깥세상에 있다. I형 아이들에게 학교는 공부하기 위해 존재하는 곳이 아니다. 친구가 있기 때문에 존재하는 것이다. I형의 관심은 즐거운 곳에 가있다.

업무에서 탁월한 분야는 문서가 아니라, 사람들과 함께하는 것이다. 어쩔 수 없이 직장 생활을 해야 하는 I형은 일의 큰 윤곽과 세부 사안을 머릿속에 미리 그려야 한다. 정확한 업무 계획과 보고서, 일지 시스템을 만드는 게 중요하다. 시스템 없이 주먹구구식으로 업무에 임하면 어디에서 실수가 터져 나올지 모르기 때문이다.

신중한 성격을 만들어라

I형은 비장 에너지가 강해서 소화를 잘 시킨다. 사람에 대해서도 그렇다. 분위기가 나쁠 때도 얼른 나서서 화해시키며 분위기를 반전하는 사람이 I형이다.

허리가 가는 I형은 그만큼 신장 에너지가 부족하다. 신장은 거르고 분리하는 곳이다. C형은 정리정돈을 잘하는데 이는 신장 에너지로부터 기인한다. I형이 C형과 상충하는 것은 서로의 에너지 성격이 다르기 때문이다.

　I형은 신중한 에너지를 키워야 한다. 체질 에너지 검사를 할 때 몸에 대고 검사하는 것은 내부 음부 장기의 에너지 반응을 보려는 것이다. I형은 신장과 연관된 단전 에너지가 약하다. 오링테스트를 하면 C형이 섞이지 않은 I형은 단전 에너지 반응에서 손가락이 힘없이 떨어진다. 그래서 신중하지 못하다. 신중함을 키우려면 단전을 강화하는 게 좋다. 무릎을 약간 구부린 자세로 서서 주먹을 쥐고 단전을 하루에 1,000번 이상 두드려보라. 두드리면 열이 생기고, 열은 곧 에너지가 된다. 그 에너지가 신장을 돌아서 온 배를 충만하게 한다. 기질을 배양하기 위한 훈련은 약한 부분에만 집중하면 된다. 강한 부분은 이미 타고났기 때문에 더욱 강하게 만들다가 화를 입기 십상이다. 단전을 많이 두드려주면 하체에 힘이 생기고, 사람이 차분해진다. 이런 신체적인 훈련이 우리 의식을 바꾼다는 사실을 기억하자.

좁은 공간과 설득력은 최대의 무기

　I형이 어떤 좋은 결과를 얻기 원한다면, 넓은 공간을 피하고 좁은 공간을 선택해야 한다. 좁은 공간에서는 I형의 설득력이 힘을 발하기 때문이다. 또 신중형인 C형에게는 너무 가까이 갈 필요가 없다. 그 외 다른 기질의 사람들에게는 가까운 위치에서 다정다감하게 설득하자. I형의 친근한 분위기로 좋은 효과가 나타난다. 반대로 상대가 같은 I형이라면 아예 야외의 좋은 장소를 택해서 근사한 식당에서 식사하며 풍류를 즐기자. 이미 절반의 성공은 거둔 셈이다.

녹색이나 흑색 계통의 음식 섭취

I형은 비장 에너지가 강하다. 이들은 황색 음식을 줄여야 한다. 인내심이나 침착성을 기르려면 S형이나 C형의 에너지를 만드는 음식을 섭취하면 좋다. 간 에너지는 녹색 음식에 신맛을 더하여 만든다. C형의 에너지인 신장은 검은색 음식에 짠맛을 더하면 힘을 북돋는다. 이런 음식들을 섭취하면 '의식동원'이라는 말처럼 몸에 차분한 에너지를 증가시켜줄 것이다.

코드를 빠르게 전환하라

I형은 D형이나 C형을 대할 때 생각 코드를 빠르게 전환해야 한다. 모든 사람이 나처럼 노는 것을 좋아하고 대충해도 괜찮다고 생각하면 큰 오산이다. D형과 C형은 일을 좋아하는 사람들이다. 그들을 대할 때는 '그들도 사람인데.'라는 생각을 버리고 '저 사람은 일하는 기계다.', '기계에는 오직 제대로 된 업무 실행만이 필요할 뿐이다.'라는 의식을 가져야 한다. 회사 밖에서 '어저께 그렇게 같이 즐겁게 놀았으니 오늘 나한테 잘해주겠지.' 하는 생각은 금물이다. D형은 변덕이 심한 사람들이라 그새 다 잊어버렸고, C형은 '그건 그거고, 일은 일이다.'라는 생각을 하는 사람이기 때문이다.

뒷정리를 깔끔하게

I형의 최대 단점은 뒷마무리에 있다. 항상 첫 시작과 바깥에만 관심이 많은 사람이기 때문에 뒤에는 관심이 없다. 그래서 I형이 머물고 간 자리에는 흔적이 남는다. 자기 물건도 그렇지만 다른 사람의 것에도 관심이 없다. 업무에서도 말은 그럴싸한데 실제 서류 작성에는 심

각한 오류가 발생한다. 백 번이고 천 번이고 들여다보아야 한다. 빠르게 읽지 말고 천천히 읽자. 토씨 하나 틀린 곳이 없는지. 상사가 C형이라면 더욱 그래야 한다. 그러니 I형은 뒷정리가 필요한 사무보다는 대인관계 업무를 택하라.

대인관계의 결정적인 실수들

고객의 이름과 상황을 메모하고 암기하자. 이름을 바꾸어 부르는 것과 같은 실수를 배제하라. I형은 사람의 이름을 바꿔 부르거나 다른 상황과 매치시켜서 엉뚱한 일을 저지를 때가 많다. 사람의 이름을 바꾸어 부른 것은 비즈니스에 절대 악이다. 모르면 "미안합니다만……." 하고 다시 묻고 정중하게 대해야 한다. 자신의 이름을 함부로 개명하는 것을 좋아할 사람은 없기 때문이다.

상대가 말할 때 따라 말하기, 앞질러 말하기, 중간에 끼어들기, 화제 바꾸기 등은 금기임을 잊지 말자. 쉽게 흥분하는 I형은 다른 사람의 대화에 자신이 좋아하는 이야기가 나오면 그 대화에 끼어든다. 재미있어서 들으려고 가는 것이 아니라, 자신이 말하려고 간다. 그러다 보니 중간에 끼어들어 분위기를 흐려놓고 화제를 자신의 경험 쪽으로 바꾸게 된다. 다른 사람이 한마디 하면 "맞아. 나도 지난번에 그런 일을 겪었는데……." 하며 세 마디, 네 마디씩 하는 유형이 I형이다. 그 때문에 D형은 아예 대놓고 "좀 조용히 해! 말 좀 하게."라고 일갈한다. 그러면 잠시 조용히 있지만 그새를 참지 못해 다시 끼어든다. I형은 상대가 말할 때 끝까지 미소로 들어주는 S형의 행동 양식을 배우자. 더구나 상대가 상사라면 반드시 그렇게 해야 한다.

I형에게 좋은 음악

희망찬 미래를 열어주는 음악

- 드보르자크 〈신세계〉 교향곡 9번
- 모차르트 〈주피터〉 교향곡 41번
- 베토벤 〈로망스〉 제2번
- 비발디 〈조화에의 영감〉 합주협주곡 6번
- 스메타나 〈교향시〉 '보헤미아의 목장과 숲에서'
- 차이콥스키 〈바이올린 협주곡〉
- 하이든 〈시계〉 교향곡 제101번

상쾌한 기분으로 이끄는 음악

- 멘델스존 〈스코틀랜드〉 교향곡 3번
- 모차르트 〈디베르티멘토〉 2번
- 바흐 〈G 선상의 아리아〉
- 베버 〈마탄의 사수〉 서곡
- 베토벤 〈전원〉 교향곡 6번
- 슈베르트 〈교향곡 7번〉
- 슈베르트 극음악 〈로자문데〉

차분해져야 할 때 듣는 음악

- 모차르트 〈하프너〉 세레나데 35번
- 무소륵스키 〈전람회의 그림〉 모음곡
- 버르토크 〈바이올린 소나타〉

- 비발디 〈홍방울새〉 플루트 협주곡 2번
- 쇼팽 〈녹턴〉 1~2악장
- 쇼팽 〈빗방울〉 24개의 전주곡 중 15번
- 크라이슬러 〈사랑의 기쁨〉

기억력을 높여주는 음악
- 바흐 〈브란덴부르크협주곡〉 3번
- 베토벤 피아노곡 〈엘리제를 위하여〉
- 브람스 왈츠 제5번
- 쇼팽 피아노곡 〈24개의 전주곡〉 15번
- 요한 슈트라우스 왈츠 〈아름답고 푸른 도나우〉
- 크라이슬러 〈아름다운 로즈메린〉
- 헨델 〈홍겨운 대장간〉

I형에게 잘 맞는 유망 직업군

코치, 상담사, 외교관, 유투버, 영상 디자이너, UAM 디자이너, 컴퓨터 중매인, 무인시승 체험 디자이너, 3D 프린팅 패션 디자이너, 신체장기 에이전트, 3D 비주얼 상상가, 컴퓨터 개성 디자이너, 데이터 모델러, 농수산물 중개인, 보험설계사, 호스피스, 전문 간호사, 아바타 디자이너, 웹소설 작가, 국제회의 기획 진행자, 연예인, 인간 생활 디자인, 마루 운동선수, 정보 서비스 분야 컨설턴트, 무역 전문가, 협상가, 음악 치료사, 단거리 육상 선수, 발레리나, 고전 무용가, 물리치료사, 학원

강사, 교사, 인테리어 디자이너, 생활 설계사, 상품기획자, 백화점 디자이너, 디스플레이 장치, 패션기획자, 비디오 예술가, 영화홍보 전문가, 목소리 변환 서비스, 쾌락 오거나이저, 외환 딜러, 특수학교 교사, 아나운서, 액세서리 디자이너, 오락 MC, 언어치료사, 사진가, 등산 낚시 가이드, 애니메이터, 브랜드 메이커, 예능인, 시간 거래 중개업. 경영 컨설턴트, 모델, 연예인, 영화배우, 코미디언, 큐레이터, 메이크업 아티스트, 비서, 영업직, 서비스업, 자영업

S유형

Steadiness - 안정형

S형의 일반적 특징

S	장점	차분한, 안정적인, 억제하는, 순수한, 전문적 기능, 온유한, 말이 적은, 조직중심적, 협동적, 친절한, 인내력, 믿을 만한, 언제나 변함없는, 규칙 순종, 유연한, 경청을 잘하는, 평화를 좋아하는, 효율성, 충성스러움, 양보하는, 따뜻한, 꾸준한, 참석을 잘하는, 남에게 피해를 주지 않는, 자제력, 끈기 있는, 속내를 드러내지 않는, 다투지 않는, 버리지 않는, 편안함
	단점	두려움, 느림, 게으름, 변화를 싫어함, 완고한, 소심한, 물질에 약함, 적응이 느린, 갈등 회피, 추진력 결여, 불의에 타협, 표현하지 않는, 미루기를 잘함, 탐식, 소유에 집착, 급할 때 이기적, 겁이 많은, 말을 안 함, 시야가 좁음, 타인의 어려움에 적극적으로 나서지 않는, 비아냥거림, 비핵심적, 잠이 많은, 행동력 부족, 더러운, 선악 분별력 부족, 우유부단, 감정 표현을 잘 안 함

온유한 사람

오래전에 아프리카 케냐의 초원 마사이마라를 다녀온 적이 있다. 끝없는 평원에 셀 수 없는 동물 무리가 풀을 뜯고 있었는데, 바로 누떼였다. 소와 염소의 중간쯤 생긴 누는 100만 마리 이상의 집단을 형성한다. 동물 다큐멘터리에서 사자가 누를 잡아먹는 광경을 자주 보니 누라는 동물이 별 볼 일 없는 것으로 생각할 수 있다. 하지만 실제로 이들이 세렝게티 초원으로 대이동을 시작하면 어떤 맹수도 그들 앞에 서있지 못한다. 지축을 울리는 굉음과 함께 일으키는 거대한 먼지가 모든 맹수에게 두려움을 준다. 무리 중 몇 마리는 사자나 악어에게 잡아먹히지만, 티도 나지 않는다. 무한대의 풀을 뜯고 사는 누떼의 모습은 진정한 땅의 주인이 누구인지 가르쳐 준다.

S형은 이 땅에 사는 사람들의 대중적 기질이다. 그러나 오늘날 온순한 S형은 경쟁사회 속에 살면서 다른 기질로 생존의 가면(다른 사람들 속에서 살아남기 위해 다른 기질로 변장하는 것을 말함)을 쓴다. D형처럼 보이는 사람들도 'DISC 행동 유형 평가'를 해보면 의외로 S형이 많이 나온다. 자기가 아닌 모습으로 살고 있기 때문이다. 자기를 모르고 자기 자신이 공헌할 수 있는 부분이 전혀 아닌 곳에서 애를 쓰는 것은 에너지 낭비다. S형은 S형으로서 살아야 한다.

위대한 경청자

S형은 조용하며 침착하다. 그리고 따뜻하다. 온종일 남의 말을 들어줄 수 있는 사람은 오직 S형밖에 없다. S형이 초등학교 교사나 상담자로 그 기질을 발휘하면 이 사회에 기름과 같은 역할을 한다. D형이 교사를 맡으면 몇 달 가지 않아서 반이 없어질 가능성이 있다. 또 S형은 화를 낼 줄 모른다. 이들은 주로 말을 하는 쪽보다 남의 말을 들어주는 게 쉽다. S형끼리 앉혀놓으면 꼭 싸운 사람처럼 온종일 말을 안 한다.

작고하신 나의 장인은 전형적인 S형이다. 장인의 아주 절친한 친구가 있는데 그분도 S형이다. 어느날 장인의 집에 그 친구분이 놀러 왔다. "자네 있나?", "어서 오게!" 마루에 걸터앉는다. 그러고는 서로 아무 말이 없다. 30분쯤 지나서 친구분이 말한다. "가네, 잘 있게!" 장인도 대답한다. "어이, 잘 가게." 난 그 장면을 보면서 왜 그분이 왔다가 그냥 가는지 몰라서 물었다. 장인의 대답은 이랬다. "보면 됐제! 뭘말을."

S형과 함께 있을 사람은 밥을 다섯 끼쯤은 든든히 먹고, 뛰어난 재담으로 무장해서 가야 한다. 말하고 싶어 미칠 것 같은 I형은 온종일 묵묵히 들어줄 S형을 찾아라.

목가적인 사람

이들은 평온하다. 압박받는 분위기를 제일 싫어한다. 그리고 아주 낭만적이다. 전원의 목가적인 생활이라면 모든 것을 버리고 묻혀 살수 있는 사람이다. I형처럼 나서고 싶어 하지 않고, D형처럼 남을 통제하지도 않는다. 좋아하는 사람 속에서 살기 원하며 자기를 압박하지 않는 환경을 선호한다.

온종일 상사로부터 스트레스를 받고 퇴근한 S형 남편에게 D형 아내가 "당신은 왜 그렇게 당하고만 사느냐!"라며 화를 내다가 잠이 막들었다. 그때 S형 남편은 창문을 열고 달을 바라보며 잠든 아내에게 말한다. "당신은 달이 저렇게 예쁜데 잠이 와?" D형 아내는 S형 남편의 마음을 알아야 한다. 당신과 당신의 남편이 받는 스트레스의 기준이 다르고 반응도가 다르다는 것을. 그래서 S형 주변 사람은 열불이 터져도, 정작 그들 자신은 거북이처럼 느긋하게 오래 산다.

은근히 웃기는 사람

이들은 코미디를 안다. D형이 하는 코미디는 처음부터 본론이 다 나온다. 옛날에 했던 이야기를 재방송하면서 웃기려 한다. 하지만 사람들은 그 사람이 열 받을까 봐 웃고 있을 뿐이다. I형은 말하기 전에 자기가 먼저 웃는다. 입에 거품을 물고 침을 튀기면서 아주 원색적인 코미디를 엄청난 고음으로 말한다. 그러다가 누군가가 다른 데를 보면 그 사람 얼굴을 자기 쪽으로 돌려놓고 계속 말한다. C형은 진짜 재미있는 코미디도 차분하고 신중하게 이야기해서 분위기를 가라앉게 한다.

그런데 S형은 자기는 웃지도 않고 슬그머니 남을 웃긴다. 이들 코미디의 핵심은 항상 맨 끝에 가야 나온다. 그래서 S형이 웃기려고 마음먹었을 때 D형은 결론만 말하라고 다그치지 말아야 한다. I형은 말 중간에 끼어들지 말고 끝까지 들어주어야 한다. 끝까지 귀를 기울이면 포복절도할 이야기들을 듣게 된다. S형 코미디의 맨 마지막은 누구도 상상할 수 없는 괴상한 이야기가 나온다. 그것도 말수가 적은 S형이 결론을 감추고 느리게 말하니까 더 우습다.

미국의 S형은 제일 재미있는 유머를 구사하지만, 한국의 S형은 유교적 전통 때문인지는 몰라도 느끼한 유머를 구사한다. 앞부분의 이야기에 조급하게 결론을 들으려 하면, S형의 느물거리는 유머 핵심을 들을 수 없다.

청년 시절, S형 친구가 나한테 이런 얘기를 했다. "내가 여자 친구 소개해 줄까?" "왜?" "이 여자 집안이 대단하거든. 아버지는 빌딩이 몇 채나 있는 알부자고, 오빠는 법조계에 있대. 이 여자하고 결혼하면 당구장 있는 빌딩 한 채를 준대." 나는 되물었다. "야, 그렇게 좋은 조건이면 네가 하지, 왜 나한테 소개해?" 그러자 "너하고 잘 어울릴 것

같아서."란다. 한번 소개해 보라고 했다. "그런데 문제가 좀 있어!" "뭔데?" "어, 아이가 셋이래. 너 아이들 좋아하니까 잘 어울리겠지?" 물론 그런 여자도 빌딩도 없었다. S형 친구는 날 약 올리려고 농담한 거였다.

갈등을 싫어하는 사람

S형은 갈등을 싫어한다. S형 주부의 집에는 사다놓고 입지 않는 옷이 많다. 옷 가게에 들어가서 주인이 "이거 입어보세요. 저것도 입어보세요." 하고 여러 개 꺼내주면 주인이 수고한 것이 미안해서 마음에 들지 않아도 사 오기 때문이다.

그래서 본의 아니게 갈등 구조로 인한 낭비를 많이 한다. 갈등 구조를 가진 S형에 사치가 심한 I형이 합해진 S/I형은 마음을 모질게 먹자. 빚더미에 깔릴 수 있다. S형은 자기의 기질을 알고 물건을 사러 가자. 주인과 갈등을 일으킬 소지를 미리 막아야 한다. 이를테면 "꺼내지 마세요, 제가 그냥 볼게요."라고 하든지 "아니요, 다음에 들르겠습니다."라고 'NO!' 하는 법을 배워야 한다. 지혜로운 장사꾼은 이것을 배워서 거꾸로 S형에게 물건을 팔기도 한다.

외길 인생인 사람

S형은 변화보다 안정을 더 추구한다. 월급을 많이 주는 곳보다 낯익은 분위기에서 일하는 걸 좋아한다. 변화를 싫어하고, 1가지 일에 몰두하기 때문에 S형에서 장인이 많이 나온다. 훌륭한 도공이라든가 예술을 하는 사람 중에 S형이 많다. 완벽주의자는 아니지만 깔끔하고 실용적인 예술을 많이 한다. 장인 정신이 뛰어나 우리가 소위 '외

길 인생'이라고 말하는 거장이 많이 나온다. 기계나 기술 같은 분야에
도 S형이 많다. 변화를 싫어하고 한결같이 고집스럽고 충성심이 강하
다. 그래서 S형이 어느 한 분야에 집중하면 독보적인 존재가 된다.

외교관 스타일

S형은 I형과 같이 인간관계를 잘하는 사람이다. I형처럼 빠르게 설
득하며 목적을 달성하지는 않지만 부드러운 호감을 준다. S형의 외양
적인 것만 보고 싫어하는 사람은 거의 없다. 온유하고 순종적인 삶의
자세가 누구한테나 호감을 주기 때문이다.

《삼국지》를 보면, 촉나라에는 최고의 천재 제갈공명이 있다. 공명
때문에 번번이 당해야만 하는 오나라에서는 공명의 마음을 달래고,
촉과의 화해를 위해 사신을 보낸다. 그가 바로 공명의 형인 제갈근이
다. 제갈근은 S형으로서 온화한 미소와 부드러운 말씨의 대명사이다.
평소에는 어느 곳에도 쓰임을 받지 못했지만, 형제의 갈등 구조를 노
리는 오나라는 그를 촉나라에 사신으로 보내어 공명의 마음을 흔들
려 한다. 공명은 형이 사신으로 올 때마다 무엇이라도 외교적인 성과
를 주어 보내야 하기 때문에 그를 피하려고 애쓴다. 제갈근은 촉에
갈 때마다 워낙 명민한 공명 때문에 뚜렷한 성과를 건져오지 못한다.

하지만 이런 곤란한 일을 말없이 감당하는 안정 유형의 외교적인
성품 덕분에 오나라의 공공의 적 제갈공명의 형이지만 생명을 보존
할 수 있었다. 만약에 D형이 외교에 나서면 며칠 못 가 전쟁이 발발하
기 쉽다. 자기의 목적대로 되지 않으면 협박하다가 상대 국가의 D형
을 폭발시키기 때문이다. 그러나 쉽사리 화를 내지 않고 온화한 미소
를 띠며, 속내를 얼굴에 나타내지 않는 S형은 사람을 대하는 외교적

인 업무가 적성에 아주 잘 맞는다.

결정을 미루는 사람

S형은 결정을 미루는 스타일이다. 조선조 최고의 재상인 황희 정승의 이야기는 S형의 대표적인 성품을 보여준다. 부인의 말을 듣고서 "당신 말이 옳소." 하고 머슴들을 나무라기 위해 갔다가 머슴들의 이야기를 듣고서 "너희 말이 옳다."며 부인에게 다시 돌아갔다. 황희 정승의 부인이 "여기서는 내 말이 맞는다고 하고, 머슴들한테는 머슴들의 말이 맞는다고 하니 당신은 줏대가 없는 사람이네요."라고 하자, "부인. 그 말도 맞습니다, 맞고요."라고 했다. 이처럼 S형은 두부 자르듯이 단호한 결정을 내리지 않는다.

S형은 보통 온화하고 사람들과 타협을 잘하는 편이다. 그러나 자기가 좋아하는 부분에서는 누구도 말릴 수 없는 고집이 있다. 자기가 사고 싶은 것이나 구하고자 하는 것이 있으면 집안 형편에 상관없이 반드시 손에 넣어야만 하는 유아적인 이기심이 있다. 이러한 탓에 삶이 극단적인 어려움에 부딪혔을 때 D형처럼 전면에서 문제를 해결하지 못한다. 자기만 살겠다는 이기심을 드러낸다.

게으른 사람

남미의 정글 속에 '늘보'라는 노인 같은 동물이 있다. 늘보는 모든 동물이 탐내는 열매를 포기하고 아무도 쳐다보지도 않는 나뭇잎을 먹는다. 그것도 조금 먹고 사흘이나 걸려 소화를 시킬 만큼 활동이 거의 없다. 에너지를 쓰려고 하지 않기 때문에 많이 먹을 필요가 없다.

그러다 보니 나무에서 매달려 자는 이 동물이 볼일을 보려고 땅에 내려오면 맹수들의 표적이 된다. 제아무리 빨리 달려도 워낙 느려서 십중팔구는 잡아먹힌다.

S형 지도자들의 느긋한 태평함은 평안의 시대에는 훌륭한 지도자의 요건이 될 수 있다. 하지만 전란과 같은 시급한 상황에서는 상황 판단과 결정을 미루지 않고 명확하게 처신해야 한다. 그래야 많은 사람이 살아남을 수 있다.

장수하는 S형

S형은 장수의 복을 누린다. 이 세상의 모든 자연 만물에서도 볼 수 있듯이 성질이 난폭한 것은 수명이 짧다. 그러나 S형처럼 온유하면 오래 산다. 거북이가 그렇고, 비바람과 설한풍을 말없이 맞고 자라는 주목이나 돌, 바위도 천년만년을 산다. 장수하는 사람 대부분이 온유하다.

S형의 시각적 특징

통통한 사람

S형은 히포크라테스 4체액설 중 점액질에 해당한다. 동양의 체질 이론에 의하면 북방의 겨울과 물에 해당하는 태음인이다. 시간상으로는 밤 9시부터 새벽 3시까지의 에너지를 가진 사람이다. 점액질은 이름 그대로 체액이 다른 사람들보다 끈적거리는 점성 성분이 많다.

행동 양식으로 보면, S형은 한곳에서 오랜 직장 생활을 하는 스타일이다. 첫 직장에서 정년퇴직하고, 한곳에서 오래 살다가 그 집에서 죽기도 한다. 돈을 많이 주는 곳보다 편안한 환경을 더 좋아한다. 아무 데서나 잠을 잘 자고, 한결같이 변함없는 성품을 가지고 있다.

동양적으로 보면 수렴 기능이 가장 강한 저장형이다. 욕심이 많고 아무것도 버리지 못하고 언젠가 쓸 거라며 모아두는 사람이다. 그래서 남몰래 중요한 것들을 감춰놓는다든가 뒤에서 슬그머니 혼자 엉뚱한 짓을 잘한다.

저장하는 에너지로 인해서 얼굴이 살집이 많아 욕심 많은 사람으로 보이기도 한다. S형은 간 에너지가 제일 강하기 때문에 말술을 먹어도 알코올 해독 시간이 제일 짧다. 마치 간이 하는 일처럼 매사에 빠른 반응을 보이지 않으며, 자신의 감정도 쉽사리 드러내지 않는다. 관심 분야가 아니면 무엇이든지 반응을 보이지 않는다.

지저분한 자동차

S형은 원래 분주하게 움직이는 것을 좋아하지 않는다. 등산을 싫어하고, 귀찮게 여러 가지 스케줄을 만들어 복잡해지는 것도 싫어한다. 등산을 싫어하는 이유는 다시 내려올 것이기 때문이고, 식사 후 양치질을 안 하는 이유도 '좀 있다 또 먹을 건데 뭐 하려고 그렇게 닦나?' 하고 생각하기 때문이다.

넥타이도 다 풀지 않는다. 교수형 밧줄처럼 동그랗게 만들어 목만 빠져나온 뒤 걸어둔다. 멋쟁이 I형 같으면 죽었다 깨어나도 안 할 일이지만 "내일 또 맬 건데, 뭐 그리 복잡하게 풀고 묶느냐?"고 한다.

S형 이니셜 중에 'Specialist'가 있다. 실제적인 일에 가치를 두는 전문가가 S형에서 나오기 때문이다.

S형은 자신의 몸도 그렇지만 자동차도 제일 지저분하게 쓴다. 거의

쓰레기차를 방불케 한다. 제일 깨끗한 C형이나 구질구질한 시스템을 혐오하는 D형이 이런 차를 탈 때는 모두가 한마디씩 잔소리를 하지만 정작 S형은 아무 관심이 없다. 타인에 대한 기대치가 낮으므로 남의 반응에 예민하지 않기 때문이다.

편안한 복장

S형은 무조건 실용성을 위주로 사는 사람이다. I형처럼 의상에 목숨을 거는 사람도 아니다. 나 편하면 그만이다. 그래서 유행이나 패션 감각에 전혀 어울리지 않는 괴상한 옷을 입는다.

남자들의 경우를 보자. 편해서 입는다지만, 트로트 가수 같은 사각 체크무늬 바지에 색상조차 전혀 맞지 않는 남방을 입는다. 여자들도 보면, 갖추어 입는 것이 귀찮아서 통이 큰 파카나 롱코트를 입는다. 감지 않은 머리를 감추기 위해 헐렁한 모자를 쓰고 외출한다. 멋쟁이 I형이 보면 촌티의 정수라고 생각하지만, S형은 편리 위주의 의상 철학을 갖고 있다. 아무도 그들을 말릴 수 없다.

우유부단한 행동 스타일

S형은 두부 자르듯이 무엇인가를 단호하게 결정짓는 것을 싫어한다. 남의 말에 소리도 못 내고, 큰 거슬림만 없으면 분위기를 대충 따라간다. 그래서 이편에도 저편에도 서지 못한다. 그러나 무엇인가를 결정해야 할 때는 강자의 편에 선다. 그쪽이 살기가 편하기 때문이다.

영화 〈말죽거리 잔혹사〉를 보면 '햄버거'라는 별명을 가진 통통한 S형 친구가 나온다. 실제 이 영화배우는 D형이지만 영화의 역할로 보면 전형적인 S형이다. 이 친구는 항상 학교에서 주먹이 강한 친구들과 함께 있다. 그들에게 몇 대 터지기도 하지만 그들의 힘 때문에 다른 친구들로부터 매를 맞지는 않는다. 이 조직에 충성을 다하는 이유이다.

그러다 보니 강자가 바뀔 때마다 교묘한 언어로 그들에게 다가가고 그들의 편이 된다. 그래서 미움을 받기도 한다.

S형은 물과 같은 사람들이라 흐르는 물처럼 자연스럽게 우유부단해진다. 일찍이 노자는 "도는 물과 같은 것이라."고 하였다. 물은 자신의 형태를 고집하지 않는다. S형은 실제로 물과 같은 에너지를 가진 사람이다. 자신을 고집하지 않는 것이 그들을 살릴 때도 있지만, 결정적일 때에 많은 사람의 생명을 죽이기도 한다.

슬리핑 머신

S형은 선천적으로 잠을 잘자는 사람이다. 아무리 중요한 회의 자리일지라도 이들에게 쏟아지는 잠은 누구도 막을 수 없다. 발로 툭툭 차면서 잠을 깨워도 3초도 안 되어 도로 머리를 떨군다. 필자의 대학 친구 중에 멕시코 선교사가 있는데, 별명이 슬리핑 머신이다. 이 친구는 점심을 먹고 나면 소문 없이 사라져버린다. 찾아보면 등나무 밑에서 자고 있다. 수업 시간에도 나름대로 잠을 자는 전문가적인 행태가 몸에 배어서 그런지 눈을 약간 뜨고 고개를 끄덕이면서 잔다. 영락없이 공부하는 모습이다. 이들의 인생 철학은 '급한 것은 급한 놈이 하게 되어있다.'이다.

화는 왜 내?

D형은 작은 일에도 참지 못한다. 특히 오해를 받거나 자신의 수고

에 제대로 된 평가를 받지 못할 때 분노한다. 집에 가서도 분을 이기지 못하고 잠을 설치며 일생의 전환을 모색하기도 한다.

그러나 S형은 남들이 화를 내도 저들이 왜 저렇게 화를 내는지 이해가 가지 않는다. 자기 관점에서 보면 그런 것은 화를 낼 만한 일도 아니기 때문이다. 정작 S형 자신이 그런 일을 당해도 화를 내지 않는다. 그런데 집에 가서 막 잠이 들려고 하면 무엇인가가 불쾌한 것이 찜찜하게 솟아오르는 것을 느낀다. 왜 그럴까 생각하다가 원인을 찾으면 그때 이렇게 말한다. "내일 가서 한 번만 더 그러면 화내야지. 오늘은 일단 자고."라면서 잠을 잔다. 그야말로 '잠 따로, 분노 따로'의 아주 편안한 구조로 되어있다. 다음 날 출근해서 보니 그 사람이 전날 그랬던 게 본심이 아닌 걸 안다. '화 안 내길 잘했네.'라고 스스로 마음을 편하게 먹는다. S형은 실제 그 사람이 무어라고 했어도 '팍' 하고 치고 나가는 사람이 아니다. 그냥 듣고 집에 와서 마음을 삭이는 경우가 많다. 쉽게 반응하지 않는 간 에너지 때문에 이런 행동 양식이 발생한다.

이런 데는 민감해!

S형을 설명하는 단어 중에 'Sensitive'라는 단어가 있다. 서양에서는 이들이 다른 사람의 요구에 민감한 것으로 설명하지만, 동양에서는 조금 다르다. S형은 자신과 깊게 연관된 타인의 요구에는 민감하지만, 조금이라도 거리가 있으면 모른 척하는 데 선수들이다. 한편 S형은 받아야 할 자신의 몫을 받지 못할 때, 혹은 식당에 가서 맛있는 음식을 먹을 기대(S형이 살아가는 대표적 즐거움)에 부풀었다가 나중에 온 테이블에 음식이 먼저 나오면 갑작스럽게 화를 낸다. 가정에 돌

아가서도 제일 먼저 하는 말이 "밥 줘!"인 S형들도 상당하다. S형은 성적인 욕망에 갈급한데 상대가 받아주지 않을 때도 분노한다. 이처럼 몸과 연관된 가장 기본적인 욕구가 해결되면 이들은 분노할 일이 없다.

모든 최신 기종은 내 것

S형은 물건에 대한 욕심도 강해서 한번 갖고 싶은 것이 있으면 반드시 사고야 만다. 특히 남자들의 경우는 기계류에 대한 집착이 강해서 컴퓨터, 카메라, 휴대전화 등 최신 모델의 전자제품에 강한 구매 충동을 느낀다.

어떤 S형은 남의 집에 세를 사는데, 이런 신제품이 나올 때마다 사들여서 나중에 계산해 보니 전세 비용보다 더 들었다고 한다. 이들은 기계에 대해서는 거의 프로 수준이다. 혼자서 복잡한 것을 뜯어보고 만지고 고친다. 그러다 리뉴얼된 신제품이 출시되면, 다시 사서 뜯어보는 탐구력도 강하다. 그래서 이들 가운데 전문가가 많이 배출된다.

할리우드 영화에서 나오는 컴퓨터 프로그래머나 폭발물 해체 전문가 등은 뚱뚱한 사람이 많다. 한곳에서 1가지 일을 오랜 시간 하니까 전문가가 된다. 오래 앉아있으니 아무래도 활동량이 적어 먹는 대로 살이 찐다. 50년째 도장을 판다든가, 도자기를 굽는 데 일생을 바치는 도공처럼 1가지 일을 오랜 세월 하면서 전문가가 되는 사람은 대부분 S형이다. 만약에 D형더러 도장을 파는 일을 시켜본다면? 조각칼을 불끈 움켜쥐고 "이따위 도장이나 파려고 세상에 나왔나!" 분노하며 벽에다 집어 던진다. I형은 도장보다는 바깥세상을 감상하느라고 넋을 놓는다.

C형은 S형보다 더 정밀하다. 아주 꼼꼼하게 파면서 왠지 가슴 한 구석에서 치밀어 오르는 완벽하지 못한 자신의 모습을 보고 우울해 한다. 그러나 S형은 "그딴 소리 하덜 마라. 도장 파서 애들 공부 다 가르쳤구먼!"이라고 한다.

회피하는 S형

S형은 소위 말하는 착한 사람이다. 남에게 나쁜 일을 하지 않고 나쁜 마음도 먹지 않는다. 그러나 갈등 상황이 되면 극단적인 이기주의로 돌변하는 또 다른 내면의 모습을 가지고 있다. 약하기 때문에 자기부터 생각한다.

남에게 평화를 준다는 것은 그만큼 힘이 있어야 한다. 내가 약하면 남을 중재할 수 없다. S형은 성격상 남의 문제까지 적극적으로 나서서 해결하기에는 게으르고, 남에게 무엇인가 아쉬운 소리를 하려면 힘이 부친다. 그래서 이들은 항상 갈등 상황 아래에서 정면 충돌을 꺼리고 핵심을 피한다.

어떤 부부가 사는 집에 도둑이 들었다. 마당에 쿵 소리가 났을 때 각 기질의 사람들은 어떻게 반응할까? D형은 왼쪽에 식칼 차고, 오른쪽에 야구방망이 들고 "어떤 놈이야?" 하고 나선다. I형은 잘못될까 봐 밖에 나가지 않고 창문을 살짝 열고 밖을 향하여 말한다. "누구세요? 도둑이세요? 우리 집은 가난해서 가져갈 것이 없고요, 옆집이 휴가 갔어요. 개도 다 데리고 갔고요. 그 집에는 보안 경비도 없어요. 아까 넘어오신 담으로 조금만 가시면 그 집 뒤로 넘어갈 수 있어요. 안녕히 가세요." C형은 일단 경찰에 신고부터 하고 자신의 위치와 비상 휴대전화를 알려주는 등 만반의 준비를 해놓는다. 그러나 S형은 집 밖에 나가지도 않고 이불 속에서 "집 안에 들어오기만 해봐라!" 라며 벼른다. 하지만 도둑이 집 안에 들어온다. 이불 속의 부인이 "여보, 거실에 들어왔잖아. 어떻게 좀 해봐." 하면 "이 자식, 방에 들어오기만 해봐라."라며 꼼짝을 안 한다. 도둑이 기어이 안방까지 들어온다. S형 남편은 말한다. "장롱에 손대기만 해봐라." 도둑은 장롱을 열고 다량의 패물과 현찰을 훔쳐서 방을 나간다. 부인이 "여보, 지금 가잖아. 빨리 잡아!" 하자, "이놈의 자식, 다음에 또 오기만 해봐라."라고 한다.

S형은 미루다가 득 보는 일도 있지만, 엄청난 인명 피해를 일으키거나 손해를 입는 경우가 많다. 갈등 상황이나 압박 구조하에서는 현실에 적극적으로 대응하지 않는다. 싸우기 싫어서 피하다가 손해를 보고 만다.

S형의 언어적 특징

S형은 핵심을 피하는 것이 핵심이다

S형은 핵심적인 사안을 절대로 직접 말하지 않는다. 어려운 말을 돌려서 하는데 직관적인 D형은 쉽게 알아듣지만, 세부적인 문장 하나라도 정확해야 이해하는 C형은 언어의 행간을 읽지 못한다. 특히 갈등 상황이 생길수록 S형의 말은 더 어려워진다.

어떤 회사에서 상사가 부하에게 지금 시간 있냐고 물었다. D형 부하는 "옛썰!" 큰 소리로 답한다. I형 부하는 시간 있냐는 말에 벌써 옷을 주워들고 "어디 가시려고요?" 한다. C형 부하는 시간을 본 다음

"20분 정도 있어요."라고 한다. 그러나 S형은 이러한 상황에서 절대로 명료하게 말하지 않는다. "왜 그러시는데요?" 상사는 다시 묻는다. "시간 있냐고!" "뭐 하시게요?" 그들이 이렇게 핵심을 피하는 것은 무엇을 시킬까 봐 귀찮아서다. S형은 어떤 갈등 상황이 생기면 D형처럼 정면으로 도전하거나 I형처럼 다른 사람을 이용해 그 문제를 해결하려 하지 않는다. 될 수 있으면 안 하는 방향으로 피한다.

너를 따를게

S형은 체제나 조직에 순응하는 사람들이다. 이들은 어떤 행동에 있어서 적극성을 취하지 않고 도리어 리더가 인도해 주기를 바란다. D형이 주도권을 쥐고 "나를 따르라."라고 할 때 제일 좋아하는 사람들이 S형이다. D형의 말에 "너를 따를게."로 화답한다. 이들은 "알아서 해.", "어떻게 좀 해봐."라는 말에 공황을 겪는다. 결코 대화의 주도권을 쥐려고 하지도 않는다. 모임이 끝난 뒤에도 이들이 있었는지 기억하는 사람이 없을 정도로 조용하다. 주로 듣기를 좋아하기도 하지만, 딱히 무어라 좌중을 재미있게 할 만한 재주도 없기 때문이다.

D형이 눈의 직관 능력이 강하다면 I형은 언어 기능이 강하다. C형은 냄새 맡는 분석 기능이 강하고 S형은 들어주는 수렴 기능이 강하다. 남의 이야기를 잘 들어주어 상담자로서 좋은 에너지를 가지고 있다. 말 많은 I형은 싫은 내색도 없이 자신의 말을 웃으며 들어주고 조용히 따라주는 S형을 잘 이용한다. I형이 이길 수 있는 만만한 기질은 S형밖에 없다. 그러나 D형은 S형을 제일 꺼린다. 그들을 대하다가 스스로 폭발해서 죽어버린 사람들이 한둘이 아니기 때문이다.

한마디 툭 던져놓고 끝

S형이 당신에게 무어라 한마디 묻거나 자기 이야기를 한다는 건 호의적인 반응이다. S형은 말재주가 없다. 무슨 말이든 상대가 이끄는 대로 약간의 반응을 보이는 선에서 상호 대화를 이룬다.

S형끼리 앉아있으면 아무도 말을 하지 않아 조용한 환경이 형성된다. 하고 싶은 말이 있으면 한마디 툭 던져놓고선 이어 말하지 않는다. 상대가 재미있게 해석을 달아주거나 관심을 두기를 원하기 때문이다. 이들이 이 정도라도 자신을 드러내는 것은 대화 상대에게 깊은 관심이 있다는 뜻이다. S형은 항상 말하고자 하는 내용이 맨 뒤에 나온다. 그러다가 성질 급한 D형이 다른 말로 바꿔버리거나, 말하기 좋아하는 I형이 끼어들면 슬그머니 말꼬리를 감춘다. 그러니 모처럼 S형이 마음먹고 말할 때 기꺼이 들어주면 좋은 관계가 된다. 단, 여기서 주의할 것은 결론을 단정 짓지 말고 끝까지 들어주어야 한다는 것. S형이 하고 싶은 말은 항상 은근하게 숨어있다.

영혼 없는 대화

어느 S형 공무원이 주민센터에서 안내를 맡았다. 어느 날 한 청년이 센터에 들어왔다. 그도 같은 S형이었다. S형 공무원이 물었다. "무엇을 도와드릴까요?" 동네 청년이 답했다. "저, 사망신고를 하러 왔는데요." S형 공무원이 말했다. "아, 본인이세요?" 동네 S형 청년이 말했다. "어? 본인이 와야 해요?" 그러고는 난색을 보이면서 집으로 돌아갔다.

S형은 상대의 상황을 이해하기보다는 규정이나 일반적인 행동 양식에 따라 충성을 다해 일한다. 하지만 융통성 면에서는 아주 답답하

기 짝이 없다.

그 사람이 했다면 나도

S형은 자신의 견해보다는 누군가가 이렇게 말하더라는 관계적인 언어로 자신의 의사를 밝힌다. S형은 관계형이다. 즉 이들은 자신이 결정하고 책임지는 것보다 이미 모든 사람이 검증한 안전한 길로 가고 모험을 즐기지 않는다. 자신이 고민하거나 결단 내리려 하지 않는다. 누군가가 이 일을 이미 경험하였고 안전하게 잘 실행되고 있다는 보고를 받으면 그때 반색하며 마음을 연다. S형과 빠르면서도 우호적인 관계를 형성하려면 어떻게 해야 할까? 관계가 있는 사람을 연관 지어서 그 사람도 그렇게 했다고 하면 스스로 선택할 때보다 훨씬 빠른 응답을 보인다. S형한테는 후속 프로그램과 함께 이렇게 하면 이렇게 될 것이라는 전체의 그림을 보여주고 결재를 받는 시스템이 제일 잘 먹힌다. 역으로 보면 S형은 생각을 드러낼 때도 꼭 자신의 선호보다 남들도 그렇게 하더라는 관계를 드러내는 언어 행태를 보인다.

친절한 S형

S형은 남의 비위를 거스르는 말을 하지 않는다. 될 수 있으면 부드럽고 친절하게 상대를 대한다. 그러나 귀찮아지고 재미가 없어지면 슬그머니 자리를 피한다. 이들이 자신을 드러낼 때는 능력이나 재능보다는 자신의 사회적인 지위로 의사를 대신하기도 한다. 이를테면 "가서 직원들하고 상의해 보겠다."라는 식이다. 이렇게 상의 운운하면 일이 성사되지 않는 경우가 많다. S형은 무엇인가를 명확하게 결정짓는 것을 싫어하기 때문에 신뢰를 보증받고 싶어 한다. 이들에게는 항상

확실하고 안전한 증거를 보여주자. 특히 사람과의 관계 속에서 이러한 신뢰를 보여주는 일이 중요하다.

먹는 게 남는 거야!

S형은 먹는 데에 관심이 많다. 편안한 환경 속에서 좋아하는 사람들과 함께 나누는 식사나 술자리는 이들을 행복하게 한다. 아주 기분이 좋거나 놀고 싶은 마음이 가득할 때는 평소와는 전혀 다르게 먼저 말을 꺼낸다. "저녁에 퇴근하고 막창이랑 소주 한잔할까?"라고 친근히 말한다. 이럴 때는 상대에게 상당한 호감을 느껴서 좋은 관계가 되고 싶은 마음이 가득하다는 뜻이다.

S형이 먼저 이런 말을 꺼내는 건 그리 흔하지 않은 일이다. 이때 까다로운 C형이나 항상 스케줄이 복잡한 D형은 모처럼의 요청에 토를 달지 말고 응하는 것이 좋다. S형은 상대의 호의를 기억하고, 훗날 상대가 어려움을 당할 때 보이지 않는 도움을 건네기 때문이다.

비언어로 빈정대는 S형

S형은 상대의 실수나 잘못에 대해 아주 짧은 문장으로 빈정거린다. 상대의 심각하지 않거나 우스꽝스러운 실수에 대해서 "어이구.", "헤헤."처럼 비꼬는 듯한 말을 한다. C형은 이런 말을 들을 때 분노한다. 하지만 그럴 필요가 없다. 상대의 실수가 약간 황당해서 그런 표현을 하는 것이지, 비난하려는 의도는 없다. 그러나 S형은 C형의 실수에 대해 참는 훈련을 해야 한다. C형은 복수하는 사람이기 때문이다.

몇 마디 안에 하고 싶은 말 다 하는 S형

S형은 말의 속도가 느리고 어투는 투박하며 내용은 짧다. 하지만 그 속에 모든 얘기를 다 한다고 보면 된다. 간결한 언어 스타일이기 때문에 군더더기나 미사여구가 없다. 오직 하고 싶은 말만 한다.

S형이 제일 싫어하는 상황은 긴장 상황이다. 긴장하거나 갈등이 발생하면 대부분 말을 하지 않는다. 하지만 아주 가까운 사람에게는 속내를 드러낸다. S형이 입을 다물고 말하지 않을 때는 지금 그가 처한 상황이 이러지도 저러지도 못한다는 뜻이다. 빠르고 분명하게 자신의 의사를 드러내야 하는데, 잘 할 수가 없다. 이때 지혜로운 D형이나 I형이 빨리 속내를 읽고 편안한 상황으로 반전시켜주면 그 고마움을 언젠가는 갚는다.

S형의 비언어적 특징

S형을 지배하는 잠의 기운

S형은 잠이 많은 사람이다. 재미없고 관심 없는 대화들은 이들을 잠으로 몰아간다. 그러니 S형과 대화를 나눌 때는 끝없이 재미있는 소재가 있어야 한다. 대표가 S형일 경우에는 몸 개그를 하면 갑자기 일이 풀릴 때가 있다. 중요한 업무 보고를 할 때도 시도해 보자. 대표의 피로를 잠깐씩 풀어주는 몸 개그는 당신을 더욱 사랑받는 사람으로 만든다.

기관에 근무할 때 일이다. 내 상사는 S형과 D형이 혼합된 유형이었다. 골치 아픈 업무를 보고할 때 상사가 별로 관심을 안 보이면 난 사타구니를 긁어댔다. 그러면 상사는 낄낄대면서 "무얼 그리 긁어대나?" 하며 내 이야기에 관심을 기울이곤 했다.

S형은 몸 개그나 원색적인 이야기를 무척 재미있어한다. S형이 잠들지 않고 끝까지 귀를 기울였다면 이미 절반의 성공은 이룬 셈이다.

정면 충돌은 싫어

S형을 힘들게 만드는 것은 압박 구조이다. 이 부분이 D형과 마찰을 일으키는 요소다. S형은 압박 속에서 자신이 정면으로 부딪쳐야 하는 상황을 꺼린다. 식당에서 뛰노는 아이들 대부분은 I형이나 S형 가정의 자녀들이다. S형 부모들은 규제를 싫어하기 때문에 자식조차 넓은 곳에서 돌아다니도록 내버려둔다. 아이들이 뛰어다니다가 D형 손님의 식탁에 부딪혀 넘어진다면? D형 손님은 아이들에게 통제를 가한다. "참 애들 극성이네. 좀 조용히들 있어!"라고. 이 이야기를 S형 부모도 듣는다. 잠깐 아이들을 쳐다보다가 말한다. "이리 와라!" 형식적으로 한마디 던질 뿐이다. 아이들이 오는지, 오지 않는지는 관심도 없이 뜨거운 설렁탕을 먹는다. '집에서 새는 바가지 밖에서도 샌다.'라는 말이 있다. S형 부모의 아이들은 여전히 장난이다. 그러다 뜨거운 설렁탕 국물을 입에 떠넣는 D형 손님의 팔꿈치를 탁 하고 친다. 화가 난 D형은 아이를 야단친다. 그때 D형 부모라면 한바탕 전쟁이 일어날 텐데, S형 부모는 "얘가 왜 이렇게 말을 안 들어. 어휴, 지겨워." 한마디하고 계속 밥을 먹는다. 애를 혼낸 D형 손님은 "저 집의 아이가 아닌가?"라며 사방을 돌아보는데, 식사를 마친 S형 부모가 그 아이를 데리고 나간다.

이러한 반응을 보이는 것은 S형의 이기심과 두려움 때문이다. 말썽은 아이가 피운 것이니 야단도 아이가 맞는 게 당연하다. 아이 때문에 험악하게 생긴 사람하고 싸움을 해야 하는 것이 두렵다. S형은 비록 자녀라 할지라도 골치 아픈 일은 사절이다. 너의 문제는 너의 문제일 뿐이다. 그래서 될 수 있으면 싸움이 생기는 상황을 회피한다.

팀플레이어

S형은 팀플레이어들이다. 조직 속에서 돌출행동을 하지 않는다. 될 수 있으면 조직이 원하는 대로, 시키는 대로, 명령대로 의존하여 움직인다. 이게 제일 쉽고도 단순하기 때문이다. S형은 1가지 일을 오래 하므로 전문성으로 조직에서 오래 버틴다. 워낙 타고난 애사심과 끈적거리는 집착성, 성실성 때문에 회사가 부도가 나고 어려움을 겪어도 마지막까지 충성한다. 어떤 S형 부장은 D형 사장이 버리고 간 회사를 끝까지 지키다가 자회사 주가가 상승하는 바람에 사장이 되어 잘 살고 있다.

인류의 첫 시작도 S형이었지만, 지구상에 마지막까지 살아남는 사람들도 S형이다. 바로 이들의 성실성과 충성심 때문이다. 그래서 S형은 독단적으로 결정을 내리는 것을 싫어한다. 그들은 될 수 있으면 모든 사람의 합의로 원만하게 움직이는 것을 좋아한다. 그러다 보니 자연히 일은 늦어지고 타이밍을 놓쳐 큰 손해를 볼 때가 많다.

S형은 단기적이 아닌 장기적 프로젝트에 강한 사람이다. 빠른 결정을 내려야 하는 부서보다는 긴 시간을 두고 해결해야 하는 업무가 더 적합하다. S형이 대표일 경우, 모든 직원이 자신의 의사를 강하게 표현하는 경향이 생긴다. 대표가 그렇지 않기 때문이다. 특히 D형 직원들이 참지 못하고 자신의 의사를 강하게 드러내지만 S형 대표는 모든

사람이 좋다고 할 때까지 기다린다. S형은 원만한 합의로 무리 없이 진행되는 것을 좋아하기 때문이다.

S형이 좋아할 땐?

S형은 내향성이다. 내향성은 사물이나 사안을 바라보는 관점이 주관적이다. 이는 모든 것을 자신 안으로 가져와서 분석하거나 자의적으로 해석하는 기능이 강하다. 일례로 C형은 잘 웃지 않는다. I형이라면 뒤로 넘어질 만한 재미있는 이야기도 C형은 씩 하고 한 번 웃고 만다. 반응이 빠르지 않고 생각이 많아 그렇다.

S형은 C형처럼 웃음에 인색하지는 않다. 그렇다고 I형처럼 의자에서 쓰러져가면서까지 즐거워하지는 않는다. 반응도가 떨어지기 때문이다. 그러나 S형이 손깍지를 끼거나 팔짱을 끼고 상대를 바라보는 자세를 취할 때는 상당한 호감을 표시하는 것이다. 깍지를 끼는 행동이나 팔짱을 끼는 것은 일종의 기 순환 운동이며, 내적 에너지를 모으기 위한 신체 반응이다. 몸이 자기 생각보다 먼저 말하기 때문이다. 오링테스트를 통해서 사람의 기질적인 에너지를 검사하는 건 왤까? 몸은 종이 검사지를 통하지 않고도 타고난 성향을 말해주기 때문이다. 외향성은 기분이 나쁠 때 깍지를 끼거나 팔짱을 낀다. C형이나 S형과 같은 내향성은 좋은 반응을 보일 때 안으로 움츠러든다. C형이나 S형이 움츠러들면, 상대의 이야기를 잘 듣고 좋은 마음으로 수렴하고 있다는 것이다.

앞에서도 몇 번 말했듯이 아랫입술은 포용하는 능력의 상징인 임맥 에너지가 시작하는 자리다. 보편적으로 S형의 아랫입술이 두터운 것도 다른 사람들을 포용하는 에너지가 마치 간처럼 크고 강하기 때문이다. S형이 입술을 벌리고 상대의 말을 듣거나, 아랫입술을 실룩거리거나, 아랫입술 쪽에 반응을 보이면 상당히 고무적인 상황이 되었다고 생각하라. 곧 오케이 사인이 떨어질 것이다.

S형이 싫어할 땐?

이들이 한번 안 된다고 하면 귀찮게 하지 말아야 한다. S형은 4기질의 사람 중에서 고집이 제일 세다. 마치 충청도 사람들이 "너들 맘대로 해봐유!"라며 한번 안 되는 것은 안 되는 거라고 하는 것처럼 S형은 별 반응이 없다가도 결정적인 부분에서 "그건 안 돼."라고 말한다. 이때는 다시 설득하거나 재촉하지 말아야 한다. 재촉하면 할수록 역효과가 나기 때문이다.

4기질 중에서 S형을 다룰 줄 아는 사람은 오직 I형뿐이다. "거북아! 거북아! 머리를 내놓아라. 만약 내놓지 않으면 구워 먹으리."라는 고대 가요가 있다. 전형적인 D형의 가사이다. 거북이는 상대가 위협적으로 다가오면 올수록 두려움으로 휩싸여 더욱 방어한다. 머리는커녕 팔다리조차 깊이 감춘다. 이 풍랑이 지나갈 때까지 절대로 내놓지 않겠다는 거다. 사자가 아무리 거북이를 잡아먹으려고 해도 실패하는 것은 단단한 거북이의 자기 방어 기제 때문이다. D형의 협박이나 강요하는 방식으로는 S형을 이기지 못한다. 유일하게 D형이 이기지 못하는 유형이 S형이다.

S형 킬러는 따로 있다. 바로 I형이다. I형은 거북이에게 겁을 주지 않는다. 나쁜 사람들 다 갔다며 머리를 쓰다듬어 주면서, 눈물도 닦아줄 테니 얼굴을 내밀라고 한다. 거북이가 마음 놓고 머리를 내밀면 I형은 낚아채서 잡아간다.

S형은 압박하면 할수록 더욱 깊이 숨어버리기 때문에 결코 강요나 협박으로 이들을 움직일 수 없다. 세찬 바람보다 따뜻한 태양이 사람의 옷을 벗긴다. 그들을 압박하지 말라.

귀가 밝은 S형

S형은 잠이 많아서 회의 중에 잠들어버리는 경우도 많다. 심지어는 대표가 말을 하는데도 쏟아지는 잠을 이기지 못해서 꾸벅꾸벅 졸고 있다. 끝나고 물어보면 대충 다 알고 있는 경우가 많으니 황당하기 짝이 없다. 이것이 S형의 신비이다. 이들은 타고난 청력으로 다른 사람들의 이야기를 잘 들어준다. 귀가 밝다는 것이다. 쉽사리 다른 곳에 반응하지 않지만, 자신과 관련 있는 상황이라면 바깥에 집중한다. 또 S형은 다른 곳을 보면서도 주변의 소리를 동시다발적으로 듣는다. 아주 독특한 능력을 소유한 사람들이다. 마치 D형이 한꺼번에 여러 가지 일을 동시에 할 수 있는 능력을 갖춘 것처럼, 이들은 모르는 척해도 다 알고 있다. 안 듣는 척해도 다 듣고 있다. 도리어 다른 곳을 본다고 하던 말을 중지하면 이들은 "나 신경 쓰지 말고 계속하라."라고 말한다. 만일 당신의 회사 대표가 S형이면 다른 곳을 보고 있더라도 재미있게 말을 계속하라. 당신의 성실성에 호감을 느낄 것이다.

S형에게 대응하기

압박하지 말라

S형은 압박당하면 현실에 정면 대응하지 않고 도피한다. 그래서 문

제를 장기화한다. 특히 S형은 빠른 문제 해결을 원하는 D형과 충돌할 수 있다. 다그치면 다그칠수록 이들은 어찌할 바를 모르고 더 멀리 숨거나, 화내고 싸우면서 피하려 한다. 강압적으로는 S형 문제를 해결하지 못한다. S형 대응에 가장 핵심적인 방법은 안정감을 주는 일이다. 그게 첫 번째 과제이다.

서서히 관계 고리를 만들라

S형은 누군가가 자신의 경험을 말하면, 그 결과에 따라서 움직이는 스타일이다. 남이 실수했을 때는 절대로 움직이지 아니하고 성공했을 경우만 움직인다. S형은 믿을 만한 사람과의 연결고리를 갖고 다가가는 것이 좋다. "그분도 그렇게 하셨다."라고 하며 S형이 신뢰하는 사람과의 밀접한 관계를 보여주면 그제야 마음을 놓고 일을 맡긴다.

S형이나 C형은 일의 속도가 느리다. C형은 업무중심의 느린 완벽주의자이고, S형은 관계중심의 일 속도가 느린 사람이다. 일에서는 완벽하든 그렇지 않든 속도가 느리고 빠른 결단이나 실행을 하지 않는다. 빠른 결정력과 실행력을 가진 D형은 S형이 신속하게 일 처리를 하지 않는다고 다그치지만, S형이 상사일 경우에는 상황이 반전된다. S형은 지나친 의욕으로 자신을 앞질러 일하는 D형을 좋아하지 않는다. S형과는 좋은 관계를 서서히 형성해 가면서 신뢰를 쌓자. 결과적으로 보면 더 나은 결과를 창출할 수 있다. D형과 S형은 본래 상극이다. D형은 치고 나가려 하고 S형은 뒤로 한발 물러서기 때문이다. 긴 시간을 두고 믿을 수 있는 사람이라는 걸 보여주자.

무엇이든지 주라

S형은 겨울 사람이라 탐식성이 강하고 수렴 기능이 강하다. I형은 남에게 주는 데서 기쁨을 얻지만, S형은 받는 데에서 기쁨을 누린다. 선물은 사람에게 빚을 남긴다. 어떤 종류의 선물이건 받은 사람은 무엇인가를 돌려주어야 한다는 부담감이 있다. 화장품 회사들이 작은 샘플들을 배포하면 매출이 신장된다는 사실은 이미 알려진 이야기이다. 특히 수렴 기능이 강한 S형은 무엇이든지 주면 좋아한다. 사용하지 않으면서도 아무것도 버리지 못한다. S형은 선물을 좋아하면서도 언젠가 한 번은 갚을 생각을 한다. S형의 답례를 받고 싶다면 느긋하게 기다리거나 부드럽게 언질해 보자. 어떤 S형은 말을 안 하면 '그래도 괜찮은가.'라고 생각하면서 계속 상대의 주머니를 거덜 나게 할 수도 있다.

돌발적인 물음에도 성실히 응답하라

S형은 쉽게 알 만한 것들에 대해서도 이해가 가지 않는다는 식으로 엉뚱한 질문을 한다. 신입사원일 경우엔 더 그렇다. D형은 그것도 몰라서 물어보냐고 면박을 준다. I형은 키득대고 웃으면서 농담 섞인 대답을 해준다. S형은 이런 응대에 C형처럼 부끄러워하거나 자존심 상해하지 않는다. 다만 조직에서 소외당했다고 생각하면, 다그친 사람에게 마음을 열지 않는다.

그러므로 S형과 좋은 관계를 형성하려면 가끔 돌출되는 '몰라서 못 하는 일'에 관한 질문에 성실하게 답변하고 방법도 차분히 가르쳐야 한다. 더 나아가서 구체적인 경험까지 시켜주면 S형에게 존경받게 된다. 다른 유형에게도 해당하는 이야기지만, 상황 접수가 빠르지 않

은 S형은 이런 질문을 하는 것에도 상당한 용기를 필요로 한다. 소리
부터 지르지 말고 성실한 답변을 하는 것이 그들의 마음을 얼마나 편
하게 해주는 것인가를 알자.

갈등 구조를 만들지 말라

S형이 제일 싫어하며 일의 능률이 떨어질 때는 갈등 상황이 발생
했을 때다. 소외당하거나 외면받은 채로 회사에 다녀야 한다면 어떤
에너지도 낼 수 없다. S형은 장인 정신이 강해서 제대로만 가르쳐놓으
면 끝까지 성실하게 감당하는 일꾼이다. 하지만 일이 아니라 인간관계
에서 어느 편에 서기를 강요받거나 비양심적인 행동을 해야 한다면,
S형은 못내 괴로워 아무 일도 못 한다. S형은 갈등이 발생하는 구조
를 제일 견디지 못한다는 사실을 기억하자.

D형이 한 번에 여러 가지 일을 할 수 있는 것과는 반대로 S형과 C형
은 한 번에 1가지씩 하는 타입이다. 책임감이 강한 C형은 남의 업무
까지 자신의 몫인 양 받아서 지쳐버린다. S형은 남의 일까지 맡지는
않는다. 하지만 자신에게 주어진 일의 양이 과다할 때 상당한 스트레
스를 받는다. 다른 기질의 사람보다 성실하지만, 그 이상의 서비스를
하지는 않는다는 뜻이다. 적당한 선에서 일을 끝내고 좋아하는 사람
들과 편안한 자리에서 쉬며 즐기기를 원한다. 과도한 업무 분담을 줄
이고 합리적인 시스템을 제공하는 회사나 상사를 좋아하고, 그러한
조직을 위해서 열심히 일한다.

풍성한 메뉴가 좋아

S형은 비싼 음식이나 세련된 자리보다 편안한 환경을 좋아한다.

I형과 혼합된 S형은 세련된 것도 좋아하지만, 순수한 S형 성향은 편안한 환경과 풍성한 식탁을 좋아한다. 양도 적고 몇 가지 나오지도 않으면서 값만 비싼 호텔식은 취향이 아니다. 값은 중요하지 않다. 그러나 풍성해야 한다. 만약 S형을 접대한다면 좋아하는 사람들과 푸짐하게 먹고, 즐겁게 이야기하고, 재미있게 놀게 해보자. 당신이 원하는 고객이 될 것이다.

핵심 단어를 찾아라!

앞서 말한 것처럼 S형의 핵심은 '핵심을 피하는 것'이다. 이들이 무엇인가를 말하려고 한다면 보물을 찾아 나서는 사람처럼 단어 하나에도 귀 기울여야 한다. S형은 말수가 많거나 자신을 잘 표현하는 사람이 아니다. 어쩌다가 몇 마디 툭 던지는데 그 속에 하고 싶은 얘기를 담고 있다.

S형은 특히 자신의 좋고 싫은 감정을 드러내는 일에 민감하다. 말을 안 한다고 수용했다고 착각하지 말자. S형은 한번 싫은 것은 죽어도 하지 않는다. S형 상사를 만났을 경우 대화에서도 좋아하는 것과 싫어하는 것을 놓치지 말자. 미로 속에 감춰진 보물처럼 순간적으로 드러나는 것을 포착하자. S형의 속내를 잘 읽고 알아서 처리해 보자. S형은 슬기로운 당신 없이는 아무것도 못 하게 된다.

S형으로 성공하기

장기적인 프로젝트에 뛰어들어라

회사 업무에 D형이나 I형은 질려서 할 수 없는 일들이 많다. 외양적으로 능력 있어 보이는 사람이 피하는 일은 인내심이 강한 사람을 필요로 한다. 실제로 D형은 드러나지 않고 힘만 드는 업무는 기피한다. S형은 본시 드러나는 것을 좋아하지 않는 사람이기 때문에 일 잘하는 D형이 피하는 업무 한 구석을 변함없이 책임진다. 그래서 대표로부터 큰 신임을 얻는다.

S형은 자신이 느린 사람이라고 인식해야 한다. 빠른 결과를 얻어야 하는 일에 D형이나 I형과 경쟁하면 이기기가 만만치 않다. 싸움은 항상 자신의 영역에서 해야 하고 잘하는 부분에서 경합해야 좋은 결과를 얻을 수 있다. S형은 단기적인 업무보다 장기적인 프로젝트에 강점이 있다. 빠른 결과를 원하는 업무도 있지만, 실제로는 몇 년씩 걸리는 장기적인 업무도 많다. D형은 이러한 장기적인 프로젝트에는 관심이 없다. 이들의 관심은 오직 신속한 일 처리와 결과를 통해 자신의 능력을 과시하는 일이다. S형은 드러나지 않으며 시간이 오래 걸리는 업무에 강점이 있다. 길고도 먼 시간을 요구하는 작업에는 남의 눈치볼 것 없이 자원해서 업무를 맡자. 모든 사람이 S형을 비웃는 것 같지만 상사는 눈여겨볼 것이다.

관계를 형성해 온 인맥을 사용하라

S형은 적극적인 인간관계를 형성하는 사람이 아니다. 남에게 무엇인가를 부탁하는 사람도 아니다. 그러나 S형은 다른 사람들이 원할

때 함께 해주는 사람이다. 언제나 빈자리를 채워주고 변함없는 지지를 보낸다. S형은 평소에 D형이나 C형처럼 남을 통제하지도 않고 I형처럼 귀찮게 하지도 않는다. 가장 무난한 사람이라는 평가를 듣는 것이 최대의 강점이다. S형이 어려움을 겪을 때는 함께 있는 사람에게 미안해하지 말고 조용히 부탁하라. 대부분 모처럼 부탁하는 청을 거절하지 못한다. S형은 이런 일에 부끄러워하거나 말 못 하고 혼자 끙끙 앓는 경우가 많다. S형이 항상 다른 사람들과 함께 있었던 것처럼 다른 사람도 S형 곁에 있다는 사실을 잊지 말자. 사람에게 심은 것은 사람에게서 얻는 부메랑의 법칙을 사용하자. 용기를 내자.

AI 시대는 대안이 필수

S형은 책임을 지는 대신 적당히 넘어가기를 좋아한다. 좋아하는 말이 '숭구리당당 숭당당'이다. 오늘의 할 일을 내일로 미루고, 분명하게 처리하지 못하는 성품이 성공의 걸림돌이 된다. 그러므로 S형은 구체적인 방안과 증빙자료들을 항상 문서로 만드는 것이 좋다. S형은 오랜 세월 1가지 일을 통해 쌓인 노하우가 있는 실제적인 일 전문가다. 마치 오랜 군 생활에 도가 튼 특무상사들처럼 실전 경력이 화려하다.

그러나 점점 고도화되며 세분되어가는 사회에서는 자신만의 노하우가 하루아침에 가치 없는 것으로 전락할 수 있다. 이럴 때 가장 필요한 것이 기술의 전문적 대안이다. 자신의 전문 분야에 또 다른 새로운 기술이 요구될 때에 S형만큼 명확하게 현장의 장단점을 알고 있는 전문가는 없다. 새로운 기술이 필요하다면 S형 전문가에게 도움을 요청한다. 그러나 인공지능 시대엔 S형의 전문성을 기계가 대신할 수도 있다. 그런 분야의 S형은 3, 4가지 이상의 전문 기술을 가져야 한다. 미래에 대한 깊은 혜안을 가지고 자기 영역을 넓혀 나가야 살아남을 수 있다.

술 때문에

S형은 간 에너지가 제일 강하다. 다 그런 것은 아니지만 S형은 말술을 먹는 사람이 많다. 늦은 시간까지 술 마시고 어울려도 다음 날 여지없이 출근한다. 이런 알코올 해독 능력과 근면성을 믿고 오랜 세월 살아간다. 하지만 잠이 많은 S형은 일생일대의 결정적인 실수를 알코올 때문에 저지를 수 있다. 간이 강한 사람들이 알코올 때문에 한 방에 무너질 수 있다는 것을 잊지 말자.

'예스', '노'를 분명히 하라

S형은 I형보다는 "아니요." 소리를 많이 한다. 그러나 모호한 상황이 되면 상황을 정확하게 판단하지 못하고 어중간하게 대답한다. "예스."라고 한 게 아닌데, 상대가 오해하고 일을 밀고 나가다가 나중에 문제가 발생한다. 불분명하게 처리하다간 어느 구석에서 일이 터질지 모른다.

D형이나 C형은 지시사항을 들은 뒤에도 면밀히 검토하고 다시 정확하게 물어보며 업무파악을 한다. 하지만 S형은 분명하지 않은 태도를 보여 예상 못 한 덤터기를 쓰는 경우가 많다. 남의 태도에 따라서 자신의 행동을 결정하지 말자. 본인이 모르면 다시 묻든지, 지시에 대해 정확하게 파악하자. 뭐든 분명하게 처리하는 습관이 필요하다.

소유를 나누어주라

다 그런 것은 아니지만 S형은 본의 아니게 욕심 많은 사람으로 낙인찍힌다. 상대가 필요하면 잘 주기도 하지만, 상대가 필요한지를 깊이 인식하지 않기 때문이다. S형은 마땅히 해야 할 일만 행한다. S형이 조금만 더 생각의 폭을 넓혀, 다른 사람들에게 베푸는 발산 기능을 강하게 훈련하면 더욱 훌륭한 리더로 변화한다. 가장 좋은 방법은 자신이 아끼는 소장품이라도 필요로 하는 사람에게 나누는 것이다. 이 세상에 만나고 스치는 모든 사람은 서로 간에 인연이 있어서다. 하물며 한 직장에서 함께 지내야 하는 사람에게 적극적인 마음으로 나누면 S형의 삶에는 생각지도 못한 선물이 많아지게 된다. S형은 본시 땅의 사람이기 때문에 그리 하면 건강하게 장수하면서 잘 살 수 있다.

S형을 위한 졸음 쫓는 운동

S형은 겨울 사람들이라 잠을 잘 때 인생의 행복을 느끼고, 실제로도 잠을 많이 자는 사람이다. 잠 때문에 D형이나 C형으로부터 비난을 받기도 한다. 그러나 어찌하랴! 누구도 말릴 수 없는 쏟아지는 잠을. 다음의 에너지 운동은 잠이 제일 많은 S형에게 가장 적합한 실내운동이다.

먼저 앉은 자리에서 허리를 펴고 양손은 바닥을 향한 후, 위에서 아래로 3, 4번 턴다. 손가락 끝에 인체 피로의 독이 모두 몰려있다. 사람이 피로하면 무엇을 쏟거나 쓰러뜨린다. 손에 피로가 몰렸기 때문이다.

양손을 턴 후에 양 손가락을 세워서 머리 정수리 부분의 백회혈을 두드려준다. 20~30번 정도를 퉁퉁 때려준 뒤에 아래 전정혈(백회에서 얼굴 방향으로 약 5cm)을 똑같이 두드려준다.

이어서 태양혈(관자놀이)까지 두드려준 다음엔 양팔을 각기 다른 손으로 때리며 아래 방향으로 쓸어내린다. 모두 마친 후엔 다시 손바닥을 맨 처음 시작할 때의 모습으로 땅을 향하여 툴툴 털어버린다. 머리가 산뜻해지고 순식간에 피로가 가신다.

눈이 피곤하여 잠이 오려 할 때는 양 손바닥을 정신없이 비빈다. 그러면 체내에 감춰진 원적외선이 손으로 방출된다. 한참 비비면서 하늘을 향하여 자신의 부족함을 아뢰며 비빈다. 마음속에서부터 더 깊은 차원의 용서와 평화의 빛이 조명되며 약 400ℓx를 가진 원적외선이 방출된다.

그다음 손바닥을 둥그렇게 모아 움푹 파진 부분으로 눈 전체를 덮는다. 눈동자를 상하좌우로 돌려주면 눈의 피로가 가시고 맑아진다. 일시적인 방법이지만 날마다 습관적으로 하라. 그러면 순간적으로 쏟아지는 잠을 이겨낼 수 있다. 그러나 문제는 S형의 경우 운동을 하기보다 '잠깐 졸면 되지, 무얼 그렇게 귀찮게 하지?'라고 생각한다는 점이다.

자, 지금부터 등을 활짝 열어젖히고 어깨를 펴서 독맥이 잘 흐르게 하자. 여러 가지 에너지 운동을 통하여 하늘의 힘을 사용하면 더 큰 일을 하는 사람들로 변화할 수 있다.

박물관을 치워라

S형에게 별명이 있다면 '박물관은 살아있다'이다. 버리기 아까워 물건을 쌓아놓지만, 나중에는 아무짝에도 쓸모없는 폐기물로 전락한다. S형은 D형에게 배워야 한다. D형은 잘 버리기 때문에 살림을 잘한다.

이는 S형 최대 약점인 타이밍 잡기에 실패하는 요인과 마찬가지이다.

사람은 카이로스[2]의 때를 잘 찾을 줄 아는 사람이 성공한다.

우리나라에 노래방, 전화방, 세탁방, 찜질방 등 방 문화가 성행할 때, 때의 감각이 예민한 사람은 누구보다 빠르게 그 문화를 만들고 즐겼다. 그러다 열풍처럼 번져나가면 다른 것으로 눈을 돌리는데, 이런 사람은 대부분 D형이다. S형은 남들이 해서 돈벌이가 된다고 하니까 한참을 이리저리 재다가 한풀 꺾였을 때 싼값에 매입해 근근이 유지한다. 타이밍을 놓치는 이유는 성격적 요인에서 나오는 현상이다.

손에 쥐고 있는 것이 비록 지금은 안정적이라 하여도 사업은 항상 미래를 염두에 두어야 한다. 시장의 공급과 수요에 대한 동물적 감각이 있어야 한다. 만일 S형이 평범한 회사원으로 남으려 한다면 이 부분을 읽지 않아도 된다. 그러나 자신만의 고유한 영역에서 성공하고 싶은 열망이 있다면, 타이밍을 잡는 데 초미의 관심을 기울여야 한다. 쥐고 있는 것을 과감하게 버리는 데서부터 시작하자. S형 아이들에게 비싼 과자를 주어도 D형에게 빼앗기는 것은 그들 손에 쥐고 있는 싸구려 사탕 때문이다. 버릴 때는 과감히 버려야 한다. 잘 버릴 줄 아는 사람이 잘 얻을 수 있다.

D형의 도움을 받아라

'언젠가 진실이 드러나겠지.' 하다가는 강퍅한 현대사회에서 생매장

---

2) 카이로스: 그리스어에서 '때'를 나타내는 말이 2가지 있는데, 하나는 카이로스이고 다른 하나는 크로노스이다. 카이로스는 의미가 있는 시간의 때이고, 크로노스는 연대기적인 시간 나열의 역사를 말한다. 예를 들면 1789년 프랑스 혁명은 크로노스의 시간이지만 1789년 프랑스 혁명의 원인과 그 결과에 따라 시민사회가 형성되었다는 의미의 시간은 카이로스에 해당한다.

을 당할 수 있다. 술로 울분을 달래려 하지만 남은 것은 망가진 간밖에 없다. S형은 자신을 변호할 때 적극적으로 변호하지 않고 어떻게든 될 거라는 게으른 기질적 요소 때문에 곤경을 당한다. 이런 부분은 S형의 삶에서 중요한 분기점이 되기도 한다.

대인과 소인 사이는 종이 한 장 차이라는 것을 항상 인식해야 한다. 착하고 성실하게 살아가도 교묘한 함정이나 덫에 걸려들 수가 있다. 이때는 당신 주변에 있는 D형을 활용해야 한다. S형이 평소 D형으로부터 온갖 모진 소리를 들으면서도 그들과 함께 살아온 것은 이런 결정적일 때에 도움이 되기 때문이다. D형은 타고난 의협심을 발휘해 S형의 삶에 도움을 주고 싶어 한다. S형은 자신을 옹호하는 말도 용기가 없어서 하지 못할 때가 많다. 조용한 시간을 내어 D형에게 당신이 처한 곤경을 말하고, 도움을 요청해 보자. D형은 도움을 청하는 당신의 말을 거절하지 않는다.

D형은 다른 기질의 사람은 다 이길 수 있어도 오직 S형은 이기지 못한다. S형의 말 없는 인내에 자가 발전된 화기가 D형을 태우기 때문이다. 유일하게 굴복시키기 힘든 S형이 자신에게 부탁할 때에 D형이 더 큰 희열을 느끼는 이유도 여기에 있다. S형은 인생은 나 혼자 사는 것이 아님을 기억해야 한다.

S형에게 좋은 음악

밝은 하루를 시작하기 위한 음악

• 그리그 〈아침의 기분〉 모음곡 '페르귄트' 중에서

- 드비쉬 〈목신의 오후에의 전주곡〉
- 레스피기 〈로마의 분수〉 제1부
- 마르티니 〈사랑의 기쁨〉
- 멘델스존 〈봄의 노래〉 '무언가' 중에서
- 베토벤 〈미뉴에트〉
- 브람스 〈일요일〉 가곡
- 요한 슈트라우스 〈아름답고 푸른 도나우〉

졸음을 쫓는 음악
- 그로페 〈그랜드캐년〉 모음곡 중 '호우'
- 로시니 오페라 〈빌헬름 텔 서곡〉
- 베토벤 〈전원〉 교향곡 제6번
- 하이든 〈종달새〉 현악 4중주곡 제67번
- 하이든 교향곡 제94번

식탁을 풍성하게 하는 음악
- 마르티니 〈사랑의 기쁨〉 아리아
- 모차르트 〈디베르티멘토〉
- 모차르트 〈세레나데〉 '아이네 클라이네 나흐트무지크'
- 모차르트 〈하프너〉 세레나데 35번
- 바흐 〈관현악 모음곡 2번〉
- 비발디 〈홍방울새〉 플루트 협주곡 2번
- 비제 〈아를의 여인〉 모음곡
- 쇼팽 〈군대 폴로네이즈〉

- 쇼팽 〈빗방울〉 '24개의 전주곡' 중 15번
- 쇼팽 〈왈츠〉
- 요한 슈트라우스 〈봄의 소리〉
- 요한 슈트라우스 〈아름답고 푸른 도나우〉, 〈빈 숲속의 이야기〉
- 텔레만 〈타펠무지크〉

업무에 힘을 주는 음악
- 그리그 〈아침의 기분〉 모음곡 '페르귄트' 제1모음곡 중에서
- 드뷔시 〈바다〉 3개의 교향적 스케치
- 바그너 〈지크프리트의 목가〉 '니벨룽겐의 반지' 중에서
- 베르디 〈개선 행진곡〉 '아이다' 제2막 중에서
- 브람스 〈교향곡 2번〉 D장조
- 브로딘 〈중앙아시아의 초원에서〉
- 시벨리우스 〈바이올린 협주곡〉
- 오펜바흐 〈뱃노래〉
- 요나슨 〈뻐꾹 왈츠〉
- 요한 슈트라우스 〈사냥〉 폴카
- 차이콥스키 〈안단테 칸타빌레〉 현악 4중주

S형에게 잘 맞는 유망 직업군

외교관, UAM 제작 및 관리자, 데이터 폐기물 관리자, 데이터 인터페이스 전문가, 3D 프린터 요리사, 드론 자동 엔지니어, 교통 무인운영

시스템 엔지니어, 생물학자, 내과 의사, 성직자, 금융보험 전문가, 도예가, 실용미술 화가, 컴퓨터 프로그래머, 멀티미디어 자료제작 전문가, 공학 전문가, 안경사, 토목공학 전문가, 폭발물 해체 처리가, 생명과학전문가, 세균학자, 창고업 및 유통업 관리자, 노인 활력 서비스, 복제 수의사, 부동산 중개업자, 영사기사, 3D 프린터 식품 공급자, 역무원, 자동차 정비사, 철도기관사와 차장, AI 로봇관리 수리 직무, 로봇 협업 직무, 항공 교통 관제사, 항해사, 선박기관사, 항공기 정비사, 건물과 차량 청소원, 이미용사, 조리사, 바텐더, 화물 취급원, 장례지도사, 피아노 조율사, 환경미화원, 제과제빵사, 호텔 종사원, 우편사무원 및 집배원, 전통식품 제조원, 전통문화 기능인, 한복 기능사, 조각가, 상업 미술가, 통신사, 측량 기술사, 조선제작 기술사, 냉난방기 기술사, 각종 기술 분야 전문가, 녹음기사, 방송 및 통신장비 기술종사자, 임상 병리사, 각종 기계 조작원, 의복 관련 제조원, 각종 공예원, 각종 악기 제작 및 수리사, 기계 설치자, 농업·어업·광업 전문종사자, 각종 사무원

C유형

Conscientiousness - 신중형

C형의 일반적 특징

C	장점	분석적, 공부를 좋아하는, 능력 있는, 충성심, 책임감, 강직함, 완벽한, 자존감, 조직적, 세부사항, 연구하는, 이지적, 논리적, 차분함, 자아 성찰, 도덕적, 성실함, 이론적, 절제력, 검소, 이상적, 치밀함, 보수적, 양심적, 효율적, 예의 바른, 배려심, 깨끗한, 정리정돈, 자기 희생, 약속을 지키는, 청각이 뛰어난, 과묵한, 완벽한 마무리, 심오한 정신세계
	단점	비관적, 쉽게 좌절하는, 우울감, 비판적, 불만족, 계산적인, 따지기 좋아하는, 치근대는, 복수하는, 의심이 많은, 고지식한, 비사교적, 부정적, 침울함, 자기 비하, 낮은 자존감, 자살하는, 부끄러워하는, 높은 기대치로 주변 사람을 힘들게 함, 과로, 행복감 부족

C형은 우울질

인간의 본성은 다양한 기질을 바탕으로 이루어져 있다. 그래서 사람끼리 서로 조화롭게 살기가 어렵다. 기대치가 너무 높아 스스로 만족하지 못하고 "나 같은 사람이 무슨 일을 할 수 있을까?"라며 우울

179

해하는 사람을 우울질이라고 부른다.

윌리엄 말스톤의 DISC 방식으로 보면 우울질은 C형에 속한다. C형은 항상 높은 기대치 때문에 어려움을 겪는다. 이들은 4가지 유형 가운데 가장 복잡한 정신적 구조를 소유한다. 사물의 근본과 원리에 대해 알고 싶어 한다. 사고가 깊고 사색적이다. 강한 창조력과 예술적 감성은 이들을 세계적인 예술가들로 만든다.

분석적 사고는 매사에 부정적이지만 검토가 끝날 때까지 움직이지 않는 완전주의를 만든다. 때로는 지나친 이상적 완벽주의로 인해 세상과 주위 사람들에게 환멸을 느끼고 염세적인 경향을 보인다. 예를 들면, C형 부모는 자녀가 많은 과목에서 1등급을 받아와도 한 과목의 3등급을 보고 나무란다. 이러한 압박이 과도할 경우 자녀들이 가출하거나 성적 비관으로 자살하기도 한다.

하지만 C형의 강점은 단점을 충분히 보완하고도 남을 놀라운 재능에 있다. C형의 지적 능력은 모든 복잡한 이론을 이해할 수 있다. 각종 원리를 발견하여 인류에 끼치는 공헌도 지대하다. 그러나 문제는 정작 C형은 이러한 능력이 자기들에게 있다는 것조차도 의심한다는 것이다.

외형으로 C형 찾기

C형은 사상체질로 보면 소음인에 해당한다. 소음인은 이목구비가 단정하고 미남·미녀형들이 많다. 이목구비가 얼굴 안으로 몰려있고 질서정연하다. 보편적으로 피부가 희고 촉촉하다. 사상에서는 금인金人에 해당하여 기운이 하초로 내려가기 때문에 콩팥이 제일 크고 실한 사람이다. 왕성한 정신 활동을 할 수 있고, 정력가들이 많다.

전체적인 용모는 깔끔한 인상을 준다. 대체로 입이 작고 눈매가 차갑고, 후각이 발달해 냄새를 잘 맡는다. 보편적으로 미각이 발달하여 음식을 잘 만든다. 하지만 조금이라도 이상한 냄새가 나면 식사를 잘 못한다. 이런 과민반응을 보이는 것은 비장부가 약하기 때문이다. 자연히 상부기관이 작고 허하기 때문에 목소리도 작고 조용히 말한다. 추위를 많이 타고 골격은 크지 않다. 걸음걸이는 앞축을 중심으로 소리가 나지 않게 바닥을 쓸 듯이 걷는다. 남을 신경 쓰이게 하는 것도 싫지만, 중심이 앞으로 쏠려있기 때문이다.

오체불만족

C형은 자기 자신과 남에 대한 기대치가 최고로 높은 사람이다. I형은 자기 자신과 남에 대해서 큰 기대치를 갖지 않는다. 사람을 높낮이로 평가하는 기준이 낮다. 그래서 아무하고나 잘 어울리고 자신의 실수에 대해서도 그다지 큰 부담을 갖지 않는다.

I형이 복잡한 사안을 싫어하고 단순하며, 뒷정리를 잘 못하는 것은 일을 마무리하는 것까지 자신의 몫이라고 생각하지 않기 때문이다. C형은 정리가 안 되고 일만 많이 벌여놓는 I형과는 상극이다. I형이 항상 즐거운 것도 불만인 데다가, 중요한 일 앞에서 전혀 심각해하지 않고 자신의 실수에 절대 우울하지도 않는 걸 보면 더욱 우울해진다. 남에 대한 기대치가 높기 때문이다. 기대치가 높다는 것은 모든 것이 처음부터 마지막까지 완벽해야 한다는 거다. C형이 제일 좋아하는 환경은 정확하고 분명한 것이다. C형에게는 논리적으로 왜 그것이 그렇게 되어야만 하는지를 설명해 주어야 한다. 무엇을 어떻게 해야 하는지까지 자료로 만들어야 비로소 행동하는 사람이다.

까다롭다고 C형을 무시하지 말라

완벽주의자 C형 아이를 기르는 부모가 D형이라면 자녀들에게 "뭘 그렇게 말이 많아! 시키는 대로 하면 되지. 너 말 안 들을 거야?"라는 언어나 감정적인 폭력을 조심해야 한다. C형의 두뇌나 정서는 논리적으로 합당하지 않음에도 강압적으로 해야 하는 상황이 되면 마음의 문을 닫는다. 야단을 쳐도 자녀의 신중한 기질을 한 번 더 생각하고 왜 꾸중을 들어야 하는지 설명해야 한다. 부모 노릇 하기가 갈수록 어려운 세상이지만 이렇게 기질을 배우는 것은 C형 인재들이 좋은 머리를 가지고 훌륭하게 성장하도록 해야 하기 때문이다.

C형은 신중하다. 우격다짐으로 끌고 갈 수 있다고 생각하면 큰 오산이다. 까다롭다고 포기해서 기질의 강점을 살리지 못하고, 단점들을 극대화하면 이들은 세상에 비판적 방관자로 남게 된다. C형이 자기의 단점을 인내와 훈련으로 극복하지 못하고, 본성대로 살아가면 몹시 나쁜 결과를 초래한다. 많은 C형 예술가 중에 이런 극단적인 허무주의를 극복하지 못하고 스스로 목숨을 끊는 사람들이 얼마나 많은가? C형은 자기 자신이 모든 사람에게 얼마나 귀한 존재인가를 기억해야 한다. 그리고 C형과 함께 사는 사람은 늘 이들에게 칭찬과 격려를 아끼지 말아야 한다. C형이 자기의 모든 에너지를 쏟을 수 있도록 좋은 환경을 만들어주자.

C형의 보약

C형에게는 I형이나 I/D형이 최고의 보약이다. I형은 이들을 대할 때 특유의 격려를 무기로 가지고 가야 한다. C형은 I형이 옆에서 격려해 줄 때 고마움을 잊지 말아야 한다. 그들의 세밀하지 못함을 비웃지

말고 미소로 인내하면서 감사하라. 그들의 따뜻한 인간미는 C형의 차가운 가슴을 녹여주기 때문이다. I/D형은 일 관계에서 만나야 할 소중한 사람이다. 이들은 C형이 오랫동안 고민하고 있을 때 가까이 다가와 비전을 주고, 손을 붙잡아 일으켜줄 수 있는 사람이기 때문이다.

C형의 시각적 특징

청순가련형

C형은 신장 에너지가 제일 강한 사람이다. 신장은 검은색의 에너지를 근간으로 하므로 강한 검정 기운이 신장에 몰려있고 차가운 냉기를 형성한다. 신장 에너지가 떨어지는 사람은 얼굴이 검어진다. 신장 에너지가 강한 사람은 얼굴이 하얗게 된다. 멀리서 보아도 피부가 희거나 차분한 인상을 주는 청순가련형 사람은 일단 C형으로 보면 된다.

나무에는 양수 종과 음수 종이 있다. 양수 종은 위로 쭉쭉 뻗어 자라 재목으로 사용하지만, 음수 종은 열매를 맺는 데 자신의 에너지를 투여하기 때문에 크게 자라지 않는다. 양수 종은 표피가 두꺼워 햇볕에 강하지만, 음수 종은 표피가 얇아서 햇볕이나 뜨거운 온도에 약하다. 나무 수액의 적정 온도는 건강한 물의 온도와 같아서 약 4℃에 제일 건강한 생명 에너지를 발산한다. 양수 종이 두꺼운 피부로 자신의 수액을 보호하는 반면, 음수 종은 피부가 얇으므로 나뭇잎을 햇볕 드는 방향으로 그늘을 만들어 자신을 보호한다.

휘어진 가로수가 터널을 만들어 길게 연결된 도로를 드라이브할 때에 탄성을 자아낸다. 하지만 실제로 나무들은 죽을 고생을 다 하여 자신을 햇볕으로부터 지키기 위해 몸을 구부린 것이다. 이들은 아주 약한 외부의 자극에도 민감하여 쉽게 상처받고, 쉽게 병들고, 쉽게 죽기도 한다. C형을 이해하는 데에는 이와 같은 차분하면서도 예민한 음수 종의 개념을 머리에 그리면 이해가 쉽다.

중앙 집중형 이목구비

C형은 S형의 얼굴이 전국 분산형인 것과는 달리 중앙 집중형이다. C형은 다른 기질이 섞여있지 않으면, 보편적으로 입이 작고 입술이 얇다. 눈동자는 갈색이고 정기가 차분하다.

신장 에너지가 강한 C형은 그 에너지가 내부의 물을 순환하고 거르는 데에 집중한다. 자연히 외적인 데에 관심도가 적다. I형이나 D형처럼 외적인 데에 관심이 많은 사람을 외향성이라 하고, S형이나 C형처럼 내적인 데에 관심이 많은 에너지 유형은 내향성이라 한다. 내향성은 얼굴에서조차 밖으로 내보내는 특징이 적어서 얼굴이 평범하다.

차분한 걸음걸이

S형이나 C형은 주로 간이나 신장부의 하부기관 에너지가 강한 사람이다. 이들이 하체가 튼실한 것도 이러한 하부 중심 구조의 에너지 흐름 때문이다. 차분한 사람이라 얼핏 마르고 까다로울 것 같지만 의외로 이들은 굵은 하체를 가진 안정된 몸 구조로 되어있다.

C형은 신체 에너지 시간대로 보면 오후 3시부터 밤 9시에 해당하는 사람이고, 가을 사람이며, 차가운 사람이다. 아침 사람인 I형은 걸음걸이가 경쾌하며, 여름 사람인 D형은 씩씩하다. 하지만 가을 사람인 C형은 걸음걸이도 차분하고 조용하다. 반면 겨울과 밤의 사람인

S형은 무겁고 진중한 느낌을 준다.

C형은 여러 면에서 성격이 드러나는데, 조용한 걸음걸이나, 차분한 얼굴, 어투, 목소리 톤으로 쉽게 감지할 수 있다. 이렇듯 조용한 분위기를 가진 사람들을 대할 때 항상 염두에 두어야 할 것은 그들과 똑같이 신중해지라는 것이다.

얼굴을 붉히는 C형

C형은 기질 행동학적인 요소로 보면 완벽주의자이다. C형을 이르는 요소들 가운데 'Cautious', 'Careful', 'Compact' 등의 이니셜을 사용하는 것도 C형의 주의 깊고 조심스러우며 치밀한 성격 때문이다. 스스로나 타인에 대한 기대치가 높으므로 자신과 타인의 작은 실수를 용납할 줄 모른다. 자신의 실수에는 부끄러워 얼굴을 붉히고, 실수로부터 오는 모멸감이 심한 경우에 자살을 택하기도 한다.

깨끗한 자동차

C형은 사회에서 속칭 말하는 모범생들이다. 이들은 지저분한 환경을 혐오한다. 다른 사람들에게 통제를 가하는 폐쇄적 통제형이다. C형은 차내 환경이 특히 더러운 S형의 차를 탈 때 D형처럼 반드시 한마디한다. 남의 차를 얻어 타고 가면서도 숨쉬기조차 주저하고, 자주 창문을 열면서 더러움에 대한 불편한 심기를 곳곳에서 드러낸다. C형의 차는 항상 실내가 정결한, 장식 없는 단순미를 가지고 있다. 그 때문에 C형과 가장 원수지간이 되는 사람은 I형이다. 이 사실을 기억해야 한다.

수수하고 검소한 의상

C형은 4기질의 사람 중에서 제일 검소한 사람이다. 남들이 자신에게 관심 두는 것을 싫어한다. 행여나 자신의 부족한 점이 드러나 구설에 오르는 것이 싫기 때문이다. 이들은 남들이 보아주지 않기를 바란다. 그러니 눈에 띄는 색상이나 첨단 디자인을 꺼리고, 지극히 평범한 색상이나 디자인을 택한다.

C형은 항상 계산적이다. I형처럼 자신의 소득에 비해 고급스러운 옷을 입는다는 것은 이들의 실용적 양심에는 어림도 없는 일이다. 항상 수수하고 검소한 스타일을 고집하는 것은 드러나기 싫어함과 현실적 검소함이 결합한 독특한 선비 스타일의 행동 양식 때문이다.

얼굴 없는 사람들

카톡 프로필 사진에 자기 얼굴을 올리지 않고, 자연환경을 올린 사람들은 대부분 C형이다. 지는 태양이나 아름다운 꽃, 호수와 개울, 산의 풍경같은 아름다운 전경들을 주로 올려놓는다. 자신을 드러내기 싫기 때문이다.

특히 자신이 하는 이야기를 누군가가 듣는다는 것은 C형에게는 가히 공포 수준이다. 자신들의 허점이 드러나거나 비밀스러운 사생활이 침범당하는 걸 극히 꺼리기 때문이다. 이들은 조용히 입을 가리고 말하거나 조용한 장소에서 은밀하게 말하는 것을 좋아한다. C형은 자신의 말을 남이 듣는 것도 싫지만, 자신의 이야기를 다른 이들이 하는 것 또한 싫어한다.

내게 너무 가까이 오지 마세요

D형이 눈이 밝고, I형은 말의 기운이 강하고, S형이 듣는 에너지가 강하고, C형은 냄새를 잘 맡는다. 퇴근한 남편이 집 안에 들어서자마자 코를 벌름거리며 냄새를 맡는 등 예민한 후각을 가진 사람은 대부분 C형이다. 냄새를 잘 맡는다는 것은 분석 기능이 강하다는 것이다. 요리를 잘하는 사람은 냄새로서 그 맛을 안다. 전문 요리사 중에 C형이 많은 것도 이런 후각 기능의 발달 때문이다. 후각과 관련된 전문적 영역을 가진 사람들에게는 엄청난 강점이다.

그러나 신경질적인 C형은 자신과 가까이 있는, 심지어는 사랑하는 사람일지라도 냄새나는 사람을 싫어한다. 부부간에도 한여름에 등 뒤로 달라붙는 상대를 밀어버린다면 C형이다. 독맥 에너지로 인한 등의 열기로 자신도 견디기 힘들기 때문이다.

C형 아내는 이를 닦지 않거나 몸을 씻지 않고 달라붙는 S형 남편에게 다른 데서 자라고 말한다. 아니면 자신이 이불을 들고 다른 방으로 가버린다. 전적으로 S형의 잘 씻지 않는 냄새 구조와 C형의 예민한 후각 구조의 충돌에서 나오는 현상이다. 그래서 C형은 사람들에게 가까이 가지 않는다. 항상 조금씩 거리를 두고 사람을 대한다. 무엇인가 상대로부터 손해를 입거나 자신이 상대에게 실수하는 것을 막기 위한 본능적인 완벽주의 구조로부터 나오는 행동 양식이다.

모든 물건은 제자리에

C형은 매사에 반듯하고 깔끔하다. 변질된 C형도 상당히 많지만, 본래의 C형은 말이나 행동에 흐트러짐이 없는 선비다. 자신의 물건은 항상 있어야 할 자리에 정돈된 모습으로 있어야 한다. 이러한 원칙

이나 규범을 어지럽히는 I형은 나이를 막론하고 통제한다. C형은 무엇이든지 있어야 할 것들이 제자리에 있을 때 마음이 편안하다. 반대로 자신의 물건들이 정리가 안 된 모습으로 있을 때는 지극히 불안한 정서를 보인다. 모든 일에 규격화된 시스템이 이들에게 안정감을 주기 때문이다.

C형은 생각 중

이들은 D형처럼 직관 능력이 강한 사람이 아니다. 아이들의 경우 심부름을 시키면 한 번에 제대로 일을 처리하는 법이 없다. D형 아버지가 C형 아이에게 냉장고에서 고추장을 가져오라고 했다. 밥을 다 먹어가는데도 아이는 여전히 무엇인가를 찾고 있다. "바로 눈앞에 있잖아!" 하여도 여전히 못 찾는다.

D형 아빠는 참지 못하고 얼른 일어나 "이건 고추장이 아니고 뭐냐?"라고 윽박지른다. C형 아이는 "그건 태양초 고추장이잖아요."라고 한다. C형 아이에게 태양초 고추장은 태양초 고추장이고 그냥 고추장은 그냥 고추장이다. C형은 사물의 이름을 부를 때에도 있는 그대로 부른다.

C형은 잘 웃지 않고 남들이 웃을 때도 사뭇 심각하다. 그 이야기의 사실성과 역사성에 대한 추가적인 생각을 하느라고 웃는 반응이 뒤늦게 나온다. 많이 웃어봐야 씩 하고 한 번 웃고 만다. 그것도 남들이 다 웃고 난 뒤에 말이다.

C형은 생각이 많으므로, 여럿이 어울려 식사를 할 때도 고민이 많다. 오늘 밥값은 누가 낼 것인가? C형은 공평한 것을 선호한다. 그래서 똑같이 돈을 나누어서 내거나 차례대로 돌아가며 내고 싶다. 그런

데 문제는 혼자서 후딱 내버리는 D형이나 자기가 쏜다고 기분 내고 큰 소리치면서 비싼 것을 주문하는 I형이다. 이들을 보면 짜증이 난다.

한 친구가 평소 먹던 8천 원짜리를 안 먹고, 만 원짜리를 주문하는 바람에 C형은 식사하면서도 연신 걱정이다. 내일은 자신이 살 차례이기 때문이다. 평소대로 8천 원짜리를 시켜야 할까? 아니면 만 원짜리를? 이런저런 생각에 본래 소화 기능이 떨어지는 C형은 밥을 먹으면서도 연신 트림을 해댄다. 내일 일은 내일 걱정하자.

옛날 중국에 '기'라고 하는 나라가 있었다. 이 나라 백성은 밥을 먹으면 모두가 성내에 모여서 하늘을 쳐다보며 걱정했다고 한다. "하늘이 무너지면 어떻게 하지?" 결국 기 나라는 망했다. 부질없는 걱정을 하는 사람에게 "그건 기우에 불과해."라고 말한다. 생각이 많으면 번뇌도 심하다. 그래서 히포크라테스도 제일 생각 많고, 고민 많은 사람을 우울질이라고 부른 것이다.

C형은 수도사?

C형은 시끄러운 환경을 지극히 혐오하고, 시끄러운 사람 또한 혐오한다. 이래저래 C형과 I형은 상극 구조다. I형은 옆에 누가 있든지 없든지 정신없이 떠들고, 신나게 다리를 떨면서 팔을 흔들면 살맛이 난다. C형은 홀로 클래식 음악을 감상하며, 명상과 고요 속에 자신과 나누는 대화를 소중히 여긴다.

I형은 조용히 집 안에만 있으면 없던 병도 생긴다. 바깥을 돌아다니고, 지인들을 만나고, 정신없이 쇼핑하면서 C형 친구를 죽이는 수다를 늘어놓는다. 그래야만 비로소 얼굴에 화색이 돈다. C형은 모처럼 나들이에 나섰다가 I형 친구의 수다 공격에 무수한 총탄과 침 세

189

례를 받는다. 돌아올 때는 핏기가 하나도 없는 병자의 얼굴이 된다.

C형의 언어적 특징

작은 목소리로 조용하게 말해요

C형은 약한 기관지 라인과 작은 입의 구조를 갖는다. 거기에 자신의 말이나 그 내용이 남에게 공개되는 것을 꺼리기 때문에 자연히 목소리가 작다. 전철에서 입을 가리고 조용히 낮은 톤으로 말하는 사람을 보면 거의 C형이다. C형에 D형이 겹친 사람은 다급한 연락이 아니면 전화를 받지도 않는다. 반면 D형은 앞쪽 경로석에서 통화하는 내용이 뒤쪽 경로석까지 다 들린다. I형은 전철에 타서 내릴 때까지 쉬지 않고 통화한다. 이들과 비교해 보면, 조용하며 나지막한 음성으로 용건만 간단히 통화하는 C형이 얼마나 조심스러운 사람인가를 알 수 있다.

C형은 질문형

C형은 맡은 일에 대해 왜 내가 그것을 해야 하는지, 자신과 무슨 연관성이 있는지 질문한다. 이들은 뭐든지 알아야 직성이 풀리는 사람이다. 학문적인 부분에서도 이들의 연구는 꼬리에 꼬리를 물고 이어진다. 궁금한 것은 속이 풀릴 때까지 물어본다. 통합적 구조를 가지고 묻는 것이 아니라, 하나하나씩 축조심의를 하면서 묻기 때문에 대답하는 사람을 무척 피곤하게 만든다.

참을성이 없는 D형은 자연히 짜증을 내거나 점점 목소리가 커진다. C형은 상대가 불편해하는 것을 알고는 질문을 그치지만, 그렇다고 그들의 궁금증이 해소된 것은 아니다. C형은 말귀를 빨리 알아듣는 사람이 아니다.

C형을 대하는 사람들은 천천히 차분하게 세부사항을 육하원칙에 의해서 설명하는 마음을 가져야 한다. 몇 번의 시행착오를 감수하자. C형은 한번 터득한 업무에는 실수를 거듭하지 않는 진지함과 전문성이 있다. 이들의 질문과 느린 반응에 답답해하지 말고 기다려주는 마음을 갖자.

C형이 분노할 때

C형은 억울한 누명을 쓰거나 모함을 당할 때는 아주 강하게 폭발한다. C형이 제일 화를 잘 내는 상황은 억울하게 당했을 때이다. 항상 자신의 청렴함이나 완벽한 처신을 강점으로 하는데, 본의 아니게 모함을 당하거나 누명을 뒤집어쓰면 폭발한다.

C형은 자신이 누군가로부터 불쾌함이나 모독을 당하면 자신의 속이 풀릴 때까지 계속해서 그 이야기를 끄집어낸다. 그러다가 참지 못한 D형에게 한 방 맞으면 전면전이 시작된다.

C형은 알코올 중독자가 많다. 술에 취해 옛날에 자신이 당한 억울함을 끄집어내어 한 얘기를 하고 또 한다. 과거 상처가 풀리지 않은 채로 그대로 묻혔기 때문이다. 상대가 사과하면 일단락되는 것 같지만 상처의 뿌리는 여전하다. 그러므로 비슷한 유형의 사건이 발생하면 다시 분노가 재발하여 심하게 다툴 가능성이 크다.

C형은 비판적 방관자

C형은 비판적 방관자의 삶을 살기 쉽고, 각종 중독증에 빠지기 쉽다. 부정적이거나 우울한 감성에 곧잘 사로잡힌다. 낙담하거나 포기하기도 잘한다. C형은 D형이 어떤 일을 시작하면서 건설적인 방안을 꺼내면 이런저런 이유를 들어 안 된다는 쪽의 논리를 생각한다. 비판적이며 부정적인 내부 에너지 때문이다.

C형은 사과를 먹어도 좋은 것부터 골라 먹는 I형과는 정반대다. 안 좋은 사과부터 먹어치워야 한다고 생각한다. 그래서 사과 한 상자를 다 먹을 때까지 썩은 것만 골라 먹는다. C형의 언어는 I형처럼 긍정적인 용어들이 없다. 항상 부정적이고 안 된다는 이야기를 많이 한다. C형을 설득하는 데에는 오랜 인내와 차분하고 논리적인 설득력이 필요하다. 포기하지 말고 끝까지 지켜주고, 미래를 보여주자. C형은 정교한 관찰력과 분석 능력으로 인류에 공헌하는 바가 적지 않다.

책임감이 강한 C형

C형은 근본적인 의협심이 있다. 동양 사상적 관점으로 보면 어진 마음의 측은지심이다. 책임감이 강한 사람들이라 일이 오래 걸려도 끝까지 책임을 지고 완수해낸다. 책임감이 너무 지나친 나머지 미련할 정도로 남의 짐까지 홀로 지고 고통을 겪기도 한다. 이것이 C형의 강점이고 매력이지만 세상은 혼자 사는 것이 아님을 기억하자.

C형의 비언어적 특징

정리정돈이 잘된 사무실 환경

사무실이나 책상을 보면 C형을 알 수 있다. 항상 정리정돈이 잘 되어있다. 이들은 질서정연한 환경에서 일할 때 능률이 오른다. S형은 환경에 별로 구애받지 않지만, C형은 조금만 주변 환경이 흐트러지거나 산만하면 집중하지 못한다. 아예 일을 놓거나 사람을 내보내기도 한다.

급한 것이 싫어

C형은 예의 바르고 겸손한 사람이 많다. 한 엄마가 어린아이 둘을 데리고 건널목을 건너고 있다. 그런데 워낙 횡단보도가 길어 중간에 신호가 바뀌었다. 엄마의 유형을 추측해 볼까?

① D형 엄마라면? 빠른 결과를 추구
② I형 엄마라면? 자신의 힘을 안 들이고 말로 해결
③ S형 엄마라면? 다급한 상황 시 극단적 이기주의로 돌변
④ C형 엄마라면? 차분하게 질서를 지키며 상황 통제

D형은 빠른 결과를 추구하는 사람이다. 두 아이를 양 옆구리에 끼고 달려 빠르게 문제를 해결한다. I형은 뒤에서 다급한 발걸음 소리를 내면서 아이들을 입으로 재촉한다. "빠빠빠빨리 가, 차 온다!" S형은 일단 나 먼저 안전지대를 확보한 뒤에 "뭐 하고 있어, 차 오잖아. 빨리 와~~." 그러나 C형 엄마는 출발하려는 차들을 손을 들어 서행시

193

킨 뒤, "이럴 때일수록 급한 마음으로 뛰면 다친다. 천천히 가자, 알았지?" 하고 숫자로 구호를 붙여 조용히 통제하며 길을 건넌다. 서행해 준 운전자들을 향해서는 고개 숙여 인사한다. "앞으로도 중간에 신호가 바뀌면 뛰지 말고, 손을 들고 조금만 빨리 가도록 해. 급하다고 뛰다가 넘어지면 더 큰 사고 나! 알았지? 운전자분께는 고맙다고 인사하고." C형 아이들이 대답한다. "네!" C형은 싹싹하지는 않지만 언제나 사람이 지켜야 할 예를 다한다.

스킨십이 싫어

C형은 사람을 좋아하는 사람이 아니다. 극소수의 사람하고만 깊고 친밀한 교제를 나눌 뿐이다. I형은 사람에 대한 최선의 호의로 타인의 몸을 터치한다. I형은 C형에게도 같은 방식으로 손을 만지거나 어깨에 팔을 건다. 하지만 C형은 타인의 몸이 지나치게 가까우면 떨어지려고 한다. 지나친 자기 완벽주의로 타인에게 자신을 드러내기 싫기 때문이다. 마음도 쉽게 열지 않는다.

경희대학교에서 강의할 때다. 쉬는 시간에 한 학생이 자신의 상황을 얘기했다. 자기는 C형인데 같은 과의 I형 후배가 "어머, 오빠 오늘 너무 멋있다!"라고 하면서 C형의 몸을 만진다고 했다. 발랄한 그녀가 이런 스킨십을 반복하자 '나를 좋아하는 것인가? 이 사랑을 나는 어떻게 해야 할까? 받아들여야 할까? 아니면 외면해야 할까?' 고민하고 고민하다가 자신도 그 여학생에게 좋은 마음이 있다는 결론을 내렸다. 하지만 다음 날 보니 I형 여학생은 다른 남자 가슴을 때리며 신나게 떠들고 있었다고. 가슴이 철렁 내려앉은 C형은 생각을 바꿨다. '아, 내가 아니고 쟤를 좋아했구나. 그런 줄도 모르고 공연히 마음만 설렜

구나.' 한번 사랑의 마음에 사로잡힌 C형은 마음이 쉽게 정리되지 않았다. 며칠을 학교에도 못 가고 시린 가슴을 달랬다. 수척한 채로 다시 등교하자 I형 여학생은 다정다감한 동정의 눈빛으로 다가와 얼굴을 만지며 물었다. "오빠, 어디 아파? 얼굴이 왜 이래? 응?" C형은 또 헷갈렸다. "나였나?" 나는 그 학생에게 I형의 특징을 말해주면서 위로할 수밖에 없었다.

이렇게 I형이 무심코 하는 스킨십에 죽어간 C형이 한둘이 아니다. I형은 제발이지, C형을 터치할 때는 좀 신중하게 거리를 두자. C형은 그냥 스쳐 듣는 것이 없다. 상대가 말하는 단어 하나하나를 모두 접수한다. 그 의미를 묻고, 깊이 생각한다. 그러다 보니 억측이나 잘못된 판단으로 오해를 불러일으킬 요소가 많다.

몸으로 말하지 마, 정신 사나워

C형은 몸으로 말하지 않는다. 표정도 변하지 않는다. 좋다는 것인지 나쁘다는 것인지 구분할 수가 없다. 별로 내색하지 않기 때문이다. 필요한 일이 있으면 주로 입술만으로 의사를 표현한다. I형처럼 행동하지 않는다. 그러니 C형과의 대화에서는 구사하는 용어나 나열하는 단어에 집중하자. C형은 대화 도중에 상대의 눈을 바라보지 않는다. 눈 똑바로 뜨고 상대를 보는 태도를 경멸하기 때문이다. 하지만 중요한 이야기를 할 때는 상대를 보면서 말한다. 이야기 도중에 갑자기 C형 시야의 초점이 바뀔 때가 있다. 이는 상대의 말 어느 부분인가가 미심쩍거나 불확실하므로 생각에 잠긴 것이다. 그러니 어떤 부분에서 의문을 갖는지 중간에 되짚어주자. 정확하게 이해를 시키고, 다시 이야기를 시작하면 C형은 대화 상대에게 깊은 존경과 신뢰감을 느낀다.

신중한 일을 택하라

C형은 다양한 주제로 이것저것 연구하기보다 1가지 주제에 집중하는 것이 훨씬 능률적이다. C형이나 S형 같은 내향성들은 스텝 바이 스텝형이다. 이들에게 1가지 일이 끝나기도 전에 또 다른 업무를 주면 피로도가 올라간다. 그러므로 빠른 결과를 도출해야 하는 업무를 맡기면 회사 전체가 손실을 본다. C형은 업무 처리 속도가 본인의 기질과 맞아야 한다. 빠른 결과를 만들어야 하는 부서에서 일하면 회사나 개인이나 피차 손해이다. 기질에 맞는 꼼꼼하면서도 장기적인 업무 분야가 서로 간에 시너지 효과를 만든다.

C형은 원칙주의자

C형은 글씨를 한 글자마다 힘 있게 또박또박 쓰고, 줄을 벗어나지 않는다. C형은 시스템으로 사는 사람이다. 창의성은 시스템화해야 하고 이론은 실행으로 옮겨야 한다. 독창적이기는 하나 튀는 것을 싫어하고, 창의적이기는 하나 사회규범을 깨뜨리기 싫어한다. C형은 노트 정리를 해도 I형이나 D형처럼 정신없이 메모하고 후에 그것을 찾느라고 고생하는 사람이 아니다. 또박또박 글을 쓰고 선을 넘지 않는다. 출입 금지 같은 사회규범을 선천적으로 지키는 사람이기 때문이다.

C형은 스스로 한 약속도 항상 메모하거나 휴대전화 스케줄에 입력한다. 그리고 그 시간에 정확하게 맞추어 약속을 이행한다. C형은 약속을 지키는 사람을 신뢰하고, 그들과 할 일들을 추구한다. 시간 개념이 가장 희박한 I형은 언제나 C형으로부터 잔소리를 듣고, 믿지 못할 사람으로 낙인찍힌다.

C형에게 대응하기

압박하지 말라

S형은 압박 상황이 생기거나 갈등 상황이 발생하면 현실을 피한다. C형은 극단의 방법으로 탈출을 시도한다. 아무 말도 없이 갑자기 사라진다든지, 심할 때는 죽음을 택하기도 한다. 이들은 S형보다 훨씬 강하고 큰 에너지를 가진 사람이기 때문에 약한 방법으로 압박을 피하지 않는다. 이들이 극단의 방법을 택하는 이유는 그렇게 해서라도 자신들의 뜻을 알리자는 거다. 죽어도 싫은 것은 하지 않겠다는 의사 표현이다. 그러므로 C형을 대할 때는 차분한 논리로 풀어야 한다. 절대로 윽박질러서는 안 된다. 그러다가 여러 사람이 다치는 일이 발생한다.

객관적, 논리적 근거로 설득하라

C형은 주관적 해석이 제일 강한 사람이다. 자신만의 관념으로 문빗장을 걸어 잠근다. 그 때문에 그들의 단단한 관념을 뚫고 들어가기가 쉽지 않다. 그러나 객관적인 근거와 증빙할 만한 자료로 차분히 풀어가면 C형은 깊이 생각한다. 반박할 만한 사실이 더는 없고 상대의 말이 진실이면 그제야 받아들인다. 단, 여기서도 다른 사람이 있는 데서 이겼다는 태도로 C형을 설득하면, 논리에서는 굴복해도 자존감으로는 절대 굴복하지 않는다. 오히려 화를 내거나 자리를 떠나버리고 다시는 그 사람을 대하지 않는다. 이렇듯 C형은 까다롭고 비위를 맞추기가 어렵다. 형식까지 갖추어서 설득하고, 그 후에도 이런 과정을 드러내지 않도록 하자.

몇 번이고 거듭 잊지 말아야 할 것은 C형은 육하원칙에 의하여만 설득된다는 사실이다. 이들은 막무가내식의 D형이나 대충 넘어가려는 S형과 다르다. 반드시 시킨 것은 행하고 거짓 없이 보고한다. 원칙적인 사람이라는 것을 인식하고 항상 정당한 방식으로 거래하자. 이들은 항상 계산한다는 것을 기억하라.

그들이 가진 정신세계를 파악하라

C형을 한 번의 대화와 업무로 해결하고 판단하면 안 된다. C형은 자기 주관이 강하고 소심하다. 자신이 이해한 대로 생각을 정리한다. 미진한 부분도 남에게 묻지를 않고 자기 생각대로 일을 처리한다. 그러다 낭패를 보기도 한다. C형에게는 한 번의 대화로 다 알아들었겠지 생각하지 말자. 그들이 생각하고 추진하는 것이 본래의 방향과 일치하는지, 중간중간 검토해 보고, 바르게 되어가는지 점검하는 것이 좋다. C형은 자신만의 정신세계를 갖고 있다. 다른 유형의 사람들과 생각이 전혀 다를 수 있다.

생각하고 준비할 수 있는 충분한 시간적 여유를 주라

C형에게는 시간이 생명이다. 상황을 파악하거나 말뜻을 이해하는 데 빠른 사람이 아니다. 곰곰이 생각해 본 후에 결정하는 사람이다. 그 때문에 조급하게 결정을 내리라고 다그치면 도리어 역정을 내고 아예 튀어나갈 생각을 한다. C형은 결코 온순한 사람이 아니다. 그들은 엄청난 에너지를 가지고 있는 사람이다. '신중한 사고'라는 틀을 통해서 행동하기 때문에 더 조심스럽게 대해야 한다. C형에게 무엇인가를 맡겼을 때는 충분히 검토하고 생각할 시간을 주어야 한다.

까다로운 사람들이라는 생각을 지우지 말라

문제가 불거지거나 해결될 기미가 보인다고 C형에 대해서 방심하면 안 된다. 언제 어디서라도 시비를 걸거나 물고 늘어질 수 있기 때문이다. C형을 대할 때는 맑은 계곡 같은 사람이라는 인상을 지우지 말고 자신을 방비하는 말과 행동을 해야 한다. 될 수 있으면 쓸데없는 말이나 농담을 줄이자. 깊은 인상을 심어줄 수 있는 명언이나 따뜻한 배려의 예의 바른 행동으로 멀고도 가까운 듯 대하는 것이 최선이다.

몇 번이고 그들의 관점에서 설명하라

C형이 잘 이해하지 못하면 몇 번이고 그 생각으로 들어가 눈을 맞추어 설명하는 게 좋다. C형의 사고 구조는 다른 이들의 그것과는 전혀 다르다. 빨리 알아듣고 신속하게 행동하지 못한다고 비난하지 말아야 한다. C형에게 행한 여러 가지 압박이 죽음을 재촉한 동기로 유서에 드러날 수도 있다.

큰 소리로 말하지 말라

C형의 잘못을 지적하는 대화는 절대적으로 목소리 톤을 낮추어야 한다. 이들은 심각한 이야기를 하는 I형이나 D형의 큰 목소리를 상당히 부담스럽게 생각한다. 특히 자신의 잘못을 다른 직원들이 듣도록 톤을 높인다면 얼굴이 붉어지거나 그 자리를 회피할 수 있다. 항상 기억하라, C형은 부끄러움을 많이 탄다는 사실을.

C형은 번잡한 장소나 요란한 환경 속에 오래 있으면 머리가 아파진다. I형이 C형과 긴요한 자리를 만들었는데 자신들의 기준으로 화려하고 소란스러운 곳을 택한다면 큰 실수다. I형은 C형을 대할 때 항

상 자기 생각과 정반대로 하면 된다. I형이 싫어하는 자리에 들어가야 C형과의 만남에 성공할 수 있다. 음악이라면 클래식 음악이 잔잔히 흐르는 곳을 택하고, 식사는 폐쇄된 조용한 공간을 택하고, 옆 테이블이나 다른 방의 소리가 들리지 않는 곳에서 만난다면 예상보다 좋은 결과를 얻게 될 것이다.

세부적인 계획과 완벽한 자료를 준비하라

C형을 대할 때 필수적인 것은 자료나 문서다. 이들은 말만 번지르르하게 하는 것에는 별반 관심이 없다. 비록 업무 처리가 느리고 오래 걸리는 단점이 있지만, 관계중심이 아닌 업무중심의 철저한 완벽주의자라는 사실을 잊으면 안 된다. 머릿속에는 항상 일이 들어있다. C형이 대표일 때 그에게 인정받는 결정적인 요소는 정확한 자료의 문서다. C형은 '일 하나는 확실히 한다.'는 평가를 받는다. 서류를 작성하는 방식은 물론 증빙자료, 서식, 폰트 크기에 이르기까지 깔끔하고 정확하다. C형은 서류를 "놓고 가라."고 말한 뒤에 집에까지 가지고 가서 꼼꼼하게 전부 읽고 틀린 부분을 표시하는 사람이다. 만만하게 생각하지 말자. C형을 상대하려면 완성된 서류라 할지라도 몇 번이고 검토하는 습관을 들여야 한다. C형으로부터 항상 오케이 사인을 받는다면 어디 가서든지 문서 업무에서는 인정받는 사람이 될 것이다.

결과만큼 중요한 과정

C형은 D형처럼 결과중심의 사람이 아니다. 진인사대천명盡人事待天命의 철학을 하는 사람이다. C형에게 좋은 결과는 목숨처럼 소중하다. 그러나 결과를 얻기 위해서 D형처럼 편법을 쓰거나 비도덕적이고

비인간적인 사기행각을 벌이지는 않는다. 결과만큼이나 과정도 중요하기 때문이다. 이 부분에서 D형과 잦은 충돌이 발생한다. 그러나 C형의 이러한 정직성은 사건이 발생했을 때, D형에게는 안전띠가 된다.

사안이 중요하지 않고 시간만 촉급한 일에는 C형을 시키지 말고 D형을 쓰자. 그러나 사회적인 문제나 대형 민원사고를 발생시킬 신중한 사안은 C형에게 전적으로 일임하는 것이 좋다. C형에게 충분한 시간과 생각하는 과정을 존중해 주면 C형의 섬세한 안전띠가 회사를 구하게 될 것이다.

깔끔한 의상과 인상을 주라

C형은 밥 먹고도 양치질을 하지 않는 S형을 보면 혐오한다. C형은 화려하지 않으나 견실하며, 호사하지 않으나 정결하다. C형을 대할 때는 똑같이 검소하고 청결한 의복이나 단순한 장식을 사용하는 것이 좋다. 밝은 얼굴에 정직한 마음을 가지면 이들은 당신을 신뢰할 것이다. 좋은 인상을 유지하라.

C형으로 성공하기

임파워먼트를 배워라

C형의 최대 단점은 모든 짐을 홀로 진다는 것이다. 다른 사람에게 부탁하기 미안해서 그런 점도 있지만, 다른 사람은 나만큼 일을 못해서 맡기지 않는다. 업무를 공유하지 못하고 많은 문제를 혼자 짊어지고 고통을 감수하다 탈진한다. 이 점에서 C형은 책임감이 강한 사람

으로 칭찬받을 수는 있다. 하지만 무슨 일을 진행하는지 아무도 모르게 되다는 건 심각한 문제다. C형이 사라지면 아무도 그 일을 이어갈 준비가 되어있지 않기 때문에 업무 마비 현상이 초래된다. 이런 자세는 득보다 실이 많다.

C형은 일의 분배와 후계자 만들기에 많은 신경을 써야 한다. 특히 세심한 배려가 있어야 성공할 수 있다. C형에게 업무 분담이나 위임이 중요한 것은 혼자 버티다가 탈진할 우려가 있기 때문이다. 이 세상은 다양한 특성을 가진 무수한 사람과 더불어 살아간다는 사실을 기억해야 한다.

우선순위에 따라 일하라

방 치울 때 보면 D형은 전체 방바닥을 한꺼번에 쓸어낸다. 그 안에 무엇이 있든 간에 쓰레기들을 한곳에 모아놓고 선별하여 정리한다. 자연히 일의 진척 속도가 빠르다. 그러나 C형은 미리 방 안 중요한 물건들은 있어야 할 자리에 갖다 놓는다. 일종의 건더기를 미리 정리하고 나머지를 쓸어 모으는 스타일이다. 하나하나 다 자기 자리를 찾아야 하니 일이 더디다. 일하다가 사람이 찾아오거나 전화가 걸려오면 더욱 늦어진다. 업무도 이런 스타일이니 전체적인 것이나 핵심적인 업무를 선별하는 데 문제가 발생한다. C형은 지나치게 세부사항을 중요시한다. 그 때문에 항상 시간이 오래 걸리고 빠른 처리를 필요로 하는 업무에는 D형로부터 질책을 당한다. 질책을 당하면 자존심이 상해서 더 일을 못하게 된다.

그러므로 C형에게는 핵심을 골라내는 훈련이 필요하다. C형은 모든 일을 순서대로 처리하려고 한다. 핵심 사안과 주변 업무에 대한 구분 없이 순서에 따라서 진행한다. 그러나 급할 때를 대비해서 순서는 조금 뒤바꾸더라도 절차나 과정에 얽매이지 말자. 업무를 경중에 따라 구분해야 한다. 중요한 것은 미리 만들어놓고, 급하지 않은 것은 천천히 해나가는 습관이 들면 C형의 단점을 극복할 수 있다.

상대의 논리 뒤에 숨어있는 의도를 발견하라

D형이 숲을 보는 사람이라면 C형은 나무를 보는 사람이다. D형은 숲 안에 무엇이 있든지 개발이 필요하면 그대로 밀어붙이지만, C형은 나무 하나하나를 생각하느라 개발이 오래 걸린다. 이러한 기질적 습성으로 인해 다른 사람이 무슨 이야기를 해도 그들이 말하는 속내를 읽지 못한다. 그들이 말하는 문장이나 단어 하나에 걸려서 전체의 뜻을 헤아리지 못하는 것이다. C형은 사람이 말하고자 하는 의도인 언어의 본질에 초점을 맞추어야 한다.

완벽한 일 처리의 강점을 살려라

C형의 강점은 느리지만 완벽하게 일을 처리한다는 점이다. 성공하기 위해서는 자신의 단점과 싸우기보다 자신의 강점을 살리는 편이 훨씬 낫다. 인간의 본성은 싸워 이기기에는 어려운 요소들이 많다. 술을 끊어야지 하면서도 이기지 못하는 것은 술의 중독적인 요소가 인간의 감정에 자리 잡고 있기 때문이다. 짜릿한 기분과 호기, 잊고 싶은 감성을 자극하는 부분에 알코올이 자리 잡기 때문에 위험한 줄 알면서도 끊지 못하는 것이다.

인간의 감성이 가지고 있는 권위는 의지나 이성보다 더 크다. 몇 년 동안 끊었던 것들도 우울이나 슬픔, 분노를 겪게 되면 쉽게 되살아난다. 인간 감성의 권위가 그만큼 크다. 이러한 감성의 권위를 이겨내는 힘은 자신의 의지가 단호한 사람이나 영적인 깨달음, 더 깊은 기쁨의 세계를 맛본 사람만 가능하다. 4기질 중에서 C형한테 유독 중독자가 많은 요인이 뭘까? 갖고 태어난 내면적 감성의 힘이 그만큼 크기 때문이다. 그러니 C형은 자신의 단점이 되는 감성에서 나오는 중독적인 요소들하고 싸우지 말아야 한다. 일생을 싸워도 이기지 못할 만큼 C형의 감성적인 에너지는 강하다.

강점으로 대결하자. 자신의 강점으로 세상에서 이기는 즐거움을 맛볼 때 그 힘이 단점을 극복하는 에너지원이 된다. C형은 싸워 이길 수 있는 곳, 자신의 강점이 드러나는 곳에서 일해야 한다. 특히 타의 추종을 불허하는 완벽함을 추구해야 할 분야면 좋다. 이 세상에는 C형만큼 정밀한 두뇌 에너지를 가진 사람이 없다.

인간관계에서 득실을 계산하지 말라

C형의 단점 중 1가지는 지나친 계산 능력이다. 너무 계산하다가 때를 지나치거나 도전정신이 부족한 점을 질책받으면 그 회사를 지속해서 다니기가 힘들어진다.

단소승자端笑勝者라는 옛말이 있다. 최후에 웃는 사람이 이기는 사람이라는 뜻이다. 사람의 평가가 그 사람이 세상을 떠난 뒤에 나타나듯이 마지막에 웃을 수 있는 사람이 되는 일은 너무나 중요하다. C형의 지나친 계산은 오히려 조직 생활에 마이너스가 될 수 있다. 무모하리만큼 저돌적인 D형이나 시키는 대로 말없이 감당하는 S형이 C형 주변에 즐비하다. C형이 득실을 계산하는 동안 이들이 당신의 일을 빼앗아갈 수 있다. 지금은 손해를 보는 것 같아도 먼 미래를 보고 자신을 과감하게 투자하자. 투자할 줄 아는 사람이 최후에 웃게 된다.

강요된 업무에도 미소로 응답하라

C형은 주어진 업무 외에 부과된 업무를 싫어한다. 이 또한 득실 계산에 의한 삶의 사고방식 때문이다. C형은 현재 맡은 일이 끝나지 않았는데 다시 임무가 부과되는 것을 싫어한다. 하지만 누군가 당신의 상황을 알면서도 이런 업무를 부과하는 것은 그만큼 회사 내에서 믿을 만한 사람이 적다는 방증이다. C형에게 일을 맡기는 건 그만큼 신뢰하고 있다는 증거다. 그럴 때 불편한 심기를 감추지 못하는 C형은 조심해야 한다. 미소 짓는 얼굴로 "아, 감사합니다. 정확하게 하려면 시간이 조금 걸리겠습니다만 최선을 다하겠습니다."라고 응답하자. 상대는 당신을 향한 미안함과 고마움, 더욱 강한 신뢰를 표현할 것이다.

사람에 따라 코드를 변경하라

C형은 내향성이며 주관적인 사람이다. 주관적이란 타인에게 자신을 맞추는 사람이 아니라 타인이 자신에게 맞추도록 시스템을 만드는 걸 말한다. 조직의 대표로서 일의 효과를 증대시키려면 조직원을 각자의 기질에 맞는 업무에 종사시켜야 한다.

C형은 항상 자기 중심적이다. 고집스럽게 하던 방식을 우기다가는 급속하게 변화하는 사회에서 도태당하는 경우가 많다. 상황에 따라서 자신의 코드를 바꿀 줄 알아야 한다. 특히 정보산업에 종사하는 C형이라면 끝없는 변혁을 추구해야 한다. 누에고치는 7번 허물을 벗은 뒤에 아름다운 나비가 되어 하늘로 날아간다. C형은 그 속에 아름다움을 가지고 있는 사람이다. 하지만 허물을 벗는 데에 고집을 피우기

때문에 이런 좋은 기회들을 놓친다. 인생에 결정적인 기회가 올 때 놓치지 않으려면 상대에 맞춰 코드 변경을 할 수 있어야 한다.

우울한 얼굴빛을 감추라

C형의 얼굴은 항상 어둡다. 이들의 삶에는 세월이 갈수록 즐거운 일이 별로 없기 때문이다. 사람의 얼굴은 그 사람의 내면을 보여준다. 도둑놈이 도둑처럼 생기고 사기꾼이 사기꾼처럼 생긴 것은 그런 마음의 씨앗을 자신 속에 심었기 때문이다. C형은 우울함을 마음에 담고 살기 때문에 별로 웃지도 않고 심각하게 살아간다. C형의 그러한 얼굴을 보는 사람들은 시간이 지날수록 신물을 낸다.

긍정적인 마음, 밝은 마음을 가지고 사람을 대하는 것과 부정적인 마음, 어두운 마음을 가지고 사람을 대하는 것에는 하늘과 땅만큼 차이가 있다. 우울한 얼굴이 만성적으로 굳어졌다면 이미 수많은 사람에게 우울한 어두움을 보여준 것이다. 영혼의 빛을 가렸음을 인식해야 한다.

'웃는 얼굴에 침 못 뱉는다.'라는 말이 있는 것처럼 항상 자신감 넘치고 밝은 미소를 띤 사람의 기본 점수가 높다. C형은 이런 부분에서 이미 손보고 있다. 다만 홀로 있는 시간에는 기질적인 본향으로 돌아가 우울해도 좋다. 그래야 내면의 그림자가 쌓이지 않는다. 인간은 사회적 동물이다. 서로의 관계 속에서 될 일도 안 되고, 안 될 일도 된다는 사실을 기억하자.

C형은 밝고 자신감 있는 환한 얼굴을 만드는 데에 투자해야 한다. 방법은 기대치를 낮추는 데 있다. 왜 우울한가? 이기심 때문이다. 지나친 이기주의와 맞물린 허무감 때문에 그렇게 된다. C형은 작은 일

에도 만족할 줄 알고 감사하는 마음을 가져야 한다. 이 기대치 문제 하나만 해결해도 C형의 삶과 얼굴은 밝아진다.

긍정적인 언어를 배워라

부정적인 에너지가 강한 C형은 입에 부정적인 언어가 배어있다. 되는 쪽보다는 안 되는 쪽에 더 이유가 많고, 좋은 면보다는 나쁜 면을 보는 데 익숙하다. C형의 부정적인 언어는 I형이나 D형의 상사를 만났을 때 그들에게 불쾌한 사람으로 인식된다. C형은 긍정적인 언어를 훈련해야 한다. "잘됐어.", "그만하면 어때?", "그게 어디야!", "야, 아주 훌륭한데?", "당신 최고야!", "멋있어." 이런 긍정 언어들이 사람의 마음에 용기를 주고, 자신감을 회복시키고, 열심히 일하게 만드는 동기를 유발한다.

아이가 학교에서 공부를 잘하거나 특별한 과목에 관심을 보인다면, 용기를 주고 칭찬하는 그 과목의 선생님이 숨어있기 때문이다. 평소에 그렇지 않던 C형이 긍정적으로 변한다면, 사내에 미치는 영향은 절대 적지 않다.

대인관계를 넓혀라

C형의 또 다른 단점은 인간관계의 폭이 좁다는 것이다.

C형은 한번 마음을 연 사람에게는 쉽게 다가가지만, I형처럼 만난지 3분 만에 팔짱을 끼고 백화점에 가는 사람은 아니다. C형이 사람을 사귀려면 이것저것 걸리는 것이 많아 시간이 오래 걸린다. 모처럼 사귀다가도 말을 함부로 한다든가, 자신의 질서를 깨뜨리는 사람은 회피하고 만나지 않으려 한다. 하지만 이 세상은 누구와 어떤 모습으

로 어떤 장소에서 다시 만나게 될지 모른다. 또한, 폭이 좁은 인간관계는 내가 어려움을 당했을 때 도움받기가 어려워진다. C형은 남에게 도움도 안 주고, 도움도 안 받고 홀로 조용히 사는 것을 좋아하지만 사회는 그렇지 않다.

특히 다른 사람이 어려움을 당했을 때, 병원이나 상갓집이나 혼자 고생하는 사람이 눈에 밟히면 미적거리지 말고 찾아가서 열심히 도와주어야 한다. 이 부분은 당연한 인간의 본분이지만 특히 사람에게 차가운 C형은 자신과 가족을 위해서라도 선행의 씨앗을 많이 뿌려놓아야 한다. 최선을 다해 심어놓은 인간관계는 어떤 모습으로든지 도움이 되어 돌아온다는 사실을 잊지 말자.

복수하지 말고 용서하라

D형이나 C형은 복수하는 사람들이다. D형은 단발적인 강한 조폭 스타일의 복수를 한다. 그러나 C형은 드라마 〈더글로리〉의 송혜교처럼 장기적이고 치밀한 복수를 설계하고 서서히 실행에 옮긴다. C형이 복수극을 준비하는 동안 제일 많이 망가지는 것은 C형 자신이다. 본인이 그러한 마음을 품고 살아가니까 얼굴에서도 사나운 빛이 드러나 우선 식구나 가까운 친구들이 피해를 본다.

복수는 또 다른 복수를 낳는다. 인간이 복수해서 세상의 문제가 다 해결되었으면 모든 인류는 복수극으로 전멸했을 것이다. 복수로 상처를 치유하거나 명예를 회복할 수 있겠지만 진정한 복수는 상대가 감동하여 무릎 꿇게 하는 관용에 있다. C형은 이 부분이 쉽게 되지 않는다. 워낙 집요하고 집착이 강한 사람이기 때문이다. 크고 작은 일에 칼날을 세우고 살다가는 모든 회사 직원이 당신의 적이 된다. 우리는 이 세상에 태어나는 순간 우리를 세상에 보내신 조물주와 여기까지 길러주신 부모님에게 빚졌다. 이 세상에 이보다 더 큰 사랑의 빚은 없다. 1만 개의 사랑의 빚을 진 우리가 10개도 안 되는 타인의 빚을 용서하지 못하면 무슨 낯으로 세상을 살아갈 수 있겠는가?

C형은 본래의 기질적 요소에 측은지심이 강한 사람이다. 나 하나의 복수보다 서로 함께 살아가는 상생의 원리에 따르자. 모든 사람은 죽음을 향해 달려가는 불쌍한 존재라는 따뜻한 인간애를 살려서 복수하지 말자. 차라리 그 복수 에너지를 한恨의 에너지로 전환해서 남보란 듯이 성공하는 것으로 복수하는 편이 좋다.

C형은 쉽게 눈물을 흘리는 사람들은 아니지만, 복수해야만 한다고 생각되면 정밀하게 준비하고 실행에 옮긴다. 그러므로 C형을 성공시키려면 한恨을 주어야 한다. 원한은 아니지만 뼈저린 서러움을 가지면 그 서러움이 동기를 촉발해 성공을 향하여 달려가게 된다. 성공한 후에는 동기를 유발한 원수에게 감사하라. 그 덕분에 성공하였으니 돌아보면 감사한 일이 아닌가. 이것이 멋진 C형의 삶이다.

C형에게 좋은 음악

우울함을 달래주는 음악

- 리스트 〈헝가리 광시곡〉 2번
- 모차르트 〈교향곡 40번〉
- 모차르트 〈피아노 협주곡 20번〉
- 브람스 〈바이올린 소나타〉 3번

- 쇼팽 〈장송 행진곡〉 피아노 소나타 2번
- 슈만 〈피아노 5중주〉
- 슈베르트 〈숭어〉 피아노 5중주곡
- 슈베르트 〈죽음과 소녀〉 현악 4중주곡 14번
- 차이콥스키 〈비창〉 교향곡 6번
- 차이콥스키 〈현악을 위한 세레나데〉

마음의 상처를 치유하는 음악
- 라벨 〈대양 위의 작은 배〉 피아노곡 '거울' 중에서
- 라벨 〈물의 유희〉 피아노곡
- 바흐 〈G선상의 아리아〉
- 바흐 〈브란덴부르크협주곡〉 5번
- 브람스 〈클라리넷〉 5중주곡
- 비발디 〈홍방울새〉 플루트 협주곡 3번
- 슈베르트 〈미완성〉 교향곡 8번
- 스메타나 〈몰다우〉
- 요한 슈트라우스 왈츠 〈빈 숲속의 이야기〉
- 차이콥스키 〈백조의 호수〉 발레 모음곡

삶에 환희와 용기를 주는 음악
- 로시니 〈알제리의 이탈리아 여인〉 오페라 서곡
- 모차르트 〈현악 5중주 5번〉
- 바흐 〈크리스마스 오라토리오〉
- 바흐 〈토카타와 푸가〉

- 베토벤 〈크로이처〉 바이올린 소나타 9번
- 베토벤 〈피아노 소나타 23번〉, 〈열정〉
- 베토벤 〈합창〉 교향곡 9번
- 브람스 〈교향곡 1번〉
- 슈만 〈봄〉 교향곡 1번
- 하이든 〈첼로 협주곡 2번〉

사색에 잠길 때 듣는 음악
- 로시니 〈태풍 뒤의 고요함〉 '빌헬름 텔 서곡' 중에서
- 마르티니 〈사랑의 기쁨〉 아리아
- 무소륵스키 〈전람회의 그림〉 모음곡
- 바르토크 〈바이올린 소나타〉
- 보케리니 〈미뉴에트〉 '현악 5중주' 중에서
- 쇼팽 〈녹턴〉
- 요한 슈트라우스 〈봄의 소리〉
- 요한 슈트라우스 〈아름답고 푸른 도나우〉
- 이바노비치 〈다뉴브강의 잔물결〉
- 크라이슬러 〈아름다운 로즈메린〉

C형에게 잘 맞는 유망 직업군

드론 법 전문가, 드론 설계사, 드론 도로 설계사, 전략적 드론 프로그래밍 전문가, 개인 데이터 인질법 전문가, 로봇 설계사, UAM 설계자,

211

사회 윤리교육 전문가, 로봇 포트폴리오 기획자, 법률 연구원, 로케이셔니스트, 전문 조리사, 교통 모니터링시스템 플래너, 교통 수요 전문가, 3D 프린터 비용 산정 전문가, 3D 프린터 잉크 개발자, 3D 프린터 소재 전문가, 데이터 개인정보보호 관리자, 바둑 기사, 종교인, 감정 평가사, 감별사, 관제사, 교사, 대학교수, 연구원, 치료사(물리, 언어, 작업 등), 영양 전문가, 의사, 심리학자, 철학자, 언어학자, 우주 공학자, 건축 설계사, 미래 과학자, 의학자, 약학 연구자, 수학자, 물리학자, 통계학자, 천문학자, 화학자, 지질학자, 사서, 박물관 관리인, 작가, 요식업 관리자, 운수 및 통신업 운영부서 관리자, 특수 이익단체 고위 임원, 행정가, 전통 기능인, 한복 기능사, 보험 계리인, 손해사정사, 은행 사무원, 회계 사무원, 항해사, 기악 연주자, 관세사, 변리사, 공인노무사, 공무원, 식품 관련 검사원, 사진작가, 작곡가, 정보시스템 감시자, 정보기술 상담사, 보안프로그램 개발원, 조향사, 베타테스터, 직업 능력 평가원, 음악치료사, 약사, 의무기록사, 위생사, 웹 마스터, 측량기술자, 시스템 엔지니어, 독서 지도사

유형별 대응 전략

유형별 성장 전략

표1에 대응하기 원하는 상대의 이름을 유형별로 괄호 안에 적는다. 표2에서 유형별 전략 방법을 고르거나 본인이 생각하는 다른 대응 방법을 기록한다.

D형 ( )	I형 ( )
S형 ( )	C형 ( )

표1

구분	D형	I형	S형	C형
업무 목표	분명한 목표와 보상	아이디어와 창의성 개발 및 현실화	구체적인 업무 지시, 빅 픽쳐 훈련, 단계별 목표 설정과 실천	임파워먼트, 미래 예측, 빠른 결과, 충분한 시간과 자원, 정보에 대한 접근성
개인 목표	인간 존중, 분노 처리, 준법 정신, 과정과 도덕성	검소, 계획성, 목표지향 화법 상상력을 구체적인 세부설계로 진행	위급한 상황 시 우선 처리 훈련, 직면하기, 목표 중심적 생애설계, 빠른 일 처리	긍정적 사고, 행복한 신념, 성공의 언어, 소통 훈련
의사소통 방법	결론을 먼저 말함, 명확하게 말함, 일방적 지시보다는 선택의 여지와 도전거리를 제공	생각을 표현할 기회를 줌, 아이디어와 일의 연결	비위협적인 태도로 부드럽게 말함, 가족, 이익, 실리 언급, 잦은 접촉, 음식 제공	감정적인 표현을 피하고 사실에 근거하여 말함, 정보와 자료 제공, 낮은 톤, 깨끗한 환경, 구체적인 합의
칭찬과 격려	업적, 성취, 칭찬 "역시, 대단해, 와!!"	외모, 감각, 표현 "너무 멋있다."	배려, 성실함 "언제나 편하다."	탁월함, 정확함, 원칙 "믿음직스럽다."

표2

유형별 성장 전략은 조직 내에서 상사가 부하들의 역량 향상을 위해 사용하는 표이다. 부하들의 유형에 맞춰 대응 방식을 세부적으로 작성할 수 있다. 조직이 아니더라도 대응하기 어려운 사람들에 적용해 볼 수 있다.

머릿속의 생각을 유형별, 항목별로 구체적으로 적다 보면 더 좋은 아이디어가 떠올라서 더욱 발전적인 관계 형성을 이룰 수 있다.

예를 들어 한 상사가 부하 직원인 홍길동 대리를 좋은 직원으로 육성하고 싶다. 홍길동 대리가 D형이라면 표1 D형 괄호 안에 이름을 적는다.

그리고 표2에서 제시한 항목별로 상세한 방법을 적어본다.

① 업무 목표

홍 대리에게 분명한 목표와 보상을 약속한다.

② 개인 목표

홍 대리가 주위 사람을 존중하고, 모두에게 부드러운 언어를 사용하도록 돕는다.

③ 의사소통 방법

홍 대리에게 일방적으로 지시하지 않고, 본인이 선택할 수 있는 권한을 준다.

④ 칭찬과 격려

일의 성과를 냈을 때 확실하게 "역시, 홍길동 대리야."라고 칭찬한다.

이런 식으로 상사가 자신의 구성원들에 대해 유형별 대응 방식을 상세하게 기록하면 상당히 좋은 결과를 볼 수 있다. 부하 직원이나 동료, 혹은 타인을 보다 깊이 이해하고 적절하게 대응할 수 있게 된다.

3장

복합 기질의 이해와 원리

복합 기질을 이해하는 철학적 원리

주 행동 유형과 종 행동 유형

복합 기질이란?

대부분 사람의 행동 유형에는 다른 스타일의 행동 유형이 섞여있다. 각각의 유형은 장단점을 모두 가지고 있다. 복합 기질은 자신의 강점, 정서, 목표, 영향력의 방법, 조직에서의 공헌, 약점, 스트레스에 대한 반응, 두려움 등의 독특한 개성과 행동을 더욱 잘 이해해야 한다. 어떤 사람은 4가지(D형, I형, S형, C형) 행동 유형 중 1가지만 두드러진다. 또 4가지 유형의 수치가 거의 비슷한 독특한 사람도 있다. 하지만 대부분은 2가지에서 3가지 행동 유형이 혼합되어 있다.

'주主 행동 유형'은 평가 후 제일 높은 행동 유형을 말하고, '종從 행동 유형'은 두 번째나 세 번째로 높은 행동 유형을 말한다. 주 행동 유형과 종 행동 유형이 50%씩 똑같이 나오는 사람도 더러 있지만, 대부분은 주 행동 유형과 종 행동 유형이 구분된다. 행동 유형은 동일 유형(외향성+외향성, 내향성+내향성)이 연합된 사람도 있고, 상반 유형(외향성+내향성, 내향성+외향성)이 연합된 사람도 있다.

복합 기질을 이해하는 원리

수많은 기질을 책 한 권으로 설명하기에는 지면상 어렵다. 앞으로 지속해서 업데이트될 미디어 매체를 통하여 공부하기를 권장한다. 3장에서는 복합 기질을 이해하는 원리를 설명하고, 관련 내용은 4장의 프로파일 설명으로 대체한다.

이 책 1장에서 기질을 만드는 동양 철학적 원리를 설명했다. I형은 봄, 아침, 소년기, 동쪽에 해당하는 사람이다. D형은 여름, 점심, 청년기, 남쪽에 해당하는 에너지를 가지고 태어난 사람이다. 그러니까 I/D형은 봄과 여름, 아침과 점심, 소년기와 청년기, 동쪽과 남쪽이 결합한 사람으로 보는 것이 그들을 이해하는 원리다.

I/D형은 자연스럽게 봄에 씨를 뿌리고 여름에 키운다. I/D형은 일을 만들고 일을 성장시키는 데에 유용한 에너지를 가진 사람이다. 하지만 I/D형에게는 가을(C형)과 겨울(S형)이 부족하다. 그러므로 I/D형은 소를 잡은 후에도 먹거나 냉동 저장하지 않고 "내일은 누구네 소를 잡을까?"를 궁리하는 사람이다. 우아하게 망하는 사업가들이 이 I/D형이다. 이것저것 치장하고 부질없는 일에 바쁘다. 자기 사업체는 멋있게 벌여놓고 여기저기 돌아다니며 폼 잡고 서류에 도장이나 찍다가 큰 손실을 본다. I/D형에겐 일을 마무리하는 가을걷이나 매일 단순한 일을 반복하는 관리가 재미없고 싫기 때문이다.

분석을 잘하는 내향성, 해결을 잘하는 외향성

결국, 이런 유형은 C/S형을 옆에 두고 철저하게 관리하게 해야 망하지 않는다. 가을과 겨울 사람인 C/S형은 관리하고 정리하고 보관하고 기록하는 지극히 귀찮지만 위험하지 않은 일을 좋아한다. 그래서 언제나 양식이 있고 삶이 안정적이다. 그러나 이들은 위험한 상황이 닥치면 어떻게 헤쳐나가야 할지 두려워 회피하는 부정적 에너지가 발동한다. 그래서 호미로 막을 것을 가래로도 못 막게 된다. 이런 C/S형에게는 외향성인 D/I형이 가장 강력한 도움이 된다.

복합 기질을 이해하는 철학적 원리는 위에서 설명한 방위, 생애주기, 계절, 하루 시간대의 4가지 범주를 혼합해서 이해해야 한다.

동일 기질의 연합

I/D형이나 D/I형은 서로 같은 외향성을 드러내고, C/S형이나 S/C형은 내향성으로 자기 정체성의 통일성을 보여준다. 동일 유형으로 연합된 사람들은 자기가 어떠한 유형의 사람인가를 더욱 쉽게 알 수 있다.

이를테면 I/D형은 일이나 인간관계가 모두 빠른 사람들이라 직관, 결정, 행동이 모두 빠르다. 서로 외향적인 성격이므로 일관성 있게 융합한다. 반면 C/S형은 인간관계도 일도 모두 느리고 침착하며 신중한 내향성이다. 서로 융합이 쉽고 내성적인 성격으로 연합한다. 이러한 동일 기질의 복합 유형을 가진 사람들의 정체성을 이해하는 것은 어렵지 않고 대체로 일관적이다.

상반 기질의 연합

사람들이 "저 사람은 도무지 어떤 사람인지 모르겠다."라고 말하거나 혹은 자신의 정체성을 모르는 경우, 대부분 상반된 복합 기질을 가지고 있다.

빠른 업무중심의 D형과 느린 관계중심의 S형이라는 두 기질이 혼합된 D/S형을 보자. D/S형은 자기 자신 안의 정서적인 불일치 때문에 자신이나 주변 사람들이 황당해하는 경우가 많다. 평소에는 말도 시원시원하게 잘하고 아주 싹싹한 사람인 것 같다가 복잡한 상황에서는 한발 뒤로 빼는 사람들을 보면 대개 I/S형인 경우가 많다. 또 C/I형이나 I/C형은 감정 기복이 심하다. 한참 서럽게 울다가 갑자기 낄낄 웃기도 해서 이상해 보일 수도 있다. 자기도 자신을 이해하지 못하고 남도 자기를 모른다. 이런 사람의 성격을 파악하기 힘든 이유는 서로 다른 두 기질이 연합되어 있기 때문이다.

3기질 이상이 혼합된 유형을 이해하는 원리

3가지 이상 유형을 강점과 단점으로 이해하면 너무 복잡하고 어렵다. 그들을 이해할 때에는 그들의 유형에서 드러나지 않은 1가지를 먼저 찾는다.

첫 번째 원리를 보자. 예를 들어 S/C/I형인 평화중재자형은 장점도 단점도 상당히 많아 헷갈린다. 여기서 이 유형에 없는 성향은 D형이다. 그러니까 D형이 행하는 모든 장단점이 없다고 보면 조금 이해가 된다. 이 유형은 실행이 빠를까? 정답은 '느리다'이다. 일을 빠르게 하는 D형이 부족하기 때문이다. 그러나 타인에게 폭력적일까? 절대 그렇지 않다. D형이 약하기 때문이다.

두 번째 원리로 제일 처음 나온 유형을 보면 방향이 보인다. S/C/I형은 맨 처음이 S형이다. 그러니까 D형이 없는 S형은 한없이 부드럽고 관대하다. 화평함을 좋아하는데, 두 번째 유형이 C형이니 더 차분하고 더 논리적이다. 마지막 유형은 사람에게 제일 잘하는 I형이다.

이렇게 차례로 이해하면 이 사람이 왜 평화를 중재하는 사람이 되는지 감이 잡힌다. 물론 훨씬 많은 능력이 숨어있다. 그러나 S/C/I라고 하는 이 부드러운 성향의 결합체가 사람과 사람 사이를 화목하게 하는 강한 향기가 나는 것은 이 사람 성향의 결합에서 나오는 것이다. 이러한 방식으로 유형들의 이름과 프로파일이 만들어졌다.

인간을 어떤 한 유형으로만 이해한다는 것은 절대 불가능하다. 한 사람을 이해하는 것은 신을 알기만큼 어렵다. 그 사람이 가지고 태어난 성향의 빛과 그림자를 이해하는 것이 먼저다. 그다음엔 성장 과정, 특히 유아기를 어떻게 보냈는지와 부모와의 관계, 성장기의 종교, 선생님이나 친구, 좋아하는 사람들에게서 받은 영향, 책이나 영화에서 동경했던 인물, 사고나 질병 등을 살펴보자. 수많은 개인적인 경험들이 쌓여 한 사람의 성격을 형성한다. 그러므로 우리가 공부하는 DISC는 한 인간을 이해하는 하나의 자원일 뿐이지 만능 해결책은 아니다. 삶을 대하는 태도를 보다 긍정적이게 하고, 자신감을 주는 데에 DISC라는 도구가 탁월하다. 앞으로 인간 이해와 문제 해결을 위한 더 심오한 DISC 연구가 진행되길 바란다. 관계의 고통 속에서 살아가는 수많은 사람을 도울 수 있으면 더 좋은 일이다.

4기질의 혼합 형태 이해

설문지를 활용한 복합 기질 이해의 원리를 살펴보자. 먼저 다음의 유형별 장단점 비교표에서 각 유형의 장단점끼리 묶어서 상대를 이해하자. 예를 들어 D/I형은 도전적이면서도 설득력이 뛰어나서 두려워하는 사람들을 데리고 남극 정복을 한 아문센 같은 사람이다. 명령적이지만 긍정적인 희망을 주고, 강력한 지도력을 갖춘다. 링컨처럼 말이 많고 유머 있는 지도자가 되기도 한다.

이번엔 유형의 장단점을 섞어보자. D형의 장점과 I형의 단점이나, D형의 단점이나 I형의 장점을 혼합해서 보면 D/I형의 다른 모습이 보인다. 두 유형을 단점으로 묶어놓고 보면 저 사람이 왜 그렇게 잘못되었는지 원형의 어두운 그림자가 보인다.

D	장점	직관력, 결단력, 모험심, 책임감, 리더십, 열정적, 단호한, 추진력, 실천력, 빠른 실행, 의지력, 생산적, 성공지향적, 결과 중심, 용감한, 도전정신, 보스형, 영향력, 낙관적, 실제적, 자존감, 큰 그림, 집중력, 업무 파악, 국난극복, 영웅적, 솔선수범, 문제 해결, 든든함, 조직을 세움, 지도자
	단점	분노, 완고한, 성격이 급한, 폭력적, 불법적, 제멋대로, 불안, 경솔한, 거친 언어, 배려 없음, 잔인한, 거만한, 교만한, 욕을 잘하는, 인내하지 못하는, 경청 불가, 충동적, 기회주의적, 약자에 강하고 강자에 약한, 교활한, 권력지향적, 공격적, 보복하는, 살생, 인간 비존중, 타인을 두렵게 하는, 파괴적인, 잘난 체하는, 권위적인, 동정심 없는, 사이코패스, 사람을 무시하는, 말을 바꾸는, 불법을 저지르는, 변덕이 심한, 진실하지 않은, 내로남불, 위선적
I	장점	감동하는, 열정적, 친근한, 예쁘게 옷을 입는, 낙천적, 감화력, 설득력, 협상 능력, 자발적, 색채 감각, 사교적, 표현하는, 매력적, 대중적, 반응해 주는, 미소 짓는, 융통성, 따뜻한, 배려하는, 생기발랄, 분위기 메이커, 예술적, 관대한, 잘 챙겨주는, 친화력, 상대를 높여주는, 재밌는, 공상하는, 촉진자, 행복 감성, 감사하는, 긍정적, 미래지향적, 밥을 잘 사주는, 무대 체질, 아이디어
	단점	즉흥적, 의지박약, 실행 부족, 사치, 방종, 유혹에 잘 빠지는, 쾌락적, 낭비하는, 뒷정리 안 되는, 주의산만, 유치한, 변덕스러운, 비현실적, 시간 조절 취약, 과장이 심한, 끼어들기, 말이 많은, 잘난 체하는, 안목의 정욕, 충동구매, 끈기 부족, 마무리가 안 되는, 타협적, 공부하지 않는, 교활한, 절제 능력 부족, 비굴한, 죄의식 부족, 계획성 부족, 준비성 부족, 긴 통화, 호기심
S	장점	차분한, 안정적인, 억제하는, 순수한, 전문적 기능, 온유한, 말이 적은, 조직중심적, 협동적, 친절한, 인내력, 믿을 만한, 언제나 변함없는, 규칙 순종, 유연한, 경청을 잘하는, 평화를 좋아하는, 효율성, 충성스러움, 양보하는, 따뜻한, 꾸준한, 참석을 잘하는, 남에게 피해를 주지 않는, 자제력, 끈기 있는, 속내를 드러내지 않는, 다투지 않는, 버리지 않는, 편안함
	단점	두려움, 느림, 게으름, 변화를 싫어함, 완고한, 소심한, 물질에 약함, 적응이 느린, 갈등 회피, 추진력 결여, 불의에 타협, 표현하지 않는, 미루기를 잘함, 탐식, 소유에 집착, 급할 때 이기적, 겁이 많은, 말을 안 함, 시야가 좁음, 타인의 어려움에 적극적으로 나서지 않는, 비아냥거림, 비핵심적, 잠이 많은, 행동력 부족, 더러운, 선악 분별력 부족, 우유부단, 감정 표현을 잘 안 함
C	장점	분석적, 공부를 좋아하는, 능력 있는, 충성심, 책임감, 강직함, 완벽한, 자존감, 조직적, 세부사항, 연구하는, 이지적, 논리적, 차분함, 자아 성찰, 도덕적, 성실함, 이론적, 절제력, 검소, 이상적, 치밀함, 보수적, 양심적, 효율적, 예의 바른, 배려심, 깨끗한, 정리정돈, 자기 희생, 약속을 지키는, 청각이 뛰어난, 과묵한, 완벽한 마무리, 심오한 정신세계
	단점	비관적, 쉽게 좌절하는, 우울감, 비판적, 불만족, 계산적인, 따지기 좋아하는, 치근대는, 복수하는, 의심이 많은, 고지식한, 비사교적, 부정적, 침울함, 자기 비하, 낮은 자존감, 자살하는, 부끄러워하는, 높은 기대치로 주변 사람을 힘들게 함, 과로, 행복감 부족

DISC 각 유형의 장단점 비교

복합 기질을 이해하는 원리 훈련 실습

① D형과 I형의 장점 섞어보기

② D형과 I형의 단점 섞어보기

③ D형과 S형의 장점 섞어보기

④ D형과 S형의 단점 섞어보기

⑤ D형과 C형의 장점 섞어보기

⑥ D형과 C형의 단점 섞어보기

위와 같은 방식으로 모든 유형을 각각 장단점으로 혼합해 보자. 성향이 복잡해서 쉽게 이해가 가지 않는 사람이 어떤 삶의 태도를 가졌는가를 볼 수 있다. 모든 유형의 장점 결합이라는 목표를 가지고 생활하면, 슈퍼 기질의 성인聖人에 이를 수 있다.

슈퍼 기질의 사람이 되는 법

가끔 행동 유형 검사 결과에서 D, I, S, C의 4기질을 골고루 가진 사람을 발견한다. 4기질을 다 가졌다고 '슈퍼 기질'의 경지에 이른 삶을 사는 것은 아니다. 오히려 도무지 정체성을 찾지 못하여 혼란스러워한다. 하지만 4가지 기질이 골고루 나오는 사람이 그들의 장점으로만 결합하면 진정으로 훌륭한 사람이 될 수 있다.

예를 들어 D형의 파워와 추진력, 용기와 강력한 리더십에 I형의 재미와 유머, 사람에게 관대하면서 멋지고 융통성이 있고, 매사에 긍정적이며 설득력이 뛰어난 강점이 더해졌다고 보자. 그뿐만 아니라 S형의 너그러움과 온화함, 양보하는 심성, 인내와 관용 위에 C형의 철저한 합리적 사고와 빈틈없는 일 마무리, 엄청난 독서력과 사고 능력,

타인을 향한 예의와 책임감까지 결합된 사람이 될 수 있다는 이야기이다. 이 얼마나 매력적이고 완벽한 인간인가?

그러나 '슈퍼 기질'은 반대로 단점으로 결합할 수도 있다.

D형의 폭력성과 제멋대로 행동함, 거친 언어와 분노, 변덕과 불법성에 I형의 사치와 낭비, 무절제함과 방만함, 말실수와 일의 부정확함, 규모와 계획성 없이 살아가는 단점이 합쳐진다면 어떻게 될까? S형의 게으름, 방임과 회피, 결정하지 못하는 판단력과 자기 생존만을 위한 고집스러운 단점이 더해진다면? C형의 까탈스러움과 따지기 좋아하는 성향, 쉽게 좌절하고 타인을 비난하면서 스스로 자책감에 휩싸이고, 자기 무력감이라는 단점까지 결합한 사람을 보면 어떤 느낌이 들까?

대부분 성인聖人은 4기질의 장점이 고루 결합되어 있다. 동양에서는 이를 체질상으로는 '음양화평지인'이라고 부르고 기질적으로는 '슈퍼 기질'이라 한다. 곧 성인의 기질이다. 인간의 노력으로 가능한 부분일까? 결론부터 보자면 '기질의 초월성'에 이르는 것은 가능하다. 왜냐하면, 인류 역사상 이러한 분들이 있었기 때문이다. 그러나 여기에도 1가지 문제가 있다. 실현 방법의 문제다. 입산수도를 해서 도를 닦아야 가능한 걸까?

성인의 기질을 갖고자 한다면 우선 자신의 장점이 무엇인지 확실하게 찾아내자. D형이라고 다 폭력적이지 않다. 매일 화를 내지도 않는다. D형 요소 가운데 자신의 장점이 무엇인지를 적어보자. 그러한 장점들을 자기라고 인식하고, 자신의 간판 성격으로 생각하면 된다.

또한 D형의 나쁜 성격은 앞장에서 이미 치료법을 설명한 것처럼 화를 내지 않는 운동과 마음가짐, 호흡, 식이요법 등을 해보자. 훌륭한

D형을 만들어가도록 일생을 기울여 노력해야 한다.

이처럼 장점의 연합은 현재의 아름다운 정체성이고, 노력해서 만들어온 자신의 모습이다. 천성적인 단점과 환경으로 인하여 만들어진 부정적인 단점에 대해서는 지나치게 집착하지 말자. 한 달에 1개씩만 지도 목표를 세우고 고쳐나가면 어느 틈엔가 거룩한 영적 존재로 변해가는 자신을 보게 될 것이다.

자기 완성은 인간 일생의 목적이다. 목적은 목표를 이룬 뒤에 최종적으로 가고자 하는 방향이다. 사업 성공은 목표이지 목적이 아니다. 목적은 성공한 것을 가지고 무엇을 하고자 하느냐이다. 그것이 인생의 참 목적이다. 모름지기 이 책을 읽는 독자들은 자기 유형의 장점을 자기의 강점으로 인식하고 "나는 이런 좋은 사람이야."라며 자기 존재를 즐거워해야 한다. 나의 단점은 매일 붙잡고 싸울 대상이 아니라 하나씩 극복해 나가는 즐거움이다. 코칭을 받으면서 성장하는 즐거움이야말로 자기를 만드는 진정한 자기 계발이다.

4장

DISC 40개 행동 유형 프로파일

09
DISC 유형별 분류

복합 유형의 이해

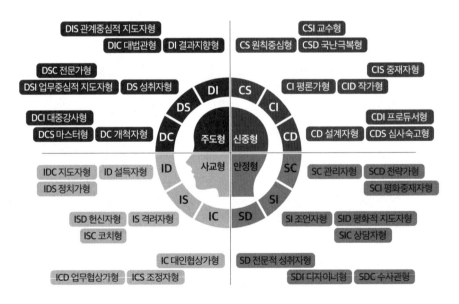

1. D 감독자형
2. D/I 결과지향형
3. D/I/S 관계중심적 지도자형
4. D/I/C 대법관형
5. D/S 성취가형
6. D/S/I 업무중심적 지도자형
7. D/S/C 전문가형
8. D/C 개척자형
9. D/C/I 대중강사형
10. D/C/S 마이스터형

11. I 분위기 메이커형
12. I/D 설득자형
13. I/D/S 정치가형
14. I/D/C 지도자형
15. I/S 격려자형
16. I/S/D 헌신자형
17. I/S/C 코치형
18. I/C 대인협상가형
19. I/C/D 업무협상가형
20. I/C/S 조정자형

21. S 팀플레이어형
22. S/D 전문적 성취자형
23. S/D/I 디자이너형
24. S/D/C 수사관형
25. S/I 조언자형
26. S/I/D 평화적 지도자형
27. S/I/C 상담자형
28. S/C 관리자형
29. S/C/D 전략가형
30. S/C/I 평화중재자형

31. C 논리적 사고형
32. C/D 설계자형
33. C/D/I 프로듀서형
34. C/D/S 심사숙고형
35. C/I 평론가형
36. C/I/D 작가형
37. C/I/S 중재자형
38. C/S 원칙중심형
39. C/S/D 국난극복형
40. C/S/I 교수형

그 외

D=I=S=C 슈퍼바이저형

D유형과 복합 기질

1. D 감독자형(여름)

개요

속도	일에 빠름, 사람은 업무 관계로만 빠름
대인관계	일을 위해서 사람을 사용
선호환경	자기 뜻대로 일이 추진될 수 있는 환경
스트레스	자신의 계획을 반대하거나 업무 추진의 장애가 많은 상황

• 유형: 감독자형, 비전 있는 사람, 발전시키는 사람.
• 장점: 강력한 업무 추진력, 전체를 보는 통합적 시각, 어려운 상황 발생 시 개인적 능력으로 돌파, 초긍정 에너지.

- 단점: 독재 성향, 분노조절 장애, 거친 언어, 사람 무시.
- 직업: 건축가, 사업가, 군인, 탐험가, 영화감독, 오케스트라 지휘자.
- 건강: 금연, 금주, 간 질환 주의, 심장 질환 주의, 과로 주의, 일과 삶의 균형, 신맛 음식 섭취, 효소, 과일식초 섭취, 매운맛 감소.
- 소통: 통합적 대화, 직관과 미래 비전을 담은 대화, 직설적이며 업무중심의 대화.

특징

강한 자아를 소유하고 있으며 높은 성취의 기준을 지닌 리더형이다. 어려운 문제에 혼자 접근하기를 좋아한다. 평범한 것을 싫어하고 새로운 도전을 찾는다. 목적을 달성하기 위해서 사람과 상황을 조종한다. 큰 비전을 가지고 있으며, 강한 열정으로 계획을 실행한다. 매우 지배적이라 타인의 압력 아래에서는 의사소통이 어렵다. 결정을 내리기 전에 이미 일의 방향과 해결책을 직관으로 알고 있다.

조직에 대한 긍정적 요소

감독자형인 사람은 종종 자아를 매우 강하게 드러낸다. 특히 새로운 도전과 기회가 있을 때 강력한 접근 방식을 취한다. 감독자형은 기회를 만드는 사람이다. '큰 그림Big Picture'의 이상을 가지고 있어서 매우 열정적으로 프로젝트를 추진할 수 있다. 과업을 성취하는 일에 몰두할 때, 일과 관련된 사람들에게 현재 당면한 일의 중요성을 인식시킨다. 모두가 혼란스러운 상황에 분명한 방향을 제시한다. 사람들이 자신을 대담하고 자신감 넘치며 용기 있는 '리스크 테이커Risk Taker'로 여기는 것을 좋아한다.

조직에 대한 부정적 요소

감독자형은 흥미진진한 것을 원해서 때때로 충분히 생각하지도 않고 모험에 뛰어든다. 목표를 성취하기 위해서 사람들에게 요구하거나, 자신이 바라는 대로 상황을 바꾼다. 감독자형은 타인의 감정에 더욱 신경 쓰고, 남들에게 호감을 줄 수 있도록 절제와 극기를 길러야 한다. 동시에 감정도 절제해야 한다. 감독자형은 압박감을 느끼면 매우 직선적이 되거나 말을 잘 안 할 수도 있다. 자기의 뜻대로 되지 않거나 사람들이 자기 생각을 이해하지 못할 때 조직을 와해시키기도 한다. 과업을 파괴해 버리고 조직에 큰 부담을 안기고 자신은 떠나가 버린다.

2. D/I 결과지향형(여름, 봄)

개요

속도	일과 사람에 빠름
대인관계	일을 위해서 사람을 사용
선호환경	일의 성과를 자랑하는 주인공
스트레스	아무도 자신에게 관심 갖지 않고, 일의 과정이 느리고 답답하며 통제권을 상실할 때

- 유형: 결과지향형, 실행가, 결론을 내리는 사람, 절차 무시형.
- 장점: 미래지향적, 빠른 결과와 동기부여, 긍정적, 리더십, 꿈의 사람, 설득력, 낙관주의, 용기와 격려.

- 단점: 과정 무시, 불법, 목적지향으로 사람을 이용, 새것을 좋아함, 편애, 편식, 세부실천을 싫어함, 인간 무시, 반복, 단순 패턴을 싫어함.
- 직업: 사업가, 탐험가, 정치인, 영업사원, 상황판단실 관리, 건축가
- 건강과 음식: 간, 신장 질환 주의, 신맛 음식, 미네랄 풍부한 해조류.
- 소통: 결과부터 이야기, 명료한 이미지, 긍정적 대화.

특징

강요적이고 지배적인 이 스타일은 강한 개인주의자가 될 소지가 있다. 이들은 앞을 내다보며 전진해서 목표를 성취하려고 한다. 호기심이 강하고 관심 영역이 넓다. 문제를 해결하는 데 논리적이고 예리하고 비평적이다. 상상하기 좋아하고 색다른 생각을 한다. 훌륭한 리더의 자질을 갖추고 있지만, 압력이 가해지면 다투거나 자신의 의지를 관철한다. 높은 기준을 설정하고 이 기준에 도달하지 못했을 때 자책하면서 타인에게 잘못을 전가한다. 권위와 도전적인 과제를 추구하며 사람들에게 강한 영향력을 미치고, 목표를 성취할 수 있도록 동기를 자극한다.

조직에 대한 긍정적 요소

결과지향형은 조직과 잘 맞는 사람이다. 진보적이며 목표를 이루기 위해서 열심히 노력한다. 설득력이 있고 단도직입적이다. 호기심이 많고 여러 분야에 흥미가 있다. 결과지향형은 주변에 영향을 크게 미칠 수 있다. 특히 사람들이 목표를 성취하도록 동기를 부여할 수 있어서

주변에 관심을 기울이면 좋다. 결과지향형인 사람은 모두에게 비전을 제시해 주고, 강한 리더십으로 일을 성취하며 조직을 이끈다.

조직에 대한 부정적 요소

개인주의적이며 사람보다는 과업을 중요하게 생각하는 경향이 있다. 결과지향형은 자신과 주위에 높은 기준을 지우고, 목표 달성을 기대한다. 권력욕, 명예욕, 물욕이 강하다. 욕망을 성취하기 위해서 어떠한 불법도 서슴지 않고 저지른다. 목표 달성에 실패하면 상대를 비판한다.

결과로써 사람을 평가하는 요소가 강하며 싼값에 사람을 사용하고 보상하지 않는 경우가 많다. 특히 자신은 남을 이용하면서도 자신이 이용당하고 있다는 느낌이 들 때면 화를 내며 절대로 그를 가까이하지 않는다. 또한 더 성취할 목표가 없을 때는 좌절한다. C/S형의 사람을 반드시 곁에 두어야 한다.

3. D/I/S 관계중심적 지도자형

개요

속도	일과 사람에 모두 빠름
대인관계	필요에 따라서 관계를 형성하지만 잘 사귄 사람들은 오래 유지됨
선호환경	대중 앞에서 미래의 방향을 알려주고 설득하는 환경
스트레스	관심받지 못하고 통제권을 상실할 때

- 유형: 관계중심적 지도자형, 꿈을 심어주는 사람.
- 장점: 인간 배려의 리더십, 팀플레이를 잘하는 리더십, 약자 배려의 리더십, 팀원에게 용기와 비전을 심어줌.
- 단점: 팀 전체를 융화시켜 팀에 필요한 상징성 약화, 중구난방, 여러 사람의 의견으로 세부과정 부진.
- 직업: 의회 의장, 지방행정관, 교육단체장, 정치인, 목회자, 사회복지 사업가.
- 건강: 신장 질환 주의, 짠맛 나는 해조류 섭취.
- 소통: 약자 위주의 돌봄형 소통, 소외된 사람을 배려하는 대화, 사람들에게 미래의 꿈을 심어줌.

특징

관계중심적 지도자형은 비전을 갖는다. 목표를 위해 업무를 추진케 하는 놀라운 능력을 보인다. 열정적이고 사회적이며, 전체적인 목표에 초점을 두고 전반적이거나 대국적인 면에서 해야 할 일을 분배한다.

관계중심적 지도자형은 자신의 비전을 따르게 하기 위해 매우 독단적인 행동도 꺼리지 않는다. 특히 스트레스를 많이 받는 상황에서 독단적인 결정을 하며, 일의 마무리를 위해 끝까지 밀고 나간다. 분쟁은 자주 일어나지만, 단념하지 않는다.

자신의 페이스 안에서 일할 수 있고, 완벽하게 해낼 수 있다고 믿는다. 이들에겐 비전을 위해서 타인을 설득할 권한이 필요하다. 필요한 사실이나 세부적인 일, 수치를 축적하기 위해 분석적인 능력을 갖춘 사람들을 찾는다. 그런 사람들은 관계중심적 지도자형에게 매우 유용하다.

관계중심적 지도자형은 다른 사람이 목표를 찾는 것을 도와주기 위해 최선을 다하며 호의적이다. 창의적이고 열정적으로 일하며 좋은 결과를 성취하기 위해 노력한다.

조직에 대한 긍정적 요소

이들은 정력적이고 사교적이다. 자신이 속한 팀의 탁월한 리더이며 팀이 분열하지 않도록 기꺼이 자신을 희생해서라도 팀을 하나로 끌고 가려 한다. 이런 사람이 있는 팀의 감독은 이들을 잘 활용하여 리더로 양육해야 한다.

조직에 대한 부정적 요소

전체적인 목표나 큰 그림에 집중하므로 세부사항을 간과하는 경향이 있다. 일을 시작하기 전에 법적인 절차나 근거를 잘 살펴보아야 한다. 예산이나 기후, 지리적 특성 같은 기본이 되어야 할 부분을 간과하여 일을 그르칠 수 있다.

강하게 집중하는 경향 때문에 이들의 비전이 강제로 채택되는 일이 많다. 그래서 일이 끝난 후 상당히 나쁜 결과를 치르게 된다. 그러나 관계중심적 지도자형은 스트레스를 받는 어떠한 상황에서도 단호하고 결단력 있게 행동하며 끝까지 견딘다.

4. D/I/C 대법관형

개요

속도	일과 사람에 있어서 모두 빠름
대인관계	필요에 따라서 관계를 형성하고 타인을 이끄는 리더형
선호환경	종합적 판단으로 항상 최종 판결을 내려주는 상황
스트레스	자신의 전문적 의견이 무시당하는 상황

- 유형: 대법관형, 최종 판결자, 진리를 지지하는 사람, 내가 정답형.
- 장점: 명료한 결정, 공정한 판결과 지시, 혼란할 때의 명확한 기준 제시, 세밀하면서 확실한 근거로 다가가는 설득력, 사람을 설득하여 일을 나누고 본인도 함께함.
- 단점: 손해 보는 사람이 생김, 표현하지 않는 사람들에 대한 배려 부족, 분명한 원칙으로 인한 융통성 부족.
- 직업: 정치인, 법관, 벤처기업가.
- 건강: 간 질환 주의. 푸르고 신맛 나는 음식 보충, 육류 섭취 조절.
- 소통: 명료한 논리와 설득력, 간결한 예화와 은유적 기법 사용.

특징

대법관형은 무언가를 완성하기 위해서 중심이 되는 사람과의 관계를 유지하는 열정적인 사람이다. 천성적으로 사람들과 즐기는 것을 좋아하지만, 일할 때는 상당히 날카롭다. 매우 사교적임에도 주의를 기울여야 하는 세부사항에 대해서는 확실하다. 일에서는 확실하게 완성하길 원한다.

존경받고 지배하길 갈망하기 때문에 정확하다. 완벽함을 위해 스스로 업무를 마무리한다. 때때로 조심성이 없으며, 신중하게 생각하지 않고 뛰어드는 경향이 있다. 하지만 일에서만큼은 정확함을 요구하고, 기한이 언제까지인지 확실히 인식한다.

대법관형은 시작에 망설이지 않으며, 마지막 결론을 위해 움직인다. 빨리 결과가 만들어지길 바란다. 집요하게 문제를 파고들어 해결하며, 재빠르게 생각하고 정확하게 일치시킨다. 대화할 때 명료하고 간결하게 하기를 원하며, 빠져들 만한 새롭고 흥미로운 사건을 항상 주시한다.

조직에 대한 긍정적 요소

사람들을 계속해서 일에 몰두시켜서 끝내게 하는 활력적인 성격이다. 천성적으로 외향적이고 사교성이 풍부하므로 사람들과 있는 것을 좋아한다.

D/I/C형인 사람은 모든 일을 적절하게 끝내기를 원한다. 일을 정확하고 완전하게 끝냈는지 확신하기 위해서 스스로 프로젝트를 마무리할 수도 있다. 함께하는 사람들에게 정확함을 요구하고, 마감 시간을 굉장히 의식한다. 활동을 시작하는 데 주저하는 일이 거의 없다. 최종 결과를 신속하게 달성하고 싶은 욕망이 추진력이 된다. 문제를 해결하기 위해서 참을성 있게 일한다. 재빠르게 생각하면서도 정확함을 잊지 않는다.

대법관형인 사람은 항상 다음에 뛰어들 수 있는 새롭고 흥미진진한 모험을 미리 생각한다. 무수한 아이템이 있으며 사람들을 조직하고 일을 분배하여 체계적으로 일하는 데 능하다. 정치적인 감각이 뛰어나며 화려한 언어와 정보수집과 분석을 잘한다.

조직에 대한 부정적 요소

사람들에게 충성하지 않는다. 매우 사교적인 사람인 동시에 단호한 성격이다. 압박감을 느끼면 다른 사람들과 의견을 나누지 않은 채 결론을 낸다. 타인의 긴 이야기를 참지 못하고 자신이 대화를 주도한다. 노는 것을 좋아하고 남의 것을 모방하며 쉽게 일을 풀려는 경향이 있다. 자신이 맡은 일이 대수롭지 않을 때 쉽게 그 자리를 탈피한다. 똑똑한 사람을 좋아하며 그들을 내세워 자기의 권위를 드러내기 좋아한다. 지도자가 될 때 사람들에 대한 지나친 헌신으로 손실을 볼 수 있다.

5. D/S 성취자형(여름, 겨울)

개요

속도	일에 빠르거나 느림, 사람에 느림
대인관계	전문적 기능을 갖춘 장인 선호
선호환경	전문적인 업무에 집중할 수 있는 공방
스트레스	광대가 되거나 도덕적 잣대, 법적 절차가 복잡한 경우

- 유형: 성취자형, 달성자, 인내하는 사람, 극단의 실사구시형.
- 장점: 업무 성취의 전문성, 전문적 분야의 조예, 한 분야의 거

장, 성취중심.

- 단점: 업무상 변덕이 심함, 돌발적 상황 발생 빈도가 잦음, 사람을 믿지 않음, 인간미가 없음, 감정적 느낌을 공유하지 못함.
- 직업: 건축가, 수공예 기능인, 3D 프린팅 제작자, 로봇 제작자, 드론 제작자.
- 건강: 위, 비장, 신장 계열 질환 주의, 황금색과 단맛 나는 음식 보충, 미네랄 풍부한 해조류 섭취.
- 소통: 코믹한 몸 개그나 원초적 대화, 꿈과 실용적인 내용을 담은 대화.

특징

성취자형은 객관적이고 분석적인 사람이다. 개인적 목표에 따라 동기가 유발되는 업무중심의 사람이다. 끈질긴 결정력 때문에 모든 일에서 성공을 거둔다. 차분한 안정성과 견디는 특성이 성공 요인이다. 성취자형의 고집은 목적을 위해선 어떤 어려움도 헤쳐나가게 하는 원동력이다. 독립적이고 질문을 많이 하는 접근 방법은 계획을 완수하는 데 도움을 준다. 결과로 자신과 남들을 평가하는 실용적인 사람이다. 결과에 대한 압박으로 인하여 무뚝뚝해지고 감정을 잘 드러내지 않는 사람이 될 수 있다.

조직에 대한 긍정적 요소

객관적이고 분석적인 성격으로 매우 독립적이지만, 팀의 일원으로서 일하는 것도 좋아한다. 독재적인 성격이 강하고 고집이 세서 일에 관한 한 주도적이다. 강력한 내적 성취 욕구가 행동을 만든다. 단호한 결단력을 드러내고, 많은 일을 성공적으로 할 수 있다. 차분하고 착실한 성격 때문에 훌륭한 업무 리더가 될 수 있고, 그런 성격 때문에 일을 계획하고, 그 계획을 실행할 수 있다. 단호한 성격 덕택에 매우 큰 장애에 부딪혔을 때조차도 헤쳐나갈 수 있다.

조직에 대한 부정적 요소

가장 실제적인 사람이다. 과업을 완성하고 의로운 사람이나 승리자로 여겨지고 싶어 한다. 개인적인 목표나 내적 충동이 강하다. 사람이 아닌 업무에 초점을 맞추기 때문에 다른 사람들을 배려하지 않을 수도 있다. 이것이 성취자형을 무관심하고 냉담하게 보이게 하는 원인이 될 수 있다. 대인관계가 그리 좋지 않을 때 내적인 번뇌를 한다. 일을 도맡아 하면서도 일을 못하는 사람에 대한 분노로 팀 분위기를 나쁘게 한다. 이들은 타인의 감정에 대해서는 무관심하다.

제일 고집스러운 사람으로, 이런 성격의 사람은 쉽게 그만두지 않고 오랜 시간 매달려 있을 수 있다. 목표를 이루어 나갈 땐 대인관계도 중요하다. 그 관계를 잘 유지할 수 있도록 격려해 줘야 한다.

6. D/S/I 업무중심적 지도자형

개요

속도	일과 사람에 빠름, 중요하지 않은 일에는 반응이 느림
대인관계	사람에 따듯하나 일이 우선적 가치임
선호환경	강한 리더십으로 잘하는 분야에서 대중을 이끌어가는 환경
스트레스	꼼꼼하고 정밀한 일을 혼자서 해야 하는 환경

- 유형: 업무중심적 지도자형, 전문가, 실무 안내자, 예언가.
- 장점: 목전의 일을 푸는 데 탁월한 능력, 고민 없는 실천자, 긍정적 목표를 세우고 필요한 사람들을 설득함.
- 단점: 큰 그림에 비해 세부사항은 빠뜨리기 쉬움, 심한 변덕을 비논리적으로 설득하려는 어리석음, 아픔에 공감 결여.
- 직업: 제조업 사장, 공예 공장장, 대기업 공장장, 군대의 특무상사, 카센터 사장.
- 건강: 신장 질환 주의, 짠맛 나는 해조류 섭취, 매일 걷기, 발바닥 두드리기.
- 소통: 간과하기 쉬운 법률 조항이나 신중하면서 부정적인 분석 자료.

특징

업무중심적 지도자형은 자기 일에 전문적인 식견을 가진 사람이다. 열정적이지만 업무에만 능력을 드러내는 D/S형과는 달리 사람에 대한 따뜻한 배려심을 품고 있다. 자신의 전문적인 노하우를 후배들이나 신입사원들에게 나누어준다. 이들의 지도 능력은 회사가 업무상 막다른 골목에 부딪혔을 때 강한 리더십을 발휘하고 해결사로 등장한다.

D형과 I형의 요소 때문에 종종 자기의 전문적인 식견을 드러내다 자존심이 강한 C형에게 상처를 주기도 한다. 그러나 이들은 타인과 충돌하면서까지 자신을 드러내려 하지는 않는다. 다른 인간관계나 인격적인 면에선 다른 사람의 지도자로 나서지 않는다. 단지 업무에서만 자신의 실력을 나누려 한다.

욱하고 급하게 화를 잘 낸다. 어떤 때는 남의 말을 잘 들어주다가 혼자서 다 결론지어 말하기도 한다. 다른 사람들이 해야 할 일을 찾아주기 위해 최선을 다한다. 일에만 끝까지 매달리는 D/S형과는 달리 낭만적이고 삶을 즐길 줄도 안다.

조직에 대한 긍정적 요소

일에 대해선 남에게 도움을 얻으려 하지 않는다. 자신의 전문적인 식견을 고집할 때가 있지만, 될 수 있으면 다른 사람들의 이야기를 청취하고 모든 사람과 화합하여 업무를 실행한다. 신입사원들이나 새로운 업무를 맡은 사람들의 가이드로 적합하다. 업무를 빠르게 익히고 일하는 방법을 잘 가르칠 수 있다.

조직에 대한 부정적인 요소

업무중심적 지도자형은 2개의 외향성과 1개의 내향성이 결합한 성격 구조다. 조용히 일하는 것보다 모임을 자주 갖거나 새로운 업무 만들기를 좋아한다. 사람들을 자신의 전문적인 식견으로 가르치다 보니 무능을 비웃거나 노골적으로 야단치기도 한다.

사람을 믿지 못하기 때문에 업무의 중복이 심하여 여러 사람이 같은 일을 하는 경우가 발생한다. 번득이는 직관 능력이 강해 자주 생각이 바뀌어 업무의 혼란을 초래할 때도 있다. 결정하기 전에 여러 차례 검토하여 신중한 결정을 내리자. 한번 결정된 일은 번복하지 않고 자신이 책임지는 습관을 만들어야 한다.

7. D/S/C 전문가형

개요

속도	일에 빠르고 사람관계는 느림
대인관계	일을 중심으로 사람을 사귐
선호환경	모든 사람이 어려워하는 일에 나서서 해결하는 상황
스트레스	쉽고 평범한 일을 계속해야 할 때

- 유형: 전문가형, 세부계획 설립자, 실천하는 사람, AI형.
- 장점: 장기적인 고난도 업무에 적합, 결국은 자기 분야의 정상에 서는 장인, 꾸준하면서도 정확한 업무 추진 능력, 책임감.
- 단점: 대인관계 배려 부족, 인간을 일로써 이해함, 유머가 없고 인생사가 재미없음.
- 직업: 대기업 임원, 출판업계, 건축업, 제조업 사장, 국가 장기 프로젝트 사업.

- 건강: 비위 질환 주의, 황색 계통 단맛 보충, 가슴을 펴주는 보텍스 운동.
- 소통: 재미있는 유머, 편안한 위로와 격려 메시지.

특징

전문가형은 일종의 싱어송라이터형이다. 자신이 직접 설계하고 실행으로 옮길 수 있는 능력을 갖춘 사람이다. 직접 현장을 방문 후 전체적인 큰 그림을 그리고, 상세한 실행 계획을 세운다. 그러고는 자신이 모든 프로젝트의 추진자가 되어 실행으로 옮기는 사람이다.

D/S/C형의 대범하면서도 섬세한 업무 능력은 특정 부분에서만 발휘되는 것이 아니다. 어떤 일을 맡아도 완벽하게 완수할 수 있다. 일을 사랑하고 밤을 새워서라도 책임지고 멋지게 완수한다. 디자인이나 홍보까지도 효과의 극대화를 이루도록 다양한 채널을 활용한다.

전문가형은 구속받는 것을 싫어한다. 자신의 경험과 큰 그림을 그릴 수 있는 능력을 바탕으로 고유한 영역에서 일하는 것을 좋아한다. 충성심이 있고 잔꾀를 부리지 않는다. 스스로 해야 할 일을 알아서 계획하고, 오롯이 실천하는 고독한 전문가다.

조직에 대한 긍정적 요소

전문가형이 회사 내에 있는 것만으로도 그 회사는 이익을 창출한다. D/C형은 새로운 일을 좋아하고 다른 사람들이 하는 말을 들으려 하지 않지만, 중간에 S형이 들어있는 D/S/C 전문가형은 전체 팀원의 이야기를 듣고 상황을 고려하는 부드러움과 관용의 에너지도 갖춘 사람이다.

모두가 꺼리는 장기적인 고난도 업무에도 두려움이 없다. I형이 많은 업무 부서에 이러한 전문가형이 있다면 모든 중요한 일은 그의 경험과 능력으로 성취될 것이다. D/S/C형은 자신들의 일에서도 독단적이지 않다. 팀 내의 협조와 합의점을 모색하여 일을 성취한다. 일을 성공적으로 마친 뒤에는 강한 단합이라는 시너지 효과를 창출할 수 있다.

조직에 대한 부정적 요소

전문가형은 자신만의 독특한 감각이 있다. 이들에겐 자신의 경험으로 업무를 바르게 완수할 수 있다는 고집이 있다. 남의 말을 듣지만 결정적일 때에는 자신의 경험만을 의지한다. 강한 D형이 많은 팀에서 이들은 고독한 전문가가 될 요소가 많다. 상황이 나빠지면 아예 아무하고도 말하지 않고 홀로 작업을 끝내는 노아(120년 동안 산꼭대기에 배를 짓는 성경 속 인물) 스타일이기 때문이다. 그러니 마지막에 승자가 되어도 팀 전체를 끌고 가지 못하는 고독한 전문가로 남을 수 있다. D/S/C형은 팀의 협조가 없을 때 자신의 역량을 마음껏 펼치지 못한다. 나중에는 반대자들의 모함을 받아 회사를 떠나는 비판적 방관자가 될 수도 있다.

8. D/C 개척자형(여름, 가을)

개요

속도	일에 빠르거나 느림
대인관계	자기 일에 필요한 사람 선호
선호환경	미개척 분야의 선구자
스트레스	시끄럽거나 가치관이 맞지 않고, 게으르고 더러우며 자아가 강한 사람들과 함께 있기

- 유형: 개척자형, 행정가, 창작하는 사람, 스트레스 창조자.
- 장점: 미지의 세계에 도전, 지치지 않음, 분야의 경지를 넓혀감, 후학들에게 자료 제공, 연구와 실행, 마무리까지 완벽함, 확실한 결과물.
- 단점: 인간미 부족, 공감 능력 부족, 분노 노출, 사람을 일로써 판단함, 인간 무시, 지적질 심함.
- 직업: 벤처 사업가, 탐험가, 고고학자, 대기업 임원, 오케스트라 지휘자, 기장, 여객선 선장.
- 건강: 간 질환 주의, 위장 조절, 과로로 인한 뇌 질환이나 심근경색 주의, 휴식과 여유.
- 소통: 정보 제공의 대화, 본인이 원하는 말을 하게 함, 일 이야기.

특징

개척자형은 2가지 문제를 동시에 인식하고 실행할 수 있는 능력이 있다. 강인한 결의 때문에 중대한 일도 단시간에 마칠 수 있다. 훌륭한 선견지명을 이용해서, 문제 해결에 필요한 모든 방법을 연구할 수 있다. 이들은 눈에 보이는 결과를 얻어내려고 노력한다.

이 유형은 혼자 일하는 것을 좋아하고 구속당하는 것을 싫어한다. 세부적인 일이나 사실에 민감하고 다른 사람들의 감정엔 둔감하다.

개척자형은 일할 때 개인적인 감정을 포함하지 않는다. 과업지향적이며 주로 결과에 따라 움직이기 때문이다. 감정을 자제하는 능력이 있고 어떤 상황에서도 진실을 말한다. 더 나은 길을 발견한다면 충분히 그것에 도전한다. 어떤 이슈가 아주 중대한 사항이라도 직면하는 것을 천성적으로 두려워하지 않는다. 감정이나 대인관계보다는 사실이나 결과에 초점을 두기 때문에, 때론 인정이 없는 사람으로 보여진다.

개척자형은 반드시 자신의 페이스를 유지해야 하며 휴식 시간 없이 많은 일을 하는 것을 조심해야 한다. 자신의 높은 기준에 의해 스스로 힘들게 만드는 경향이 있기 때문이다. 개척자형은 훌륭한 경영자로서 완벽한 업무 수행을 위해 좋은 방법을 찾는다. 기독교인이라면 위대한 개척자 사도 바울을 떠올리자. 이 유형을 정확하게 이해할 수 있다.

조직에 대한 긍정적 요소

개척자형은 독창적인 성격을 가졌다. 이들은 문제가 무엇인지 잘 인식하고 있다. 단호하게 결정을 내리기 때문에, 시간을 별로 들이지 않고 주요한 과업들을 끝낼 수 있다. 문제에 대한 해결책을 탐색하거나, 어떤 프로젝트 하나에 집중할 때 뛰어난 통찰력을 발휘해서 가능한 한 모든 방법을 검토한다. 과업을 정확하게 끝내고 싶어 하므로 구체적인 성과를 끌어낼 수 있다.

완벽주의자이기 때문에 의사를 결정할 때 주저할 수도 있다. 개척자형인 사람은 비록 감정을 잘 표현하지 않지만, 너 때문에 내가 힘들다는 자신의 감정은 강하게 표현한다. 자신에게 아주 솔직한 진실이기 때문이다. 더 나은 방법을 알게 됐을 때는 기꺼이 현재 상황에 도전하고 또 도전한다. 문제가 숨어있는 중요한 상황을 대면할 때조차도 두려워하지 않는다. 탁월한 행정관이기에 일을 끝내는 방법을 잘 찾는다.

조직에 대한 부정적 요소

개척자형의 사람은 감정과 인간관계보다는 사실과 결과에 초점을 맞추기 때문에 호감을 못 사는 사람으로 보일 수도 있다. 세부사항과 정보, 특히 잘 모르는 것에 대해서 탐색하기 때문에, 때때로 사람들의 정서적인 측면을 무시한다. 가장 무서워하는 것은 영향력 있는 사람이 되지 못하는 것이나 실패하는 것이다. 대단히 과업지향적인 성격이고 주로 결과에 자극을 받기 때문에 개인적인 일에는 잘 관여하지 않는다. 이들의 기준은 높으므로 주변 사람들, 특히 가족이나 부하들을 힘들게 한다.

9. D/C/I 대중강사형

개요

속도	일과 사람에 빠르며 꼼꼼함
대인관계	사람을 이끌어가는 과정에서 능력 발휘
선호환경	대중 앞에서 미래의 방향을 알려주고 설득하는 환경
스트레스	관심받지 못하고 통제권을 상실할 때

- 유형: 대중강사형, 비전가, 목적이 이끄는 사람, 대중을 선동하는 사람.
- 장점: 정확한 논리와 분명한 자료로 탁월한 설득, 이해하기 쉽게 설명함, 필요에 따라서 사실적 이야기와 은유적 이야기를 자유롭게 구사함, 국가가 어려울 때 나타나는 뛰어난 웅변가, 윈스턴 처칠, 링컨.
- 단점: 자기 합리화를 위하여 변모 가능, 거짓으로 사람을 유혹할 수 있음, 생각과 행동 사이에서 갈등이 심하고 변화무쌍하여 일을 벌여놓고 오랫동안 지속하지 못함.
- 직업: 강사, 시사평론가, 웅변가, 정치인, 방송인, 유튜버, 긴급복구 처리반.
- 건강: 간 질환 주의, 지방간이나 담석 주의, 푸른색 음식에 신맛을 보충.
- 소통: 화려한 수사학 구사, 사실과 유머가 깃든 대화.

특징

대중강사형은 비전 제시자이다. 자기 인생의 확고한 비전을 갖고 있으며 그 꿈을 이루기 위해 부지런히 달려가는 사람이다. 자신의 꿈만 이루면 된다고 생각하는 이기적인 사람은 아니다. 길을 찾지 못하는 사람에게 어떻게 살아야 할지를 가르쳐 주는 비전가다. 꿈은 화려하면서도 현실적이다. 이성적이면서도 사람을 배려할 줄 알고 냉혹하면서도 유머가 있다. 사람의 기질 가운데서 가장 매력적인 에너지를 발산하는 기질이라고 볼 수 있다.

대중강사형은 개인을 만나서 오래 공들이는 것을 싫어한다. 삶이나 사건의 핵심을 차가운 논리로 조직하고 화려한 언어로 가르치는 사람이다. 스스로 스승이 되려고 한다. 그러면서도 누군가가 가까이 오려 하면 그들을 떠나간다. 언제나 대중과 함께 있으면서도 홀로 남는 것을 좋아한다. 누군가가 자기를 깊이 아는 것을 싫어한다. 누구하고도 어느 정도의 거리를 두고 사는 것을 좋아한다. 그러면서도 자신의 곁을 떠나지 못하게 한다. 유명 강사인 김창옥 교수를 떠올리면 이해가 쉽다.

이들은 자신에게 도움을 요청하고, 우러러보며 존경해 주기를 내심 바란다. 자신의 이야기를 들어주는 사람이 많으면 많을수록 좋아한다. 실무적인 능력을 통해서 일하기보다는 대중을 가르치고 웃기고 울리는 감동의 언어에 탁월하다. 스스로의 이야기에 감동하여 울기도 하는 쇼맨십도 탁월하다.

조직에 대한 긍정적 요소

대중강사형은 항상 조직의 문제가 무엇인지 그 본질을 꿰뚫고 파악하고 있다. 어려운 상황이 발생하면 원인과 해결방안을 나름대로 설명한다. 문제를 피하지 않으며 정면 돌파로 풀어갈 수 있는 능력을 갖추고 있다. D/C형과는 달리 극단적인 방법을 택하지 않는다. 대중강사형은 될 수 있으면 사람들에게 그 이유를 설명하고 이렇게 해결해야 한다고 설득해서 풀어가려 한다. 본질을 꿰뚫는 직관 능력과 직설적이면서도 화려한 언어 구조를 통해 해학적으로 깨닫게 하고, 사람들의 마음을 시원하게 해준다.

이 유형이 같은 팀에 속해있을 때 팀원들은 항상 자신들이 지금 어디로 가고 있는지를 알고 있다.

조직에 대한 부정적 요소

대중강사형은 특별한 관계가 형성된 몇 사람 외에는 자신을 드러내지 않는다. 유머러스하지만 깊은 관계는 피한다. 자신이 좋아하는 일쪽에만 에너지를 쏟기 때문에 조직의 질서를 무너뜨릴 수 있다. 이 유형 자체가 소규모 조직에서 어울리지 않기 때문이다.

누군가를 설득하려 하거나 무엇인가 남보다 우월하다는 것을 항상 알려야 하므로 다른 D형으로부터 공격하기도 한다. 보통 공격을 당하지 않고 살아가는 사람이라 처음에는 그냥 얼떨결에 당하지만, 불쾌해하며 수모를 기억한다. 1번 이상 비슷한 일이 반복될 때에는 되받아치고 상대를 폭발적으로 몰아붙여서 그로기 상태로 몰고 간다. 그렇게 해놓고서는 못내 미안해서 자신을 학대한다. 대중강사형의 성격요소에서 C형이 D형과 I형 중간에서 변화를 조절하기 때문이다.

10. D/C/S 마이스터형

개요

속도	일에 빠르면서도 완벽하며 꾸준함
대인관계	전문 분야에서 필요한 사람과만 관계함
선호환경	분명한 목표를 가지고 전문성을 완성시키는 환경
스트레스	자기 전문 분야 외의 관계나 일들을 강요받을 때

- 유형: 마이스터형, 전문적 추진자형, 방주를 짓는 노아형.
- 장점: 유형 중 가장 일의 완성도가 높은 사람, 평생 1가지 일을 완성하는 사람, 굳건한 의지로 고집이 셈, 자기 사상과 자기 신념에 따른 분명한 행동.
- 단점: 고지식하고 융통성이 없음, 다양한 자료를 사용하기보다는 자기의 경험에 따른 방식을 고집함, 시대에 뒤떨어짐, 사람 무시, 인간미 부족.
- 직업: 대를 잇는 제조업 분야, 국가 관리 보호 건물 보수, 한옥·한복 등 전통 관련 일, 댐·철도·고속도로 공사, 비행기 제작, 우주탐사 프로그램 개발.
- 건강: 심장 질환 주의, 붉은색의 매운맛 음식 섭취, 뿌리 음식을 맵게 섭취.
- 소통: 유머로 긴장을 풀도록, 정보를 제공하고 스스로 생각하도록 던져놓는 대화.

특징

마이스터형은 개척자형보다 훨씬 강한 업무중심의 구조를 갖는다. 개척자형 뒤에 더욱 충성도가 높고 성실한 S형이 기질의 하부 구조를 형성하고 있기 때문이다. 본래 S형은 성실한 전문가 집단이다. 이러한 성격 위에 개척자형이 상부 구조를 형성하기 때문에 가장 강한 '업무 중심적인 사람'이 된다.

마이스터형은 사람을 사귀고 함께 노는 일에는 아무런 관심이 없다. 머릿속에는 오직 일 생각뿐이다. 다른 사람이 해놓은 일을 하는 데에도 관심이 없다. 자신만의 독특한 전문적 영역 속에서 자기 세계를 넓혀갈 뿐이다. 이들은 한 분야의 최고 전문가이며 당대의 거장이 된다. 누군가가 이미 만들어놓은 시스템에서는 기능을 발휘하지 않는다.

마이스터형은 섬세하고 고집이 세며 자신의 영역에서 양보하지 않는다. 모든 사람을 일의 관점에서 대하기 때문에 일에서는 거장이지만 인간관계는 편협하다. 최첨단의 기기들을 사용하는 데 유능하며, 무수한 자료들을 직접 시각화시키는 조작에 전문적인 기술을 가지고 있다. 항상 책을 많이 읽고, 자료를 수집하고 정보를 얻는 일에 강하며, 새로운 도전에도 빠르게 적응한다.

조직에 대한 긍정적 요소

마이스터형은 독창적인 에너지를 가지고 새로운 발상을 한다. 언제나 미래를 꿈꾸고 설계하기 때문에 그들의 확고한 비전을 따를 때 손해가 없다. 이 유형이 수집해 놓고 문서화시킨 자료들은 항상 팀에 소중한 자산이 된다. 첨단기기들을 잘 만지는 이들은 기계 해결사로 주목을 받는다. 기계치들이 많은 부서에 이와 같은 마이스터형이 존재한다면 모두가 많이 배우고, 새로운 지식과 사상에 도전하게 된다. 한 번 맡은 일은 집에 가지고 가서라도 완수해야 직성이 풀린다. 그만큼 일을 좋아하고 일의 분위기에 둘러싸여 있을 때 행복감을 느낀다. 결국, 자연스럽게 팀의 최고 전문가가 되며 사내에서도 가장 신뢰받는 직위에 오른다.

조직에 대한 부정적인 요소

이들은 쉼을 모른다. 지쳐 쓰러질 때까지 자신이 해야 할 일과 싸운다. 타고난 체력도 강하지만 지나치게 독선적이라 주변 사람들과 충돌이 잦다. I형은 사람들과 사귀는 것을 회사 생활의 주요한 목적으로 생각하는 경향이 있는데, 업무중심의 마이스터형은 I형을 조직의 존재를 갉아먹는 벌레처럼 생각할 수 있다. 비록 그런 표현을 사용하지는 않지만, 마음속에서는 제대로 일하지 않는 사람들을 향한 공격적 요소가 충돌을 일으킨다.

편협하며 고집스럽고 인간미가 없고 계산적이며 실리적인 이들은 '가까이하기엔 너무 먼 당신'처럼 존경받지만, 왠지 부담이 있다. 사람을 부리는 데에 정당한 대우를 하지 않으며 지나칠 정도로 인색하다. 이러한 비인간적인 구조가 팀의 분위기를 해치고 그 자신을 소외되게 만든다. 마이스터형의 마음 한구석에는 불안한 요소들이 있다. 그래도 자신이 해야 하는 일 속에서 여전히 스포트라이트를 받기 때문에 사람들의 반응에 그다지 개의치 않는다.

11

I유형과 복합 기질

11. I 분위기 메이커형(봄)

개요

속도	사람에 빠르고 일에 느림
대인관계	따듯하고 긍정적이며, 밝은 사람들을 좋아함
선호환경	여행, 쇼핑, 잡담, 놀이, 각종 모임에서 각광받기
스트레스	인정받지 못한 채로 지루한 일을 해야 할 때

- 유형: 분위기 메이커형, 촉진하는 사람, 현란한 사람.
- 장점: 사람에 호의적, 분위기를 즐겁게 함, 긍정적 에너지, 디자인 감각.

- 단점: 말이 많고 주의 산만, 사치, 낭비, 허언, 과장, 뒷정리 안 됨.
- 직업: 아나운서, MC, 디자이너, 아티스트, 분장사, 연예인, 쇼호스트.
- 건강: 맨발 걷기, 청량음료 및 액상과당 식품 주의, 기름에 튀긴 음식 주의, 신맛과 해조류 섭취.
- 소통: 경청 훈련, 끼어들지 말기, 비판적인 시각 보완.

특징

아주 높은 I형 수치가 나오는 사람들로서 열정적이고 낙천적이다. 명료한 의사소통 기술을 가지고 있다. 압력이 가해질 때 조심성이 없고, 비체계적이지만 즐거움을 갈망하기에 표정은 밝다. 사회적인 인정을 인생의 목표로 삼기에 인정받지 못하는 것을 두려워한다. 쉽게 친구를 사귀며 호의적인 분위기를 잘 조성한다. 그러나 다른 사람들의 능력을 잘못 판단하고, 모순된 행동을 하고, 경솔해질 수 있다. 이들에겐 시간표가 필요할 수 있고, 함께 일하는 방식을 좋아한다.

조직에 대한 긍정적 요소

분위기 메이커형(높은 I형)은 사람들을 통해서 목표를 성취한다. 따라서 주위에 사람들이 있는 것을 매우 좋아한다. '많으면 많을수록 더욱 즐겁다.'라는 말을 믿기 때문에 혼자서 일하지 않는다.

의사소통 능력은 평균보다 상당히 위다. 타인을 매우 쉽게 믿고 믿음만큼 보답받는 것에 고마워한다. 분위기 메이커형은 자기가 다음에 할 말을 생각하는 대신, 주위 사람들의 말을 경청하는 것이 중요하다. 이들은 타인을 격려하기도 하고, 때때로 추켜세우면서 팀 환경을 협동적으로 만들어낸다. 조직에 처음 온 사람에게 제일 가까이 다가갈 수 있고, 사람을 편하게 해준다. 팀 분위기가 다운되었을 때 I형이 고양시킨다. 사람을 세우는 기능이 강하다.

단체에 대한 부정적 요소

너무 많은 에너지를 쏟아붓고 일하기 때문에 조심성이 없거나 부주의할 수 있다. 사회적으로 인정받기를 바라고 받아들여지지 않을 때 두려워한다. 분위기 메이커형은 어려운 상황이 발생할 때 감정을 모두 드러낸다. 말이 너무 많고 자신이 한 말을 지키지 않기 때문에 팀에서 실속 없는 사람으로 비칠 수 있다. 일하는 데 정확성이 떨어지고 마무리가 약하며 놀기 좋아하는 세속적인 가치관을 강하게 갖고 있다. 단체에서도 남의 말을 거절하지 못해 팀 전체가 중구난방으로 분열이 일어난다. D형이나 C형은 I형의 약한 업무 추진과 마무리에 불만을 터뜨린다.

12. I/D 설득자형(봄, 여름)

개요

속도	사람과 일에 빠름
대인관계	폭넓은 인간적, 실용적 관계
선호환경	좋아하는 사람들 속에서 스타되기
스트레스	단순 반복의 재미없는 일을 재미없는 사람들과 계속해야 할 때

- 유형: 설득자형, 확신자, 영향을 미치는 사람, 지혜로운 해결사.
- 장점: 긍정적, 미래지향적, 설득력, 관계 해결 능력, 갈등 관리.
- 단점: 세부설계 부족, 지속력, 뒷정리, 단순 업무, 편식, 편애, 사람을 이용.
- 직업: 정치인, 방송인, 프로듀서, 사업가, 연예인, 예술가, 강사, 모델.
- 건강: 간, 신장 질환 주의, 내장비만 주의, 야식 주의, 녹색 계열 식품 섭취, 지속적인 걷기.
- 소통: 경청 훈련, 판단보다 사실을 듣는 훈련, 명료한 대화, 전문 분야의 정보.

특징

설득자형은 정신적으로 자유로운 사람이며 사람에게 많은 관심이 있다. 다양한 유형의 사람으로부터 존경과 칭찬을 받는다. 이들은 우호적으로 사업을 한다. 반면 목표 달성을 위해서 다른 사람을 이기려 노력하기도 한다.

설득자형은 틀에 박힌 일정에서 벗어나기를 좋아하고, 명성과 권위를 원한다. 다양한 활동을 해야 하며 분석적인 일은 좀 더 효과적인 방법을 사용한다. 주어진 업무에 도전 의식을 가지고 성공으로 이끈다.

때론 불안하고 안절부절못한다는 인상을 준다. 매 활동마다 중간 위치에 있기 때문이다. 설득자형은 리더 위치에 서려고 하면 안 된다는 것을 자각하며 현명한 행동을 취한다. 이들은 지원자나 협력자가 될 수 있으며, 주위 사람들과 효과적이고 효율적인 대화를 원한다. 때로는 자만심이 센 사람으로 보이기도 한다. 공격적이고 강압적이게 보이지만 이것은 두려움을 피하고 싶어 하는 당연한 행동이다. 거절을 편하게 하려고 다른 사람의 권위를 사용하며 타인에게 피해를 주지 않으려 한다.

전체적으로 설득자형은 낙천적이고 동기 유도적이며 사람들을 통해 어떻게 결과를 얻어낼 수 있는지를 안다. 이들은 기질 유형 중 가장 사람을 잘 가르친다. 어떠한 어려운 문제에 봉착해도 인간의 마음을 어루만지며 잘 풀어나가 갈등을 해소하는 협상가이자 설득자이다.

조직에 대한 긍정적 요소

설득자형은 외향적인 성격으로 사람들에게 관심이 많다. 친숙한 방식으로 일하면서 동시에 사람들을 설득해서 목적을 이루고, 자신의 관점을 진척시키려고 노력한다.

이 유형은 다양한 활동을 하고 싶어 한다. 다른 사람들이 분석적인 자료를 제공할 때 더욱 효율적으로 일한다. 맡은 임무가 기동력과 도전 의식을 필요로 하는 일일 경우에 이들의 능력이 빛을 발한다.

설득자형은 주위 사람들이 효율적이고도 효과적으로 의사소통하길 바란다. 때때로 사람들은 설득자형의 자신감이 지나치다고 여길지도 모른다. 그러나 이들은 사람들을 통해서 성과를 이루는 방법을 알고 있다.

조직에 대한 부정적 요소

설득자형인 사람은 틀에 박힌 일로부터 자유로워지는 것을 더욱 좋아한다. 명성뿐만 아니라 권세도 얻고 싶어 한다. 이들은 항상 어떤 활동을 하는 중이기 때문에 신경질적이고 안절부절못할 수도 있다. 자신이 리더가 아니라 지지자나 협조자가 될 수 있다는 것을 기억하는 것이 바람직하다. 공격적이거나 밀어붙이는 성격인 것처럼 보일지도 모르지만, 이것은 단지 두려움을 느끼거나, 거부당하거나, 이용당하는 것을 피하기 위한 메커니즘이다.

13. I/D/S 정치가형

개요

속도	일과 사람에 빠름
대인관계	사람을 좋아하고 약자들을 잘 이끌어서 많은 사람이 자기 자리를 찾도록 돕는 리더
선호환경	어려움에 처한 사람들을 도와서 문제를 해결해 주는 상황
스트레스	상대편이 자신의 호의를 오해하고 말꼬리를 붙잡고 늘어질 때

- 유형: 정치가형, 개혁가, 존경받기를 바라는 사람, 사막의 신기루형.
- 장점: 긍정적, 조직을 설득하여 이끌어나감, 배려심, 매력적 리더십, 미래 비전을 심어줌.
- 단점: 세부설계 부족, 산만함, 거짓말, 자기 정직성, 실천 능력 부족, 비도덕적.
- 직업: 정치인, 광고 홍보 전문가, 보험설계사, 마케터, 중소 상인, 상품기획자, 홈쇼핑 호스트.
- 건강: 신장 질환 주의, 많이 걷기, 신선한 해조류 섭취, 교통사고 조심.
- 소통: 세부사항 대화, 사안에 대한 부정적 인식 필요, 약속 실천, 지속적 배려.

특징

정치가형은 사교적이며 친목, 우호적인 성향으로 상황을 이끌어가거나 리더가 되고 싶어 한다. 대부분의 일을 그들이 지닌 숙련된 사회적 능력으로 성취한다. 타인에게 관심을 두고 상황에 순응해 나간다. 주어진 일을 완벽히 마치기 위해서 집중하지만, 자신의 한계와 취약점을 잘 알고 있어서 필요할 때는 주위에 도움을 요청한다.

정치가형은 팀의 리더로서 훌륭할 뿐만 아니라 자신의 능력을 팀 구성원과 기꺼이 공유한다. 그래서 팀 구성원의 임무 수행에도 문제가 없다. 대중성과 인정을 원하며 타인에게 기대를 거는 경향이 있다.

이들은 연구 기획을 지속하고, 사회 활동의 중심에서 서로 관계를 맺으며 지낸다. 자신의 솔직함을 이용해 인간관계나 직장에서 발생할 수 있는 논쟁과 대립을 해결한다. 타인의 기분이나 감정에 민감하며,

모두가 원하는 최적의 환경을 창출하려고 노력을 기울인다.

뛰어난 사회성과 능력을 갖춘 정치가형은 다른 사람에 대해 진심에서 우러나온 감정 이입도 갖고 있다. 이러한 것들이 이들을 훌륭한 모티베이터Motivator로 만들어준다. 낙관적이며 긍정적인 사고를 지녔기에, 사람이나 환경을 평가할 때 그들의 밝고 긍정적인 면을 선택한다.

조직에 대한 긍정적 요소

정치가형은 사교적이고 상냥한 성격이지만, 상황을 추진하거나 지도자가 되는 것도 좋아한다. 사교적인 능력을 통해서 과업을 성취한다. 사람에게 관심을 두고 그들을 수용한다. 정치가형은 리더뿐만 아니라 팀플레이어로도 기능할 수 있다.

팀원들과 신뢰를 쌓는 것을 좋아한다. 끊임없이 프로젝트에 참여하고 사람들과 관계를 맺으며 선두에서 일한다. 정치가형은 솔직한 태도로 분쟁을 해결한다. 타인의 감정에 민감하게 반응하고, 모든 사람을 위해서 친화적인 환경을 만들려고 노력한다. 사람들의 심정을 진실하게 공감해 준다. 이 때문에 사람들을 자극하는 훌륭한 동기부여자가 된다.

조직에 대한 부정적 요소

정치가형은 과업이 성취될 때까지 일에 집중하지만, 자신의 한계를 느끼거나 필요한 경우에는 도움을 요구한다. 사람들에게 인기 있고 인정받기를 바라는데, 사람들을 너무 믿는 경향이 있다.

14. I/D/C 지도자형

개요

속도	일과 사람에 빠름
대인관계	사람을 좋아하고 설득하여 함께 일하며 많은 사람을 키워주고 길러내는 리더형
선호환경	사람들이 많은 곳에서 자신의 이론으로 설득하고 이끄는 환경
스트레스	지루한 일을 강요받거나 자신보다 못한 사람들에게 지시를 받을 때

- 유형: 지도자형, 결단력 있는, 강인한 사람, 사막의 오아시스형.
- 장점: 가장 모범적인 리더형, 정직과 도덕성을 기반한 설득력, 명료한 근거를 바탕으로 한 설득력, 자아 성찰과 자기 반성의 실현, 미래사회에 대한 비전 제시.
- 단점: 감정적 기복, 자기 내면의 양면성에 대한 갈등, 자기 모순, 인내심 부족.
- 직업: 교수, 야당 정치인, 대중 강사, 상품기획, 학원 강사, 행사 기획, 비평가, 학술회 MC, 의회 연설가, 예술가.
- 건강: 간 질환 주의, 과로 주의, 녹색 계열 신맛 음식 섭취, 충분한 휴식, 말을 적게 함.
- 소통: 경청 훈련, 느긋한 대화, 스케줄 조절.

특징

지도자형은 과업지향적이면서도 사람들과 돈독한 관계를 유지하는 것 역시 중요하게 여긴다. 사람 보는 눈이 있어서 기업의 사원 채용 분야에서 두각을 나타낸다. 지도자형은 친절하고 우호적이며 사람들과의 관계에 속하는 것을 좋아한다. 업무 수행에서는 주어진 직무가 제대로 이루어지기를 원한다.

일을 올바르고 정확하게 해내기를 원하기 때문에 특정 상황에서는 압박감을 받는다. 가끔은 거만하거나 지나치게 적극적으로 보일 염려가 있다. 지도자형이 어려운 시기에 다른 사람들의 말에 더 귀를 기울이고, 그들의 요구에 관심을 두고 검토한다면 모두에게 좋은 영향으로 작용할 것이다. 지도자형의 뛰어난 의사소통 기술은 낯선 타인들까지 편안하고 느긋함을 느끼도록 만든다. 이들의 능숙한 대인 기술과 판단력, 논리적인 능력은 사람들에게 영향력을 끼친다. 능란한 화술을 이용해 다른 사람들을 격려하고 용기를 북돋아주기도 한다. 대화나 정보, 의견의 공유에서도 특유의 강점인 융화와 화합의 능력을 내비친다. 지도자형은 결코 구경꾼이나 방관자가 아니며, 지속해서 관계를 맺어가면서 살아간다. 새로운 사람을 만나고, 새로운 모험을 동반하는 자극을 원한다.

조직에 대한 긍정적 요소

과업지향적인 성격을 강하게 드러내지만 사람들을 좋아한다. 사람들을 팀이나 조직 단위로 짜는 것을 매우 잘한다. 지도자형 사람은 친절하고, 여러 사람을 참여시키는 것을 좋아한다. 참여시킨 사람들이 과업을 올바르게 이루는 과정을 보는 것도 좋아한다.

특히 지도자형인 사람은 어려울 때 다른 사람의 말을 더욱 잘 들어준다. 이 유형이 사람들의 필요를 고려하는 일에 집중한다면 모두에게 매우 유익할 것이다. 의사소통 능력이 탁월하므로 낯선 사람 사이에서도 긴장을 풀고 편안하게 할 수 있다. 언어 능력을 사용해서 사람들을 격려하고 용감하게 만든다. 의견이나 정보를 말하고 전달할 때, 조화롭고 일치감을 조성하는 능력을 보인다. 이들은 끊임없이 참여한다. 새로운 모험과 새로운 사람들이 가져다주는 흥미진진한 일을 기다린다.

조직에 대한 부정적 요소

모든 일을 올바르게 하고 싶어 해서 압박감을 느낄 때는 포악해지거나 공격적인 모습을 보인다. 남의 말을 듣는 것보다 자신의 이야기를 더 많이 하려는 경향도 있다.

15. I/S 격려자형(봄, 겨울)

개요

속도	사람에 빠르고 일에 느림
대인관계	따뜻하고 자상하며 남의 아픔을 연민의 마음으로 대함
선호환경	좋아하는 사람들과 먹고 놀기
스트레스	홀로 내버려두거나 주목받지 못하는 상황

- 유형: 격려자형, 상담사, 자비로운 사람, 사랑의 낭비자.
- 장점: 가장 많은 한국인형, 사람 좋은, 따뜻한, 배려심, 위로자, 사람을 좋아함.

- 단점: 일의 규모가 없음, 낭비가 심함, 일의 효능성, 산만한, 지저분한, 비계획성.
- 직업: 연예인, 어린이 돌봄 교사, 사회복지사, 세일즈맨, 백화점 매장 직원, 보험사 직원, 각종 관광 가이드, 요양보호사, 각종 서비스업.
- 건강: 폐나 기관지, 신장 질환 주의, 신체 온도 관리, 과도한 말하기 주의.
- 소통: 즐거운 대화, 세부사항 관심, 실천 대화, 지신과의 시간 필요, 내일 준비.

특징

격려자형은 대개 따뜻함, 동정심, 이해력 등이 깊다. 이기적인 사회 상황에서도 섬세한 봉사로 전체 분위기의 균형을 잡는다. 격려자형은 좋은 경청자이기 때문에 많은 사람이 그에게 다가온다. 억지로 자기 생각을 다른 사람에게 집어넣으려고 하지 않는다.

하지만 심각한 문제에는 소극적이어서 지나치게 참고 인내하다 비생산적이 될 수 있다. 격려자형은 개인적이고 친밀한 사람들과 어울리기를 좋아한다.

너무 많은 리드 타임(기획에서 실행까지의 준비 기간, 기획에서 제품화까지의 소요 시간)이 걸릴 수도 있다. 이들의 그런 점을 이해해야 한다. 격려자형이 맡긴 일을 잘해냈을 때는 경의를 표하고 주목해 줄 필요가 있다.

조직에 대한 긍정적 요소

격려자형은 마음씨가 따뜻하고 이해심이 많아 남의 말을 잘 들어준다. 자기 생각을 타인에게 강요하지 않으며, 편안한 분위기에서 친밀하게 사람들과 관계 맺는 것을 선호한다. 분쟁이 일어날 때는 양보하거나 융통성을 발휘하고, 새 팀원에게 개인적인 관심을 가진다. 타고난 팀플레이어이며, 수용적이고 평온한 환경 속에서는 최상의 일을 한다. 인간관계가 최고로 좋은 사람으로 위로자와 상담자 역이 최상이다. 격려자형이 많은 조직은 사랑과 섬김이 무엇인지 눈으로 보인다.

조직에 대한 부정적 요소

무사안일하고 놀기를 원하다 보니 일을 미루거나 뒷정리가 안 될 때가 많다. 정밀성이 떨어지고 감정적으로 일을 처리하여 문제의 소지가 많다. 남의 말을 거절하지 못해서 중요한 일을 하면서도 하던 일을 뒤로 미루고 사람을 만난다. 그 때문에 성과가 더디다.

격려자형이 지도자면 무능한 사람에게도 관대하기 때문에 팀 전체가 무질서해질 수 있다. 또한 이들은 신중하지 않고 일의 핵심이나 중심을 무시하는 경향이 있다. 타인이 자기가 한 일을 비평할 때 개인적인 모욕으로 받아들인다. 일을 잘했을 때는 칭찬해 줄 필요가 있다. 좋은 사람들과 함께 선한 일을 한다면 격려자형은 사람들을 행복하게 해줄 것이다.

16. I/S/D 헌신자형

개요

속도	사람과 일에 빠름
대인관계	관대하고 타인의 마음을 헤아릴 줄 아는 적극적인 해결사 스타일
선호환경	뜻이 맞는 사람들과 사회 문제를 해결하는 현장
스트레스	과학적으로 분석하거나 수치를 가지고 정확히 측정해야 하는 상황

- 유형: 헌신자형, 동기부여자, 격려자, 상처받는 테레사형.
- 장점: 팀을 위해 자기 희생, 따뜻한 심성, 부드러운 언어와 타인을 배려하는 행동.
- 단점: 자기 정체성, 가족 소외, 체력 소진, 산만함, 일의 방향성.
- 직업: 간병인, 민간 구조대, 자율사회 봉사원, 라디오 상담원, 약자돌보미, 사회복지사, 장례지도사, 안내인, 시민단체 활동가, 개인 갈등 해소 전문상담사.
- 건강: 신장 질환 주의, 일과 쉼의 조화, 발바닥 운동, 신선한 해조류와 죽염 섭취.
- 소통: 상대의 진정한 필요 인식, 비난 불필요, 자부심, 자신에 대한 존재 인식.

특징

헌신자형은 어떠한 목표에 따라 자극을 받았을 때 격려하는 스타일로 나타난다. 일을 수행하면서 주도적인 임무를 맡고 싶어 하지만,

도우미 역할도 가능하다. 지원하는 역할에 행복해하고 만족하기 위해서는 주위의 인정과 평가가 필요하다. 주위 사람들의 기분이나 감정에 신경 쓰며, 어떠한 일을 결정할 때도 다른 사람의 기분이나 의견을 고려한다. 타인과의 관계를 위해서 자신의 뛰어난 능력을 사용하며, 주어진 업무를 빠르고 효율적으로 수행하기 위해서 분투한다.

헌신자형은 뛰어난 문제 해결 능력을 지니고 있다. 근면성과 확고부동한 신념으로, 속한 그룹을 통해 자신의 목표를 달성하고 싶어 한다. 결의와 열정으로 도전에 흔쾌하게 응하고, 긍정적인 결과를 얻기 위해 열심히 노력한다. 헌신자형은 풍부한 창의적 경청과 더 효과적인 대화가 가능하다.

조직에 대한 긍정적 요소

어떤 임무를 주도적으로 이끄는 것을 선호하지만, 협조자로서 봉사할 수도 있다. 뒷받침하는 역할을 할 때 행복한 충만함을 느끼기 때문이다. 헌신자형인 사람은 남이 알아주고 인정해 주기를 바란다. 이 유형이 많은 단체는 인간 존재의 근원이 왜 남에게 베풀 때 행복한지를 배우게 된다. 헌신자형인 부모 아래에서 자라나는 아이들은 온 세상의 어른들이 다 그런 줄 착각할 수도 있다.

조직에 대한 부정적 요소

종종 실패와 거부를 같은 것으로 간주한다. 따라서 이러한 상황에 부딪힐 때는 주위 사람들의 지지가 필요하다. 헌신자형은 자신이 세우려는 사람이 일어서지 못할 때 크게 낙심한다.

17. I/S/C 코치형

개요

속도	사람에 빠르고 일에 느림
대인관계	따뜻하고 상대의 내면에 평화를 줌
선호환경	개인의 정서적 상황을 건강하게 만들어줌
스트레스	빠른 시간 안에 목표를 달성해야 하는 상황

- 유형: 코치형, 부드러운 승자, 따뜻한 진언자.
- 장점: 부드러운 인상, 지혜로운 경청자, 예리한 질문, 배려의 언어, 세부사항 숙지.
- 단점: 숲을 보기 어려움, 결단력, 방만함, 말이 많음, 방향 착오.
- 직업: 전문코치, 상담사, 컨설턴트, 항공기 승무원, 홍보 도우미, 방송 해설자, 리포터, 번역가, 변호사.
- 건강: 폐, 기관지 질환 주의, 과도한 체력 소모 주의, 백색이나 매운 음식 섭취.
- 소통: 결과 중시, 말로만 그치지 말고 실행에 옮김, 실행을 위한 세부계획과 실천 감시.

특징

코치형은 자상하며 남을 배려하는 사람이다. 자신이 영광을 받으려 하지 않고, 자신이 영향을 미친 사람들의 후광이 되는 것을 좋아한다. 2개의 내향적인 기질 때문이다. 그러나 기질을 주관하는 선두

273

주자는 자신을 과시하고 말하기 좋아하는 I형이기 때문에 은근히 자신의 업적이나 다른 사람에게 미친 영향을 알아주길 원한다.

음성이 높고, 분위기가 편안해지면 자신의 업적을 은근히 드러낸다. 그러나 사람을 향해서는 언제나 긍정적이며 좋은 말로 다른 사람들의 마음을 밝게 해준다. 코치형은 C형의 머리로 상대를 분석한 후 따뜻한 S형의 마음과 설득력 있는 I형의 언어로 사람들을 세운다. 사람 속에 있는 가능성을 일깨워주며 항상 행복하게 사는 법을 가르쳐 준다.

조직에 대한 긍정적 요소

코치형의 최대 강점은 상대의 잠재 능력을 바라보고 일깨워줄 수 있는 코칭 능력이다. 이들은 마음을 다치지 않고 일하도록 만든다. 다투는 것을 싫어하기 때문에 일을 하다가 충돌이 생길 때는 차라리 일을 중지한다. 그만큼 사람중심적이다.

코치형에게 인간은 항상 일보다 앞선다. 일이 사람을 위해 존재하기 때문이다. 코치형은 팀 내에서 어느 한 사람도 버리지 않는다. 모든 사람을 자신의 강점으로 일하도록 분석하고 조언해 준다. 마치 맏형처럼 모든 팀원을 염려해 주고 용기를 준다.

사람들이 일을 옳게 하도록 돕는 것보다 바른 일을 하도록 깨우쳐 준다. 이들이 가지고 있는 코칭 에너지는 언제나 다른 사람들을 위해서 사용한다. 그 때문에 언제나 타인을 위해서 존재한다. 전체의 의견을 존중하고, 결코 분위기를 깨거나 앞서 나가려 하지 않는다. 항상 우호적이며 평화적이다.

코치형은 에너지가 매우 충만하고 탁월한 의사소통 능력을 가졌다. 천성적으로 상냥하고 민감하다. 팀의 일원이 되기를 바라고 새로운 프로젝트를 시작하기 전에 예상되는 일을 확실히 알고 싶어 한다. 권위적인 부분의 매개변수가 명확하게 정의된다면 지배적인 지도자로서의 능력도 갖추고 있다. 따라서 직접 하는 것보다는 이끌어나가는 것을 더 좋아한다. 일의 질적인 부분을 의식하고, '훌륭하게 일을 끝냈다.'라고 사회적으로 인정받기를 기대한다. 코치형은 사실에 대한 지식과 상황을 분석하는 능력으로 영향을 미친다. 주위 사람들에게 진실된 관심을 두고 서로 간에 도움Win-Win과 해결 방법을 끌어낸다.

조직에 대한 부정적인 요소

코칭 에너지 때문에 타인의 문제에 깊이 관여하다가 오히려 자신이 망가지거나 자신의 업무가 엉망이 될 위험한 요소를 가지고 있다. 특히 문서 업무나 실행 계획에 흥미를 갖지 않고 인간관계에 치중하다가 타이밍을 놓치는 경우가 발생한다. 거부당하는 것, 비평받는 것, 안전함을 잃는 것을 가장 두려워하기 때문에 타인의 생각을 매우 신경 쓸 수밖에 없다. 코치형은 격식 갖추기를 싫어하고, 아는 것을 타인에게 제공하고 싶어서 말이 많아질 수도 있다.

18. I/C 대인협상가형(봄, 가을)

개요

속도	사람에 빠르고 일에 느림
대인관계	호불호가 심하여 감정 흐름에 따라 관계를 형성함
선호환경	멋진 곳에서 자기를 멋있게 표현할 수 있는 심미적 공간
스트레스	강요된 환경 속에서 재미없는 일을 할 때

- 유형: 대인협상가형, 평가자, 가치를 드러내는 사람, 감정 기복의 예술가.
- 장점: 긍정과 부정 2개의 감정 공존, 예술적 표현 능력, 언어적 감각, 미학의 천재들, 감정 표현과 문학적 능력, 차분한 설득력과 논리.
- 단점: 상반된 감정들로 인한 자기 분해, 감정 기복, 조울증, 편견, 사람에 대한 부정적 시각, 경솔한 행동, 힘든 일 회피, 입으로만 떠들기, 뺀질이, 궤변.
- 직업: 작곡가, 화가, 비평가, 강사, 판매 담당자, 변호사, 중개인, 쇼호스트.
- 건강: 폐, 대장, 간 질환 주의, 평정심 유지.
- 소통: 판단하지 말고 사전 대화, 비판적 시각보다 긍정적 인식, 문제를 풀려는 해결중심 대화.

특징

대인협상가형은 사교성이 좋고, 때로 몰려다니기 좋아한다. 반면 홀로 집에서 나오지 않고 오랜 시간 자기만의 환경 속에 거하는 신중함도 있다. 이들의 우정은 쉽게 발전한다. 의도적으로 다른 사람들과 반대 관점에 서지 않기 위해 자신을 제어한다. 자신의 프로젝트뿐만 아니라 다른 이의 것들도 부추기는데, 이때 남들의 능력을 잘못 판단할 수 있다.

시간을 통제하고 계획을 까다롭게 짠다. 그러면서 본인은 통제로부터 자유로워지기를 원한다. 이들은 재능 있는 사람을 높이 세운다. 분석적인 접근을 한다. 시스템과 정보를 강조하지만, 여전히 사람들을 통해서 프로젝트가 완성되는 것을 좋아한다.

조직에 대한 긍정적 요소

대인협상가형은 고유한 가치뿐만 아니라 사소한 일에도 주의를 기울인다. 과업을 함께 달성해야 할 사람들에 대해서는 자신이 인식한 것과 평가한 것을 결합한다. 의사소통 시작부터 관계를 더 발전시킬 수 있다.

대인협상가형은 주변 사람들에게 영향을 주는 유망한 사람이 되고자 열심히 한다. 평소에 낙관적으로 표명할 뿐만 아니라, 과업을 달성할 때에도 그렇다. 열정과 낙관주의는 I형의 특성이다. 이들은 목표를 성취하는 데 필요한 요소들을 철저하게 평가한 후에 열정적으로 임하는 경향이 있다. 그리고 성취해야 할 과업을 위해서 사람들을 격려한다.

대인협상가형은 보통 성격을 잘 판단하고, 그들의 기준에 일치하는 사람들을 쉽게 신뢰한다. 대중적인 일을 잘하고, 동료들에게도 공평무사하려고 한다. 어떤 거부나 비평도 받지 않기 위해서 자기 자신을 밀어붙인다. 이런 성격의 사람은 I기질의 화술과 C기질의 논리로 가르치는 데에 독특한 재능이 있다. 타고난 감성과 뛰어난 예술적 재능으로 다양하게 봉사한다.

조직에 대한 부정적 요소

2개의 상반된 감정 기복으로 자신의 감정이나 언어가 제어가 안 되며, 주변 사람들에게 불안을 심어준다. 말로서 자신의 감정을 드러내다가 궤변으로 숨은 계시를 알려주는 선지자가 되기도 한다.

자기만의 독특한 지식을 타인에게 강요하여 팀 분위기를 해치기도 한다. 쉽게 미혹당해서 믿음도 극심한 기복을 보여준다. 약삭빠르게 힘든 일에서 빠진다. 연기력으로 팀을 속일 수 있다.

19. I/C/D 업무협상가형

개요

속도	일과 사람에 빠름
대인관계	일을 잘하면서 낭만을 아는 사람에게 끌림
선호환경	문제가 발생하면 타인의 감정을 풀어주면서 설득하고 해결하는 환경
스트레스	지루한 일을 강요받거나 오랜 시간이 걸리는 업무 상황

- 유형: 업무협상가형, 테러 무마자, 최종 승리자, 현란한 변호사형.
- 장점: 탁월한 발상과 실천 능력, 논리와 설득력, 즐거운 상상과 실천, 마음을 읽는 능력.
- 단점: 실리적 발상, 불법과 수단 남발, 약자에 대한 배려 부족.
- 직업: 협상가, 판매 담당자, 수사과 경찰, 보험처리가, 3D 프린팅 설계자, 영화기획, 영화감독.
- 건강: 간 질환 주의, 피로 누적 주의, 녹색이나 신맛 채소 식단, 머리를 쉬게 함.
- 소통: 짧은 은유적 회화 기법, 영상미 넘치는 비유, 촌철살인의 사자성어, 유쾌한 발상.

특징

업무협상가형은 기질 요소가 매력적으로 결합한 유형 중 하나다. 아마도 현대사회에서 가장 선호하는 유형의 사람일 것이다. 사람에 관대하면서도 자기 일에는 철저하게 분석적이고 실천 능력을 갖추고 있다.

특히 타고난 논리적인 설득력으로 사건을 잘 해결하는 강점이 있다. 이들은 사람의 마음을 읽을 줄 안다. 그리고 그들이 어떻게 하면 마음을 여는지도 알고 있다. 업무협상가형은 필요한 때가 아니면 결코 사람을 압박하지 않는다. 상대를 배려하고 최대한 관용을 베푼다. 그러나 아무 조건 없이 관용을 베푸는 사람은 아니다. 평화를 만들고 모든 것이 잘 조화되도록 한다. 서로 손해가 없도록 상생하는 협상 능력을 보인다.

업무협상가형은 샤프하면서도 다양한 재능을 펼친다. 가령 예술적

279

인 부분에선 타고난 감각으로 사람의 마음에 감동을 준다. 어떤 악기를 연주한다면 청중의 심금을 울리는 영혼의 연주자가 될 것이다. 업무협상가형은 결코 손해 보는 일을 하지 않는다. 철저하게 실리적이고 계산적이어서 마지막에 기만당했다는 느낌이 들게 할 수도 있다. 이때에도 기분 나쁘지 않게 적절한 보상으로 마무리를 잘하고 빠져나간다. 그리고 필요할 때 다시 등장한다.

조직에 대한 긍정적 요소

업무협상가형은 협상적 가치나 감각적인 독특한 발상들로 조직에서 월등한 기량을 보인다. 팀에 생기를 불어넣고, 자신의 업무도 완벽하며, 미숙한 사람들도 잘 가르쳐주는 선생이다. 가르치는 타고난 능력은 I/D형을 능가한다. 조직적으로 사람들을 적재적소에 잘 배치한다. 업무협상가형은 항상 낙관적이며 모든 것이 잘될 거라는 유망한 그림을 보여준다. 아름다운 언어와 멋진 의상, 타의 추종을 불허하는 예술적 발상으로 사람들에게 교훈을 주고, 분위기를 화사하게 만드는 재능이 있다.

조직에 대한 부정적 요소

업무협상가형은 자기 마음대로 하는 경향이 강하다. 현학적인 용어를 사용해 다른 이들을 비꼬거나 무시하기도 해서 팀 분위기를 망칠 때가 있다. 말만 그럴듯하게 해놓고 본인은 현장에서 빠져나가 자기가 좋아하는 것을 몰래 해서 욕을 먹기도 한다. 그리고도 상사로부터 꾸중 들을 것을 방어하기 위하여 알리바이를 만들어놓는다. 이들은 현실적인 과도한 업무를 피한다. 편안하고 낭만적인 분위기를 위해 현실과 동떨어진 발상을 해서 손가락질당하기도 한다.

20. I/C/S 조정자형

개요

속도	사람에 빠르고 일에 느림
대인관계	따뜻하나 공평과 질서, 합리성 우선
선호환경	개인의 불편한 상황을 정리해 주고 회복시켜줌
스트레스	자신의 능력보다 더 강한 억압이 작용될 때

- 유형: 조정자형, 총독형, 코디네이터형, 아름다움을 만드는 창조자.
- 장점: 부드러운 칼, 인간에 대한 이해력, 상황에 대한 인간적 배려, 사람의 마음을 잘 다룸, 감정적 공감 능력, 갈등 관리.
- 단점: 전체적 해결 능력 부족, 타인 배려로 인한 자기 갈등, 단호한 결정력 부족.
- 직업: 총무과 직원, 유치원 원감, 교감, 비서실, 총리실, 갈등 조정위원, 요리사, 상품포장 기획, 디자인 기획, 상품 진열 전문가.
- 건강: 폐, 기관지 질환 주의, 신체 온도 관리, 소식, 야식 금지, 뿌리 음식 섭취.
- 소통: 상호 이해의 언어, 부드러운 용어 사용, 결정에 대한 종합적 토의, 인간 배려, 제스처.

281

특징

조정자형은 넘치는 에너지와 우수한 의사소통 능력을 갖췄다. 남을 돌보는 일과 민감함을 천성적으로 타고 났다. 직접적이면서도 다정함이 있고 매우 열정적인 사람이다. 형식에 얽매이지 않으며, 이야기를 즐긴다.

조정자형에게 가장 두려운 것은 거절이나 비판 등 자신의 안전에 불안감을 느끼는 것이다. 따라서 다른 사람들의 견해나 의견에 지나칠 정도로 염려한다. 이들은 새로운 프로젝트를 시작하기 전에 사람들이 무엇을 기대하고 있는지 정확히 아는 것을 좋아한다. 특히 다른 팀원들로부터 자신의 의견이 받아들여지길 원한다. 반면 권력의 특성이 선명하게 규정되어 있으면, 강력한 리더로서 임무 이행 능력을 보인다.

조정자형은 업무의 질에 매우 철저하며, 완벽한 업무 수행에 대해 사회적으로 인정받는 것을 기대한다. 의사소통 능력이 뛰어난 이들은 특정 사실에 대한 지식, 사람 및 상황을 분석하며 사람들에게 영향을 끼친다. 어느 한쪽에서도 비난받지 않을 만한 결과나 해답을 위해 일하며, 주변 사람들을 진심으로 염려한다.

조직에 대한 긍정적 요소

조정자형인 사람은 에너지가 매우 충만하다. 천성적으로 상냥하고 민감하다. 단도직입적이며 열정적이기도 하다. 조정자형은 팀의 일원으로 받아들여지기를 바라고, 새로운 프로젝트를 시작하기 전에 예상되는 일을 확실히 알고 싶어 한다. I/C/S 유형은 I/S/C 유형과 비슷하다. 이 유형 역시 권위적인 부분의 매개변수가 명확하게 정의된다면,

지배적인 지도자로서 일할 수 있는 능력을 갖출 수 있기 때문이다. 누군가를 따라서 하는 것보다는 이끌어나가는 것을 더 좋아하는 점도 그렇다. 일의 질적인 부분을 매우 의식하거나, '훌륭하게 일을 끝냈다.'라는 사회적인 인정을 기대한다.

조직에 대한 부정적 요소

거부당하는 것, 비평받는 것, 안전함을 잃는 것을 가장 두려워하기 때문에 타인의 생각을 매우 신경 쓸 수 있다. 격식을 차리지 않는 것을 좋아하며 그럴 땐 약간 말이 많을 수도 있다.

12

S유형과 복합 기질

21. S 팀플레이어형(겨울)

개요

속도	사람과 일에 느림
대인관계	자기를 필요로 하는 사람들 속에서 안정감을 느낌
선호환경	지속적이고 안정적인 팀원으로 일하는 환경
스트레스	팀원으로서 필요한 정보를 얻지 못할 때

- 유형: 팀플레이어형, 기술자, 안정형, 긴 겨울잠형.
- 장점: 안정적, 온순함, 순응적, 기술력, 다투지 않음, 경청, 양보.
- 단점: 게으름, 방임, 무기력, 임기응변 부족, 결단력 부족, 상황

판단 능력 부족.

- 직업: 공무원, 관리직, 엔지니어, 도예가, 건물보수, 가전제품 수리직, 사회복지사, 물리치료사, 방사선사.
- 건강: 매운 음식 섭취, 걷기, 규칙적 운동, 많이 웃기.
- 소통: 실제적이며 감동적인 대화, 생존에 필요한 정보.

특징

팀플레이어형은 현상 유지의 환경 속에서 언행이 일치된 사람이다. 절제할 줄 알고, 온화한 행동 덕분에 다른 스타일의 사람과 잘 지낸다. 참을성이 있고 신실하며 친구들을 잘 돕는다. 우정은 천천히, 선택적으로 발전한다. 사소한 일을 지루해하지 않고 지침을 따라 일을 잘해나가며 일 처리가 정확하다.

새 프로젝트를 위한 첫 무대에서는 도움과 관리가 필요할 수 있다. S형은 변화에 적응하는 시간이 필요하며 다른 방식대로 일하자고 하면 힘들어한다. 어떤 희생을 치르더라도 대결을 피하려고 하며 감정을 내면화한다. 압력이 가해질 때 수동적으로 저항하게 된다.

조직에 대한 긍정적 요소

팀플레이어(높은 S형) 유형은 사람이 중심인 환경을 변화시키지 않고 계속 유지하는 일을 하면서 착실하고 일관성 있는 성격을 드러낸다. 이들은 뒷받침해 주는 역할을 더 좋아한다. 절제 있고 신중하게 행동하기 때문에 성격이 다양한 사람들과 협업할 수 있다. 사람을 가려서 사귀는 편이다. 팀플레이어형인 사람은 틀에 박힌 일도 지루해하지 않는다. 분명하게 설명된 지침과 규칙에 따라서 최선을 다해서 일한다.

조직에 대한 부정적 요소

팀플레이어형의 가장 큰 두려움은 안전함을 잃는 것이다. 갑작스러운 변화를 힘들어한다. 적응할 시간이 필요하고 옛날 방식으로 일하는 것을 그만두라면 달가워하지 않는다. 뜻밖의 사건을 통해서가 아니라, 착실히 과정을 밟으면서 변화해 가는 것을 더 좋아한다. 팀플레이어형은 일단 결정을 내리면 그것을 계속 고수한다. 완강할 정도로 말이다. 왜냐하면, 결정하는 데 시간을 많이 쏟기 때문이다.

"아니오."라고 말하는 것을 힘들어하고, 어떤 희생을 치르고서라도 평화를 모색한다. 분쟁을 피할 때 감정을 내면화하는 경향이 있다. 팀플레이어형인 사람은 힘들 때조차도 좀처럼 포기하지 않는 태도를 보인다. 모든 과정을 거치는 동안 의지할 수 있는 사람이다. 하지만 평화를 조성하고자 하는 이들의 소망을 약점이라고 오해하지 않도록 조심해야 한다. 한계까지 몰고 가면 꿈쩍도 안 하기 때문이다.

22. S/D 전문적 성취자형(겨울, 여름)

개요

속도	사람에 느리고 일에 빠름
대인관계	관계는 그다지 중요시 여기지 않고 하고 싶은 일에 강한 욕구를 드러냄
선호환경	마음껏 일을 실행할 수 있는 정보와 도구들로 가득한 곳
스트레스	억지로 관심 없는 분야의 일을 하며, 과정과 정해진 원칙을 지켜야 하는 상황

- 유형: 전문적 성취자형, 달성자, 인내하는 사람, 부드러운 변덕자.
- 장점: 자기 분야의 권위자, 축적된 노하우, 실제적 기술 소유, 제조업 분야의 장인, 업무 진행에 장애요소가 없음.
- 단점: 전문성으로 인한 업무 변화가 심함, 기술력 전달 부족, 인간적 감정 부족, 사람을 믿지 않음, 내면의 갈등을 표출하지 않음.
- 직업: 건축업, 의상제조, 광고, 홍보업, 출판업, 의료기 제작, 물리치료사, 미디어 디자이너, 관제사, 선박제조업, 응용 소프트웨어 개발자.
- 건강: 비장이나 위장, 신장 계통 질환 주의, 소식, 발바닥 운동, 가슴 펴기 운동.
- 소통: 유머 활용, 여유 있는 공간, 검소와 실용적인 대화 주제, 업무에 도움 되는 정보 제공.

특징

전문적 성취자형은 객관적이고 분석적인 사람이다. 개인적 목표에 따라서 내적으로 동기가 유발되는 업무중심의 사람이다. 차분한 안정성과 견디는 특성이 성공 요인이다. 전문적 성취자형의 고집은 프로젝트가 시작된 후 목적을 위해선 어떤 어려움도 헤쳐나가게 하는 힘이다. 독립적이고 질문을 많이 하는 접근 방법은 계획을 완수하는 데 도움을 준다. 이 유형은 결과를 가지고 자신과 남들을 평가하는 실용적인 사람이다. 결과에 대한 압박으로 무뚝뚝해지고 감정을 잘 드러내지 않을 수 있다.

조직에 대한 긍정적 요소

전문적 성취자형은 객관적이고 분석적인 성격으로 매우 독립적이지만, 팀의 일원으로서 일을 잘해내는 것도 좋아한다. 독재적인 성격이 강하고 고집이 세서 일에 관한 한 주도적이다. 전문적 성취자형은 내적 원천에서 동기를 끌어낸다. 결단력을 드러내며 많은 일을 성공적으로 해낸다. 착실한 성격 때문에 훌륭한 리더가 될 수 있고, 그런 성격 때문에 일을 계획하고, 그 계획을 실행할 수 있다. 단호한 성격 덕택에 매우 큰 장애에 부딪혔을 때조차도 극복한다. 전문적 성취자형은 함께 일하는 사람들보다 목표를 성취하는 일에 더 초점을 맞춘다.

조직에 대한 부정적 요소

이 유형은 가장 실제적인 사람이다. 과업을 완성하고 의로운 사람이나 승리자로 여겨지고 싶은 개인적인 목표나 내적 충동이 강하다. 업무에 초점을 맞추기 때문에 다른 사람들을 배려하지 않을 수도 있다. 이것이 무관심하고 냉담하게 보이게 하는 원인이 될 수 있다. 전문적 성취자형은 대인관계가 그리 좋지 않을 때, 내적인 번뇌를 하는 경향이 있다. 일을 도맡아 하면서도 일을 못하는 사람에 대한 분노로 팀 분위기를 나쁘게 한다. 제일 고집스러운 사람인데, 이런 성격의 사람은 쉽게 그만두지 않으며, 오랜 시간 동안 해결되지 않은 일에 매달릴 수 있다. 그럴 때는 에너지를 부정적인 방향으로 소진한다.

목표를 이루어나갈 때는 과업 외에도 대인관계를 중요하게 생각하면서 그 관계를 잘 유지할 수 있도록 격려해 줘야 한다. 전문적 성취자형은 타인의 감정에 무관심하다. 사람을 믿지 않기 때문에 일에 중복성이 심하다. 좋은 일은 금방 실행으로 옮기다가 문제가 발생하면 빨리 정리해 버린다. 그 때문에 지시에 따라 꼼꼼하게 준비한 C형이나 이미 작업하고 있는 D형은 분노한다.

23. S/D/I 디자이너형

개요

속도	전문적 일에 빠름
대인관계	타인을 힘들게 하지는 않으나 속을 드러내지 않고 변덕이 심함
선호환경	제조업 분야에서 자기만의 독특한 구상을 실천하여 만들어냄
스트레스	업무에 몰두하지 못하도록 말을 많이 하는 환경

- 유형: 디자이너형, 감각적 실행자, 탐구자형, 옹고집 도예가.
- 장점: 그림의 사물화 능력, 대범함, 효율적 사고, 유연성, 사고 능력의 초현실성. 빅 픽쳐.

- 단점: 비현실성, 논리 비약, 초현실성으로 인한 이해력 부족, 시대를 앞섬.
- 직업: 3D 프린팅 디자이너, 광고, 홍보업, 정치인 홍보기획, 상품 광고기획, 건축 디자이너, 도시 설계, 공원 디자이너, 길거리 디자인, 패션 디자이너.
- 건강: 신장 질환 주의, 해조류 섭취, 발 운동, 허리 운동.
- 소통: 은유와 비유적 언어, 미래사회 주제, 초현실적 주제.

특징

디자이너형은 사람들과 잘 어울리며 사람들에게 놀랄 만한 것들을 보여주려 한다. 돌발적인 상황에 잘 대처하며 형식에 짓눌리지 않는다. 이들은 묘기 대행진 출연자처럼 아무도 예기치 못한 일을 꾸민다. S형과 D형의 상반된 에너지가 이렇게 천재적인 일을 하도록 만든다. 디자이너형의 마지막 기질인 I형은 이런 독특한 에너지들이 사람을 향하도록 만드는 키 역할을 한다.

이들은 재미있는 사람이 되고 싶어 한다. 그 발상은 가히 천재적이다. 자신의 전문적인 영역을 고수하지 않고 항상 새로운 아이디어를 창출한다. 특히 틀을 바꾸고 시스템을 조정하는 데에는 타고난 감각이 있다. 하지만 마음속 깊이 깔린 두려움을 극복하기 힘들다. 돌발적인 행동으로 사람들에게 버림받지는 않을까 하는 두려움이 있다. 또 자신이 떠올린 천재적 발상의 비효율적인 모습이 드러나면 스스로에게 분노한다.

조직에 대한 긍정적 요소

이들은 철저한 팀플레이어다. 성실한데 놀기도 좋아하며 자기 일에 서는 전문적이다. 조직을 먼저 생각하고 활기찬 운영을 위해 적극적 으로 일한다. 외양적 시스템을 만드는 데 타고난 감각을 가진 사람이 다. 외양적 시스템이란 밖에서 보이는 조직의 운영체제를 말한다. 자 연스럽게 조직을 디자인하고, 사람들의 부서를 재배치하고 일을 바꿔 주는 등의 업무 조정을 잘한다.

디자이너형은 화려한 디자인 감각이 있어서 사람들에게 자신이 하 는 일이 대단하고 가치 있다고 인식시킨다. 일이 많아져도 두려움 없 이 더 힘을 내어 일한다. 대외적인 대형 프로젝트 설계에도 능하다. 현장을 꾸미는 일에도 화려한 디자인 감각을 살려 분위기를 띄우고 사람들을 흥분하게 한다.

조직에 대한 부정적인 요소

디자이너형은 현장중심의 감각을 살려 업무를 재미있게 만든다. 하 지만 계속 떠오르는 감각이 오히려 자신을 혼란스럽게 만들 때가 있 다. 차분하고 지속적인 업무 성격과는 달리 이 유형의 감각에 맞추다 보면 처음 의도했던 것과 다른 양상을 띠게 된다. 마지막에 가서는 아 주 이상한 모양이 되어 팀 전체가 혼돈에 빠질 수도 있다. 업무 지침 을 자주 변경하기도 한다. 자신이 좋게 생각하는 쪽으로 시도 때도 없 이 지시하거나 바꾸기 때문에 팀원들이 믿지 않는다. 디자이너형은 밖에서 남몰래 사람을 만나고 일을 만들어온다. 이 때문에 어디서부 터 일을 시작해야 할지 업무 시스템에 혼선을 준다. 디자이너형에게 제일 중요한 건 팀원들에게 믿음을 주는 일이다.

24. S/D/C 수사관형

개요

속도	전문적 일에 느림, 사람에도 느림
대인관계	직감을 활용하여 사람에게 다가감
선호환경	일이 성취될 수 있도록 직관과 세부자료들을 활용할 수 있는 환경
스트레스	목적 없는 놀이나 쇼핑, 여행 같은 여가 활동

- 유형: 수사관형, 문의자, 일관성 있는 사람, 정곡을 찌르는 사람.
- 장점: 한곳에서의 승부, 장기적 업무 능력, 포기하지 않음, 마침 내 승리, 사소한 일에 빠지지 않음, 업무집중력.
- 단점: 비인간적, 공감 능력 부족, 타인을 향한 차가운 인식, 일 로 사람을 평가.
- 직업: 경찰공무원, 감독직 공무원, 금감원, 은행감독원, 민정 실, 국과수, 선박·항공 관리업, 제조 물품 감독, 수출입 세관업, 감사원.
- 건강: 소화기 질환 주의, 많이 웃기, 건강한 마음, 긍정적 사고 와 긍정의 언어, 황색 음식과 단맛 나는 음식 섭취, 육류 섭취 주의.
- 소통: 피로를 푸는 가벼운 소재의 코믹 드라마나 전쟁 영화 관 람, 가족과 가까운 사람들에 대한 배려 언어 훈련.

특징

수사관형은 참을성이 있고, 자제심이 강한 성향이다. 실마리나 사실을 탐구하기 좋아한다. 일관된 방향으로 일을 추진해 나간다. 신중하고 겸손한 사람이기에 많은 사람과 잘 어울린다. 일관성 있고 붙임성도 좋다.

자발적으로 천천히 일하지만, 현상 유지를 환영하며 한계선이 정해지는 것을 싫어한다. 예측 가능한 환경을 기대한다. 이들에게는 격려와 약간의 도전, 진실된 감사를 표현하는 자세가 필요하다.

조직에 대한 긍정적 요소

수사관형은 목표를 성취하는 끈기와 참을성이 있다. 절제하며 실제적인 성격의 사람이다. 신중하게 일을 계획하지만, 적극적으로 질문하고 자료를 수집한다. 그런 다음 방침대로 일관성 있게 노력한다. C기질이 포함된 수사관형은 일반적으로 천천히 일을 시작한다. 변화에 신속하게 적응하지 못한다.

두 번째에 자리한 D기질에 의해 목표지향적이고 맡은 임무에 적극적으로 임하는 경향이 있다. 수사관형은 단호하게 결정을 내리는 성격이기 때문에, 많은 일을 해도 성공적으로 해낸다. 논리적이고 분석적으로 따져서 결정을 내리고, 결정을 내린 후에는 거의 완고할 정도로 고수한다. 수사관형은 도전적이다. 좋은 결과를 얻을 수 있을 것같으면 포기하지 않는다. 서비스지향적인 성격이고 매우 믿을 만한 사람이다.

조직에 대한 부정적 요소

수사관형은 사려 깊고 온화하며, 대인관계를 잘 맺지만 필요한 경우에는 단호한 태도를 보일 수 있다. 친밀한 관계가 매우 중요하지만 사람을 가려서 사귀는 경향이 있다. 자기의 이익을 위한 장기적인 계획은 아무도 모를 수 있다. 부정적 관계가 심화될 때 아무 말 없이 팀을 이탈할 수 있다.

25. S/I 조언자형(겨울, 봄)

개요

속도	사람과 일에 느림
대인관계	기꺼이 약자를 돕거나 조용히 친구가 되어주는 사람
선호환경	편안한 분위기에서 친구들과 함께 맛있는 것을 먹으며 쉴 때
스트레스	어려운 난제를 혼자서 풀어야 할 때

- 유형: 조언자형, 상담사, 자비로운 사람, 밀착형 위로자.
- 장점: 사람 존중, 편안한 친구, 따뜻한, 친절한, 배려 넘치는, 동반자.
- 단점: 의존적, 문제 해결 능력 부족, 일의 비능률성, 게으름, 낭비 구조, 자기 주장 빈약.
- 직업: 상담사, 사회복지사, 요양보호사, 심리치료사, 사랑의 전화 콜센터 직원, 웃음치료사, 코치.

- 건강: 폐, 기관지, 신장 질환 주의, 매운맛의 뿌리 음식과 신선한 해조류 섭취, 등산.
- 소통: 사람을 돕는 이야기, 구체적 사안에 집중, 독립적 인생 도움, 나눔과 베푸는 대상.

특징

조언자형은 항상 한결같다. 일터나 집에서 좋은 관계를 유지하기 위해 노력하는 사교적인 사람이다. 보통 I기질이 두 번째 특성이면 개인적이며 독립적인 경향이 강하고, C기질이 두 번째 특성이면 소극적이고 세부적인 모습을 보인다.

이들이 결심하면 그 마음을 바꾸기란 몹시 어렵다. 이 유형은 다른 사람을 지지하고 그들의 아이디어를 응원한다. 특히 조언자형은 패배자를 지지하는 경향이 있다. 보통 의견이 갈릴 경우 약자 편에 선다. 그러다 본인이 생각하는 방향으로 가지 않는다면 좌절감을 느낀다.

조언자형은 한 팀의 구성원으로 소속되길 원한다. 한계가 뚜렷하지 않으면 자신을 위해 무언가를 결정하는 일이 쉽지 않다.

온건하고 꼼꼼하고 의존적인 경향이 있다. 종종 다른 사람을 위해 그 입장에 서서 기꺼이 중재할 만큼, 강한 정의감과 충성심을 갖고 있다. 항상 한 이슈를 2가지 측면으로 생각하려고 노력한다. 조언자형은 다양한 견해를 접하면서 평화주의자적인 사람이 되고자 한다. 이슈에 초점을 두는 것이 아니라 사람에 두려고 한다. 인간관계에서 사람들의 기분에 매우 민감하다.

조직에 대한 긍정적 요소

마음씨가 따뜻하고 이해심이 많아 남의 말을 잘 들어주며 자기 생각을 타인에게 강요하지 않는다. 편안한 분위기에서 사람들과 친밀한 관계를 맺는다. 제 선에 한해서 분쟁이 일어날 때는 양보하거나 융통성을 발휘한다. 조언자형은 타고난 팀플레이어다. 수용적이고 평온한 환경 속에서 최상으로 일한다. 대인관계를 가장 잘하며 위로자와 상담자 역에 적합하다.

조직에 대한 부정적 요소

무사안일하고 놀기를 좋아하여 일을 미룰 수 있다. 정밀성이 부족하여 일하는 데 문제의 소지가 많다. 특히 부탁을 거절하지 못한다. 지금 중요한 일을 하면서도 하던 일을 뒤로 미루고 사람을 만난다. 일에 성과가 없을 수 있고 팀 전체가 무질서해질 수 있다. 뒷정리하는 부분이 약하기 때문에 일 마무리가 안 된다. 신중하지 않아 일의 핵심을 놓치기도 한다. 업무상 오류를 범하여 팀을 해롭게 할 수 있다.

26. S/I/D 평화적 지도자형

개요

속도	사람을 돕는 일에 빠름
대인관계	사람들을 도와서 사회의 일원이 되게 함
선호환경	사회적 약자들을 고난과 고통에서 구하도록 부여된 리더십
스트레스	리드해야 할 일이 절차와 과정으로 가로막힐 때

- 유형: 평화적 지도자형, 상담자, 설득자, 좋은 게 좋은 사람.
- 장점: 사람 존중의 리더십, 궁극적 목표 지향, 모든 사람에 참여 독려, 인간애.
- 단점: 세부실천 사항 부족, 뜬구름 잡는 이상주의, 의사 전달 모호, 설계도 빈약.
- 직업: 정치인, 사회사업가, NGO·NPO 단체, 동물보호단체, 약자보호시민운동, 디자이너, 도시건축 디자이너.
- 건강: 신장 질환 주의, 신체 온도 주의, 음양의 조화, 채식 식단, 미역·다시마 등 해조류 섭취, 발바닥 운동.
- 소통: 약자에 대한 주제, 세부사항 준비, 법적 근거와 업무 특수성 자료.

특징

평화적 지도자형은 세부과정에서 자신의 의견을 고집하지 않는다. 모든 사람의 이야기를 듣고 난 뒤에 종합하는 기술을 가지고 있다. 그래서 누구나 평화적 지도자형에게 무슨 말이든 하고 싶게 한다.

이 유형은 종합하는 능력을 통해 최종적인 결론을 지혜롭게 내릴 줄 아는 훌륭한 리더이다. 강하고 시끄러운 D형은 경쟁이 심한 곳에서 기능을 발휘하는데, D형은 이 S/I/D형에게 하고 싶은 말을 다 한다. S/I/D형은 D형이 마음껏 말하도록 유도한 후 끝났다 싶을 때 자신이 감추어놓은 최종적인 비전을 제시한다. 이 비전에는 모든 사람의 중의가 들어있어서 갈등이 심한 곳에서는 절묘한 합의점을 도출한다.

평화적 지도자형 안에도 D형의 요소가 있으므로 D형이 원하는 만큼 자신도 어느 정도는 원한다. 분쟁에서 중재적 능력이 강할 뿐 아니라 들어주고 설득하고 실행에 옮기는 훌륭한 리더십도 갖췄다. 평화적 지도자형은 사람에 관대하고 포용할 줄 아는 관용의 에너지를 가지고 있다. 누구든지 이들에게 걸리면 스펀지처럼 흡수된다. 평화적 지도자형은 견인의 마력을 가진 사람이다.

조직에 대한 긍정적 요소

평화적 지도자형은 부하 직원으로 있을 때와 상사로 있을 때 확연히 그 차이가 드러난다. 부하 직원으로 있을 때는 조용히 일하는 사람으로서만 자리매김한다. 그러나 상사가 되었을 때는 본연의 리더십을 충분히 발휘한다.

이들은 직장 내에서 리더십을 보이며 성실하게 일한다. 빠른 업무 수행 능력으로 결과를 얻기 때문에 직급이 상향 조정되어야 회사나 본인에게 득이다. 이 유형이 팀의 리더가 되어 말도 많고 탈도 많은 부서에서 근무한다면? 얼마 가지 않아 분쟁이 멈추고 모두가 평화롭게 일하게 된다. 평화적 지도자형 안에 들어있는 평화 에너지가 그만큼 강하기 때문이다.

조직에 대한 부정적 요소

평화적 지도자형은 대중의 의견을 수렴하는 유형이기 때문에 빠른 처리가 필요한 부분에서는 위험할 수 있다. 빠른 일 처리 훈련이 되어 있지 않으면 들어주다가 때를 놓칠 수 있기 때문이다. 타인의 마음을 위로하고 알아주는 부분은 강하지만 정작 자신은 무엇을 생각해야 할지를 세부과정에서 잃을 수 있다. 전체를 아우르는 에너지는 강하다. 그러니 자신이 의도하는 바가 옳다고 판단될 때는 빠르게 D형으로 전환해서 일을 마감하도록 한다.

27. S/I/C 상담자형

개요

속도	사람을 돕는 일에 느리지만 효과적
대인관계	상처받은 사람들에게 연민의 치료자
선호환경	깊은 내면의 아픔을 가진 개인에게 위로와 치료자로서의 능력 발휘
스트레스	조속한 해결을 바라는 사람들과 환경

- 유형: 상담자형, 대리인, 지지자, 결론 없는 긴 대화형.
- 장점: 속 깊은 인간에 대한 이해, 배려, 심리적 개입, 삶의 문제에 관한 다양한 경청과 조언, 정보 제공과 경험 나눔, 공감 능력.

- 단점: 말로써 끝날 소지가 많음, 전체적인 방향성이나 결정적 동기부여가 약함, 이론으로 둘러싸인 방만함.
- 직업: 상담사, 컨설턴트, 광고, 영화 스태프, 드라마 작가, 기차 방송 안내원, 바둑 해설자.
- 건강: 폐와 기관지 계통 주의, 몸을 따뜻하게, 백색인 뿌리 음식을 맵게 섭취.
- 소통: 자기 방향성, 미래 그림, 고객에 대한 전문성, 결정적 대화, 언어 사용의 기술.

특징

상담자형은 타인의 상처에 관심을 둔다. 남이 아파하는 부분을 같이 아파할 줄 알고 아픔을 달래준다. 상대의 문제를 알면 해결해 주려 한다. 빠른 도움을 주지는 않으나 들어주는 기능이 강하므로 상대의 마음을 시원하게 만든다.

상담자형은 중재 능력이 강하고, 차분하며 질서에 순응한다. 원칙적이고 인간적이라 어떤 업무도 빈틈없이 잘 처리한다. 특히 총무과 같은 곳에 근무하면 모든 구성원이 회사에 반발이 없도록 만든다. 다른 회사의 D형 협상가나 구매자들을 대할 때 S/I/C 유형은 특히 유리하다. D형을 상대로 오래 참고, 부드러움을 잃지 않으므로 마치 유연한 물이 강한 쇠를 이기는 것처럼 결국은 승리를 쟁취한다. 이 과정이나 결론에서도 타인의 마음에 상처를 주지 않는다. 모든 일을 지혜롭게 처리하기 때문에 뒤탈이 없다. 도리어 상대로부터 그 회사에는 좋은 사람이 있다는 인식을 준다.

조직에 대한 긍정적 요소

상담자형은 착실하고 사교적이며, 직장에서나 집에서나 화평한 관계를 조성하기 위해 노력한다. I기질이 두 번째 성격일 경우에는 개인주의적이고 독립적인 경향을 보인다. C기질이 두 번째 성격일 경우에는 수동적이고 사소한 일을 중시하는 경향이 있다. S/I/C형은 팀의 갈등을 해소하는 데 가장 적극적으로 나설 수 있는 사람이다. 패배자들을 위로해 주고 지지한다. 온화하고, 빈틈이 없고, 믿을 수 있는 사람이다. 다른 사람들을 대신해서 기꺼이 중재에 나선다.

정의감과 충성심이 강하다. 항상 문제의 양면을 생각하려고 노력한다. 이런 성격은 상식이 있는 사람으로 통한다. 또 문제를 다양한 관점으로 보기 때문에, 평화를 조성하는 데 탁월하다. 평화를 조성할 때는 관계된 문제가 아니라, 관계된 사람들에 초점을 맞춘다. 상담자형은 관계를 중시하므로 타인의 감정에 민감하다. 이들은 회사의 관리부나 상담소에서 일해야 자신들의 에너지를 시너지로 사용할 수 있다.

조직에 대한 부정적 요소

상담자형은 마음을 정하면 바꾸기가 매우 어렵다. 다른 사람들이 자신과 자기 생각을 지지해 주는 것을 좋아한다. 반대자가 많고 상황이 뜻대로 되지 않으면 좌절감에 빠질 수도 있다. 경계가 확실하지 않다면, 상담자형은 결정 내리기가 어려울 수 있다. 결정적일 때 두려움으로 한 발 뒤로 물러설 수 있기 때문이다. 극단의 어려움 속에서는 이기적으로 돌변할 수도 있다.

28. S/C 관리자형(가을, 겨울)

개요

속도	사람과 일에 느림
대인관계	누군가가 원칙을 가지고 자신을 이끌어주기를 좋아하는 팔로워
선호환경	음식과 자기 물건, 잠자리가 편안한 환경
스트레스	강요된 상황에서 단독적으로 책임을 져야 할 때

- 유형: 관리자형, 순응형, 지혜로운 외교관.
- 장점: 행정력, 전문 분야 기술, 정리, 관리, 보관, 기록, 차분함, 단순 반복 업무, 화내지 않는, 편안함, 순응적, 조직중심 사고.
- 단점: 야망이 없음, 꿈이 없음, 지나친 현실지향, 게으름, 순응적 구조로 인한 개혁 능력 부족, 자기 주장 약함, 자아 실현 목표 부족, 가족 배려.
- 직업: 공무원, 모든 관리직, 한의사, 임상병리사, 병원 사무장, 법률 사무원, 보육교사.
- 건강: 폐와 위장 등 신체 상부기관 허약 주의, 햇볕을 많이 쐬고, 양기를 많이 흡수하는 운동.
- 소통: 가족과 함께 대화, 정기적인 야외활동, 여행 및 가족 간 놀이 문화, 실용적 대화.

특징

관리자형은 온순하고 세부지향적인 천성을 띤다. 사람에 관심을 가지며, 업무를 아주 꼼꼼하고 완벽하게 마치는 능력이 있다. 안전을 장려하는 안정적인 환경을 원한다.

일반적으로 S/C형은 어떤 이슈에 관해서 주의 깊게 생각한다. 이때 그 결정이 사람들에게 어떠한 영향을 미치는지에 중점을 둔다. 관리자형은 완벽주의자들과 같이 어떤 일을 결정할 때 정확한 사실이나 수치가 필요하다. 포기하고 싶거나 빠른 결정을 내려야 할 때나 자신의 결정이 타인에게 영향을 미치는 상황에서 강한 스트레스를 받는다.

관리자형은 사람을 좋아하지만, 특히 자신이 좋아하는 가까운 지인을 더 선호한다. 선택권이 주어지면 대규모보다는 소규모 그룹을 선택한다. 굉장히 민감하고 섬세하므로 심한 비난과 혹평에 대해서는 자기 감정을 다스리지 못하거나 통제하지 못한다. 정확성은 관리자형이 하는 모든 일에 꼭 필요한 요소이다. 종종 자신의 생각을 숨기는데, 다른 사람들은 관리자형의 강한 신념이나 의견을 쉽게 알아차리지 못한다. 안정 지향의 S/C형은 자신이 지지하는 지도자에게 충성하는데, 팀의 구성원으로도 훌륭한 사람이다. 이들을 잘 이해하려면 구약성경 창세기에 나오는 요셉을 떠올리자.

조직에 대한 긍정적 요소

상냥한 성격이며 사소한 일을 매우 중시한다. 사람들에게 관심이 있고, 사람들이 꼼꼼하게 과업을 완성하게 하는 자질이 있다. 안전한 환경을 원하는 관리자형은 일반적으로 문제를 신중하게 생각하는 것을 좋아한다. 결정한 것이 사람들에게 어떠한 영향을 줄지도 심사숙고한다. 결정을 내리기 전에 정확한 정보를 알고 싶어 하며, 모든 일을 정확하게 하는 게 필수 요소다.

조직에 대한 부정적 요소

버림받은 것 같은 상황이나, 신속히 결정을 내리도록 강요당할 때 불편함을 느낀다. 특히 자신이 내린 결정이 다른 사람들에게 영향을 줄 때는 더하다. 사람들을 좋아하지만 가까운 친구 몇 명만을 두는 것을 선호한다. 말이 적어 주변에서 내면의 아픔을 알 수 없으니 소통도 어렵다.

29. S/C/D 전략가형

개요

속도	사람과 일에 느리나 전략적 결과 실행 시에는 빠름
대인관계	사람보다는 자기의 성취에 관심이 많고 편협한 대인관계를 지향함
선호환경	깊은 숙고와 전략적 해결책으로 문제를 해결하여 자신의 목적을 달성함
스트레스	목표 없는 상황에서 쾌락하기

- 유형: 전략가형, 문의자, 일관성 있는 사람, 뛰는 놈 위에 나는 놈.
- 장점: 최후의 승리자, 인내심, 계획성, 설계와 실천, 굴욕도 감당, 목표지향적, 승리의 화신, 버릴 것과 취할 것을 구분해 놓음, 업무중심.
- 단점: 비정한 인간애, 승리지향적, 머릿속 구조를 모름, 음흉한 그림들, 복수의 칼날, 비굴한 인내, 시간의 실존적 가치 상실.
- 직업: 정치인, 무술가, 법조인, 대형 프로젝트 감독, 발명가, 물

리학자, 정치 전략가, 영화 대본 작가, 영화감독, 도시조경 공사.

- 건강: 비장부 질환 주의. 황색 계열의 단맛 나는 음식 섭취, 충분한 수분 섭취.
- 소통: 명랑한 마음과 웃는 얼굴, 긍정의 언어, 인류사적인 큰 그림 설계, 더불어 살기, 사람을 이용하거나 속이지 말기.

특징

전략가형은 스스로 지도자가 되려고 하지는 않는다. 하지만 지도자의 부재 시에는 침착하면서도 책략이 뛰어난 전략가로 등장한다. D기질의 구조가 S/C기질을 받들고 있으므로 남에게 짜증은 내도 먼저 폭발하는 일은 드물다. 다만 C기질로 분석한 정보를 S기질로 마음속 깊이 조금씩 모아놓았다가 결정적일 때 큰 것 한방을 터뜨리곤 한다.

전략가형은 성실하여 맡은 일에 책임을 다한다. 압박하에서도 오래 참지만 스스로 살길을 준비한다. 오랜 세월 경험한 자신만의 노하우를 바탕으로 자신의 것을 반드시 챙긴다. 그리고 언젠가는 독립적인 영역을 쟁취하기 위하여 탈출한다. 성경에 나오는 야곱이 이 유형이다. 야곱은 외삼촌 집으로 도망가 있으면서도 자기의 급여를 떼어먹는 D/I형 외삼촌 라반에게서 벗어나려 한다. 야곱은 외삼촌의 양들을 신비한 방식으로 번식시킨 후 자기 소유로 만든다. 그리고 외삼촌이 먼 길을 떠난 사이에 날짜를 계산해서 탈출한다. 야곱의 전략성은 평생 그의 삶이 힘들었기 때문에 발달했다. 팥죽 한 그릇으로 형의 장자권을 빼앗는 전략적 기질을 어릴 때부터 발휘한 것처럼. 외가의 D형 욕구 성향과 친가의 S형 계산적 성향이 결합한 덕택도 있다.

조직에 대한 긍정적 요소

전략가형은 목표를 성취하는 끈기가 있고 참아낼 줄 안다. 긴 시간을 버텨내는 사람이다. 신중하게 일을 계획하며 적극적으로 연구하고 자료를 수집한다. 그런 다음 결정된 방침대로 일관성 있게 실행한다.

C기질이 두 번째로 나오는 전략가형은 일반적으로 천천히 일을 시작한다. 변화에도 신속하게 적응하지 못한다. 보통 D기질이 두 번째면, 보다 목표지향적이고 맡은 임무에 적극적으로 임하는 경향이 있다. 전략가형은 단호하게 결정을 내리는 성격이다. 그 때문에 많은 일을 동시에 해도 성공할 수 있다. 논리적이고 분석적으로 따져서 결정을 내리고, 결정을 내린 후에는 거의 완고할 정도로 고수한다.

이들은 도전적이고, 좋은 결과가 있을 것 같다고 생각하면 포기하지 않는다. 서비스지향적인 성격이고 매우 믿을 수 있다. 전략가형을 잘 이해하려면 중국 드라마 〈최후의 승자〉에서 사마의란 사람을 보면 알 수 있다. 왜 그가 마지막까지 손에 거북이를 들고 있었을까? 그는 천하제일의 기재 제갈공명을 이기고, 조조의 4대손까지 섬기다가 하루아침에 천하를 자기 손에 움켜쥔 사람이다.

조직에 대한 부정적 요소

전략가형은 성격이 온화하고 사려 깊다. 대인관계도 좋다. 하지만 경우에 따라 단호한 태도를 보인다. 친구도 가려서 사귀는 경향이 있다. 친밀한 관계를 매우 중요하게 생각하기 때문이다. 자신의 이익을 위해 장기적인 계획을 세우는데, 주변에서는 눈치채지 못한다. 관계가 부정적으로 심화되면 아무 말 없이 팀에서 이탈하기도 한다.

30. S/C/I 평화중재자형

개요

속도	일에 느리지만 갈등 해결에 효과적
대인관계	인간 사이의 갈등의 고통을 겪는 사람들을 향한 애정
선호환경	자신이 도움을 주어 갈등으로 고통을 겪는 사람들이 화해와 평화를 누리는 시스템
스트레스	주변의 사람들이 자신의 역할에 대하여 오해와 불신할 때

- 유형: 평화중재자형, 대리인, 지지자, 내 돈 쓰는 유엔 대사.

- 장점: 인간애, 차분한 동정심, 갈등 해결, 자기 희생, 평화주의자, 탁월한 경청자.

- 단점: 황희 정승식 애매한 표현, 양쪽이 동시에 해결이 안 됨, 결정적인 상황에서의 도피, 스트레스를 이기지 못함, 단호한 결정력 부족.

- 직업: 유엔기관, 평화재단, NGO·NPO 단체, 사회복지사, 보육교사, 교사, 가정상담사, 성·폭력 문제 상담사, 노인요양보호사, 갈등 조정관, 협상가.

- 건강: 폐와 기관지 질환 주의, 금연, 추위와 온도 조절, 백색인 뿌리 음식 섭취, 따뜻한 물 섭취.

- 소통: 책임지는 능력, 문제 해결의 지혜, 자기 관리, 남을 돕는 분야의 사람들과 소통.

특징

평화중재자형은 매우 세부적인 것에 중심을 둔다. 집이나 집 밖에서나 적극적으로 이끌어가며 인간관계가 안정되고 사교적이다. 한편 개인주의적이고 독립심도 강하다. 사람들을 좋아하고 약한 자들을 후원하는 경향이 있다.

사람들의 의견이 일치한 팀에 속하려고 하며 가고자 하는 방향대로 가지 않으면 좌절한다. 이 유형은 팀의 일원으로 흡수되는 것이 필요하다. 평화중재자형은 서로 좋아하는 사람들을 원한다. 절제하고 철저하며 신뢰할 만하다.

조직에 대한 긍정적 요소

평화중재자형은 유형 이름처럼 착실하고 사교적이다. 어디를 가든지 화평한 관계를 조성한다. 두 번째 자리가 C기질일 경우에 수동적이고 사소한 일을 중시한다. 이 유형은 상담자형처럼 팀의 갈등을 해소하는 데 적극적으로 나선다. 업무 처리에도 빈틈이 없다. 대의를 위해 기꺼이 중재에 나선다.

평화중재자형은 상식이 있는 사람으로 통하는데, 정의롭고 충성심이 강한 스타일이다. 문제가 발생해도 이면을 보려고 노력한다. 이런 다양한 관점 덕분에 평화를 조성하는 데 탁월한 능력을 발휘한다. 평화중재자형은 문제보다 사람에 초점을 맞춘다. 인관관계를 무엇보다 중시하므로 타인의 감정에 예민하다. 이런 역할 때문에 평화중재자가 사라지면 모임도 사라진다.

조직에 대한 부정적 요소

자신과 자기 생각을 지지해 주는 것을 좋아한다. 자신의 의견을 반대하는 쪽에 맞서기도 하고 자기 뜻대로 상황이 풀리지 않으면 쉽게 좌절감에 빠질 수도 있다. 그래서 평화중재자형한테는 권한의 범위가 명확하게 설정되어야 한다. 그렇지 않으면 결정 내리기를 어려워한다. 뭔가를 결정할 때에는 마음에 두려움이 일어 뒤로 한 발 물러설 수도 있다. 극단의 스트레스 상황이 야기되면 이기적으로 돌변하기도 한다.

13

C유형과 복합 기질

31. C 논리적 사고형(가을)

개요

속도	사람과 일에 느림
대인관계	사람을 좋아하지 않아서 관계 그룹이 작음
선호환경	홀로 조용하고 깨끗한 곳에서 책을 읽고 쉴 수 있는 환경
스트레스	강요된 일과 요란한 사람들과 함께 있을 때

- 유형: 논리적 사고형, 완전주의자, 고독한 노벨상 수상자형.
- 장점: 독서력, 합리성, 차분함, 예의 바름, 책임감, 사색적, 말에
  신중함.

- 단점: 까다로움, 계산적, 대인관계 능력 부족, 사회성 결여, 비관적, 자기 부정.
- 직업: 교수, 법조인, 회계사, 철학자, 건축설계사, 컴퓨터공학자, 작곡가, 연구직.
- 건강: 맨발 걷기, 임맥 풀기, 호흡하기, 등산, 단맛 보충, 붉고 매운맛 섭취.
- 소통: 웃는 법 훈련, 타인을 향하여 표현하기, 칭찬하기, 긍정적인 부분 찾기.

특징

C형은 정확하고 신중하면서 실용적이다. 세부적이고 논리적인 것을 좋아한다. 정보를 모으기 때문에 끊임없이 분석한다. 수줍음이 많으며 논리성에 기초하기에 결정을 천천히 내리며 감정은 배제한다. "어떻게?", "왜?" 하고 질문한다. 논리적 사고형은 자신의 감정을 예민하게 인지하기 때문에 쉽게 상처를 입는다. 천천히 계획된 변화를 요구한다.

조직에 대한 긍정적 요소

논리적 사고형(높은 C형)인 사람은 실제적이고, 예의 바르며, 추상적인 성격이다. 비록 말을 거의 하지 않고 조용하며 내성적일지라도, 스스로를 평가하고 자신과 타인을 비평한다.

이들은 정보를 내면화하고 문제를 분석한다. C형은 삶의 모든 부분을 계획하고 조직하는 것을 좋아한다. 변화가 다가올 때 충동적이지 않고, 천천히 신중하게 한다. 과업지향적 업무 유형이기 때문에 지침이 필요하다. 논리적 사고형인 사람은 높은 기준을 고수하고 그것을 이루기 위해서 끊임없이 노력한다.

조직에 대한 부정적 요소

논리적 사고형은 비평을 가장 두려워하기 때문에, 완벽해지기 위해서 끊임없이 노력한다. 분석하는 성격 때문에 때때로 냉정하고 무뚝뚝하게 보일 수도 있다. 논리적 사고형인 사람의 관점에서는 말끔하고 완벽한 것이 최고로 가치 있는 일이다. 그에 조금이라도 미치지 못한 것은 용납할 수 없다고 여긴다.

32. C/D 설계자형(가을, 여름)

개요

속도	일에도 느리고 관계에도 느리나 결정된 상황에서는 강하고 빠르게 반응
대인관계	사람을 많이 좋아하는 편은 아니나 특수관계로 맺어진 사람에게는 짙은 유대감을 가짐
선호환경	홀로 조용히 책을 읽거나 연구하고 그것을 실천할 수 있는 환경
스트레스	시끄럽거나 지저분하고 강요받는 상황

* 유형: 설계자형, 행정가, 창조하는 사람, 까다로운 해결사.
* 장점: 완벽주의, 신뢰성, 책임감, 성실성, 계획과 실행력, 완벽한 마무리, 정리.
* 단점: 일의 가치로 인간을 판단, 업무중심적인 성향으로 인해

매정함, 긴박감, 여유 부족, 대인관계 협소, 소통 부족, 고독, 배려심 부족.

- 직업: 기업 임원, 원자력 설비, 행사 기획자, 검찰, 민간 항공기 조종사, 관제사, 기계공학 기술자, 전자공학 기술자, 미래 핵심 산업기술 분야, 네트워크시스템 개발자, 시스템소프트웨어 개발자, 각종 무기 개발자, 우주공학 기술자.

- 건강: 과로 주의, 일과 쉼의 균형 조절, 분노 주의, 뇌 질환과 심혈관계 질환 주의, 녹색 계열이나 신맛 음식 섭취, 충분한 미네랄과 수분 섭취.

- 소통: 전문적인 업무의 기술적 부분, 업적에 대한 칭찬, 스트레스 처리, 유머나 영화, 마음의 안정을 주는 대화나 음악.

특징

설계자형은 창조적이고 문제에 민감한 특성을 보인다. 높은 지성에 단호하고 빠른 대응력까지 갖추고 있다. 문제를 해결할 수 있는 가능한 한 모든 수단을 다 이용한다. 프로젝트의 초점을 맞추는 선견지명도 있다. 설계자형은 눈에 보이는 결과를 얻고자 하는 욕구와 정확도를 추구하려는 욕구가 균형을 이룬다. 완벽주의자라 오히려 결정을 주저한다. 주변 사람들이 꺼려할 정도로 차갑고 무뚝뚝하다. 혼자 일하기를 좋아하고 속박받는 것에 분개한다.

조직에 대한 긍정적 요소

설계자형은 과업지향적인 성격을 매우 강하게 드러내며, 문제에 민감하게 반응한다. 분석적인 접근 방식으로 문제를 효과적으로 해결한다. 하지만 임시변통Quick-Fix은 받아들이지 않는다.

설계자형의 목표는 실패를 피함과 동시에 모든 것을 바로잡고 통제하는 것이다. 변화를 일으킬 만큼 행정적인 능력이 있어서 개선할 수 있다. 설계자형은 정확성과 정밀함에 높은 가치를 두기 때문에, 일할 때 모든 면에서 높은 기준을 유지한다. 자신의 설계를 실행할 수 있는 능력이 있다.

조직에 대한 부정적 요소

설계자형은 올바르게 일할 사람은 자신밖에 없다고 느낄 때가 많다. 곤경에 빠질 때 마지막에 가서야 다른 사람의 도움을 받는 경향이 있다. 압박감을 느끼면 타인에게 공격적이고 완고해진다. 자신의 계획과 맞지 않는 일에는 적극적으로 회피하고 끝까지 자기 뜻을 꺾지 않는다. 설계자형이 바람직한 환경을 유지하기 위해서는 주변 사람들의 요구에 부응하는 법을 배워야 한다.

33. C/D/I 프로듀서형

개요

속도	일에 완벽하고 빠르며 창의성 실천에도 빠름
대인관계	자신의 창의력처럼 빠른 아이템 제보자들을 좋아함
선호환경	자신의 창의력을 실현시켜 주는 스탭들이나 기술자 팀
스트레스	원하는 그림이 개인의 실수로 틀어졌을 때

- 유형: 프로듀서형, 감리자, 추진자, 아이디어 뱅크형.
- 장점: 탁월한 일 처리 능력과 대인관계 능력, 발상과 상호 협력으로 제작, 일 속에서도 사람에 대한 존중, 차분한 인간애, 완벽한 추진력, 책임지는 멋진 인성.
- 단점: 무능한 사람에 대해 비판, 평범함이란 진리를 망각함, 끝없이 반복되는 머릿속의 갈등, 최종적인 좋은 답을 찾는 동안 쌓아놓은 것들을 버림, 까탈스러움.
- 직업: 영화감독, TV프로 PD, 상품광고 기획자, 영화평론가, 도시설계자, 정치평론가, 교수, 대중 강사, 학원 강사, 정부 행정 홍보기획자.
- 건강: 간 질환 주의, 음주 주의, 육식 주의, 녹색 계열과 신맛 음식으로 간 보호.
- 소통: 명료한 분석 자료와 함께 미래지향적인 대화 방식, 남들이 해보지 않은 세계에 대한 도전, 평온한 가족 이야기로 긴장 완화, 고급 유머로 머리를 식힘.

특징

프로듀서형은 종합적 사고와 전체를 보는 능력이 강하다. 어떻게 일을 해야 효율적인지를 안다. 사람보다는 일 쪽에 에너지가 강하다. 일에 대한 전체적인 설계 도면을 가진 사람이다. 지나칠 정도로 타인에게 간섭이 심한 것은 일을 제대로 하고자 하는 높은 기대치 때문이다. 사람을 설득하기보다는 필요 때문에 움직이게 한다. 밑그림을 그릴 수 있고, 스스로 실행할 수도 있는 사람이다.

프로듀서형은 남에게 뒤처지는 것을 견디지 못하여 수단과 방법을 가리지 않고 목표를 달성한다. 일에 대한 욕심이나 집착, 질투심도 강해서 반드시 목적하는 바를 끌어내고야 만다. 상황을 분석하고 문제를 찾아내는 일에 강한 에너지를 가지고 있다. 쉬지 않고 일하며 모든 일이 자신의 영향권 아래에서 이루어지기를 바란다.

조직에 대한 긍정적 요소

프로듀서형은 팀의 목표를 항상 직시하게 한다. 조금이라도 벗어나는 사람들이 있을 때 등대 역할을 한다. 모든 사람이 공동의 목표를 향하여 일사불란하게 나아갈 때 프로듀서형은 비로소 살아있는 행복을 느낀다. 이들은 숲을 보기도 하고 숲속의 나무도 볼 수 있는 능력을 갖추고 있다. 그래서 팀은 프로듀서형을 필두로 항상 최상의 수준을 유지한다. 프로듀서형은 많은 장치와 제도를 보완하고 수정하여 불의에 사고에 대비한다. 무엇이든 성급하게 결정하지 않는다. 정확하고 과학적인 분석을 통해 차분히 결정한 후에야 사람들을 동원하여 과감하게 밀어붙인다. 이 유형들로 인해 팀은 성공 확률이 높은 부서로 자리매김한다.

조직에 대한 부정적 요소

프로듀서형은 업무중심의 완벽주의형이다. 이러한 유형은 대인관계에 상당히 많은 문제점을 갖게 된다. 인정사정 볼 것 없이 일만 생각하기 때문이다. 그래서 사람들과 마찰이 잦다. 프로듀서형의 타인을 향한 높은 기대치는 항상 오체불만족이다. 다행히 I형 에너지가 뒤에 있어 자신의 실수나 사과할 부분은 빨리 접수한다. 그러나 그 후에도 상대의 잘못에 대해서 농담 반 진담 반으로 지적하며 치근거린다.

프로듀서형은 잘못된 것에 대한 표현을 감추지 못하고 사람의 마음을 예리한 칼로 찌르듯이 아프게 할 수 있다. 또 지나친 업무중심으로 과로할 수 있으며, 과로할 수밖에 없는 사실을 이해하지 못하는 주변 사람들에게 아쉬움을 노골적으로 드러낸다. 일을 잘하지만 타인을 피곤하게 만드는 요소가 있다. 이런 점이 팀의 불안 요소로 자리한다.

34. C/D/S 심사숙고형

개요

속도	보편적으로 일에도 느리고 대인관계에도 느리나 타인의 문제를 해결해 줄 때는 정확하고 빠르게 반응
대인관계	사람을 많이 좋아하는 편은 아니나 특수관계로 맺어진 사람에게는 짙은 유대감을 가짐
선호환경	홀로 조용히 책을 읽거나 연구한 것을 꾸준히 실천할 수 있는 환경
스트레스	납득이 되지 않은 상태에서 타인의 마음을 이해해야 하는 상황

- 유형: 심사숙고형, 처리자, 깊이 생각하는 사람, 재미없는 이순신형.
- 장점: 장기적 업무 능력, 대형 프로젝트 능력, 종합적 사고, 큰 그림, 오케스트라 지휘자형, 끈기, 인내, 성취 능력, 강인한 체력, 정신력, 불굴의 성취자.
- 단점: 비정함, 인간에 대한 배려 부족, 희생에 대한 무감각, 가족 사랑.
- 직업: 국가 대형 사업, 댐·철도·고속도로 공사, 대형 선박·비행기·비행선 개발, 무기 개발, 원자력 부문 전문 개발자.
- 건강: 강인한 체력, 소화기 질환 주의, 음주 주의.
- 소통: 긴장 이완의 블랙 코미디, 용기와 배려의 상호 소통 언어.

특징

심사숙고형은 일의 질적인 특성과 완벽성을 위해 결단력을 제시한다. 논리적, 분석적, 세부지향적이며, 자신과 타인에 높은 기준을 둔다. 심사숙고형은 손에 들어온 업무에 대해서 상당히 집중력이 강하다. 사람과의 관계, 생각의 과정 그리고 업무 수행에서도 분석적, 선택적인 태도를 보인다.

사실과 그에 따른 수치, 형태를 평가 검토할 때 의사결정을 명확하게 하려고 시간을 투자한다. 이 유형은 주어진 과제를 마치기 위해서 노력하면서 경쟁력을 이용한다. 다른 사람들의 조롱, 비웃음 그리고 비난은 두려움의 대상이다. 특히 주위 사람에 대해서 민감하다. 비난당하지 않기 위하여 모든 일에 최선을 다한다. 무슨 일에서든지 심사숙고형이 일을 맡으면 항상 선두에 나서게 되며 그 결과물의 질적인 수준도 절대 떨어지지 않는다.

심사숙고형의 대인관계 기본 원칙은 일의 중요성과 올바른 인식이다. 심사숙고형은 상황을 논리적으로 분석하는 능력을 갖추고 있다. 대인관계를 중요하게 여기며, 보호하고 싶어 한다. 상대방을 우대하면서 여러 그룹을 함께 이끌어나간다. 확고한 결정력을 지닌 심사숙고형은 선천적으로 타고난 평화주의자이다.

조직에 대한 긍정적 요소

심사숙고형은 업무의 완성도를 높이는 데 확고하다. 착실하고 믿을 수 있는 사람이다. 대인관계에서도 선택적이고 분석적이며, 항상 일의 과정과 작업 환경을 생각한다. 정확한 정보를 평가하고, 결정을 내리는 데 시간을 들이는 경향이 있다. 누구보다 정확한 걸 원하기 때문이다. 심사숙고형이 합류하면 일이 항상 잘 진척된다. 상황을 논리적으로 분석하는 C기질과 대인관계에 관심이 있으며 그 관계를 유지하고 싶어 하는 S기질, 결단력 있게 사람들을 모아서 함께 일을 처리하는 D기질을 고루 갖추고 있다.

조직에 대한 부정적 요소

과업을 성취하려고 노력할 때 높은 경쟁의식을 갖고 행동한다. 자신과 타인에 대한 기대치가 높은 탓에 원하는 만큼 목표치를 달성하는 것이 절대 쉽지 않다. 그래서 항상 다른 사람들이 힘들어한다. 늘 홀로 있으며 외로운 감성을 분노로 표출하기도 한다.

35. C/I 평론가형(가을, 봄)

개요

속도	일에 느리고 사람에 빠름
대인관계	사람에 대한 호불호가 강하고 감정 편차가 심하여 친구관계에 다양성이 공존
선호환경	화려하면서도 의미 있는 환경에서 심미적 가치를 분석하는 상황
스트레스	다양한 사람들 속에서 평등한 관계를 설정하지 못할 때

- 유형: 평론가형, 평가자, 가치를 드러내는 사람, 황홀한 공상가.
- 장점: 분석력, 관찰력, 감성, 언어 구사 능력, 논리력, 설득력, 호소력, 차분한 정서, 인간적인 매력.
- 단점: 정서적 기복 심함, 자기 조절 능력 취약, 대인관계 능력 부족, 정신세계의 갈등, 주변 사람과의 신뢰 부족, 계산이 빠름.
- 직업: 예술가, 정치가, 영화평론가, 스포츠 코치, 작곡가, 화가, 시인, 문학가, 드라마 작가, 워크숍 강사, 교수, 교사, 코치, 연예인, 가수.
- 건강: 폐와 대장 질환 주의, 배를 따뜻하게, 따뜻한 물 섭취, 백색인 뿌리 음식 섭취, 매운맛 보충.
- 소통: 타인 비판하지 않기, 감사의 언어, 평점심 유지, 감정 기복 극복.

특징

평론가형은 사람들의 독특한 가치와 세부사항을 알아차린다. 성공적인 업무 완수에 필요한 사람에 대해서는 특별히 인식하고 식별하여 고려한 것을 결합한다. 이런 점은 공개 토론을 발전시킨다. 성취하는 일과 주위 사람들을 격려하고, 영향 끼치는 일에 열정과 낙천적인 모습을 보인다. 이들은 자신이 영향력이 있다고 생각한다.

하지만 이들의 열정은 목표 달성에 필요한 평가 요인에 따라 달라진다. 용기 또한 자신의 업무 성취도에 따라 달라진다. 평론가형은 전형적으로 우수한 판단을 할 수 있는 능력을 갖추고 있다. 또 자기 기준 안에서 만나는 사람들을 쉽게 신용한다.

평론가형은 괜찮은 직업을 갖는 것과 동료에 대한 가치 그리고 수입에 대한 세부적인 것을 고려한다. 스스로와 경쟁하려는 경향이 있다. 어떠한 거부나 비판을 피하고자 더 나은 모습을 보이려고 본인에게 압박을 가한다. 통합된 교육 능력도 갖고 있다.

조직에 대한 긍정적 요소

평론가형은 고유한 가치뿐만 아니라 사소한 일에도 주의를 기울인다. 과업을 달성해야 할 사람에 대해 자신이 인식한 것이나 평가한 것을 결합한다. 의사소통을 시작하면서 관계를 더욱 발전시킨다. 평론가형은 주변에 영향을 주는 유망한 사람이 되고자 일을 열심히 한다. 모든 일에 낙관적으로 표명할 뿐만 아니라, 과업을 달성하는 데에도 그렇다. 열정과 낙관주의는 I형의 특성이다.

목표를 성취할 때는 필요한 요소들을 철저하게 평가한 후 열정적으로 임하는 C형의 경향이 강하다. 과업의 성취를 위해서 주위를 격려한다. 평론가형은 보통 성격을 잘 판단하고 기준에 일치하는 사람들을 좋아한다. 대중적인 일을 잘하고, 동료들에게 공평무사하려고 한다. 어떤 거부나 비평을 받지 않기 위해서 더 잘하도록 자기 자신을 밀어붙인다.

I기질의 화술과 C기질의 논리로 가르치는 데에 재능이 있다. 타고난 감성, 다양한 재능으로 봉사한다.

조직에 대한 부정적 요소

평론가형은 까다로운 C형의 비판적 요소를 I형의 많은 말에 담는다. 조울 감성의 기복으로 비난과 불평을 쏟아내면 팀 분위기가 부정적으로 변한다. 평론가형이 가진 내면의 정서적 갈등이 다른 사람을 이상하게 설득하여 상대도 혼란스럽게 만든다. 괴이한 논리와 궤변으로 갑자기 온 세상의 종말과 인생의 허무함을 설파하기도 한다. 사이비 종교의 교주가 되는 셈이다. 그런데 자신은 스스로가 말한 것을 믿지 않는다.

36. C/I/D 작가형

개요

속도	일에는 꼼꼼하고 느리나 익숙한 일에는 상당히 빠름
대인관계	사람관계는 리더십을 발휘하는 상황에서 빠름
선호환경	자신의 창의력을 바탕으로 사람들을 설득하고 함께 일의 결과를 만들어 나가는 환경
스트레스	자신의 생각에 효능감이 없거나 무시당할 때

- 유형: 작가형, 학자형, 강사형, 매력적인 미래 설계자.
- 장점: 예술적 감각, 대형 프로젝트, 섬세한 실행력, 탁월한 발상의 현실화.
- 단점: 빠른 포기, 변덕의 극치, 사람들에 대한 편견, 편협한 자기 합리화.
- 직업: 올림픽과 같은 대형 예술 감독, 영화음악, 대하소설 작가, 뮤지컬 작가, 대형 화가, 오케스트라 지휘자.
- 건강: 간 질환 주의, 지방간 및 담석 제거, 많이 걷기, 푸른색의 신맛 보충.
- 소통: 이미지로 대화, 미래지향적이며 창조적인 대화, 상호협력 대화, 칭찬과 격려, 뒷감당할 사람 필요.

특징

작가형은 이론가여서 논리적 구성 능력이 뛰어나다. 워낙 독서량이 많아 박식하고, 만물의 근본 원리를 알기 위해 항상 연구한다. C형 요소가 그렇게 만든다. 단순히 C형만 있으면 순수 학자로 방향이 설정될 것이다. 그러나 사람을 설득하는 I/D기질이 뒷받침되면, 자신이 감동한 이론을 사람들에게 보여주며 새로운 세계를 열기 원한다. 연구와 발표를 병행하기를 원한다.

자신의 이론을 세상이 알아주는 것도 좋지만, 자신의 정신세계가 더욱 깊어지는 것도 좋아한다. 복잡한 도시 생활이나 회사 같은 조직 생활보다도 한적한 시골에서 조용히 지내며 저술과 강의 등을 통해 살기를 소원한다. 작가형은 탁월한 명강사이다. 대중에게 이론을 가르치는, 쉽고도 효율적인 강의법을 알고 있다. 자신이 연구한 것을 저

323

술로 남기는 집필 활동에도 기꺼이 에너지를 쏟고 싶어 한다.

자신이 진정 원하는 것이 무엇인지 스스로 깨달아야 한다. 인생의 가면을 벗고 자기 존재에게로 돌아가서 행복하게 살아야 한다.

조직에 대한 긍정적 요소

작가형이 조직 생활을 한다면 모든 이론을 세우는 사람이 될 것이다. 사내에서 FT로 활동하는 게 이롭다. 특히 연구소 근무가 좋다. 이들은 철저한 이론을 바탕으로 원리를 설명하고 그것의 장단점을 설명한다. 또 새로운 정보가 발견되면 그것을 활용해 이론을 재정비한다. 이렇게 작가형은 조직이 방침을 새롭게 정하도록 돕는다.

작가형은 사람을 이끄는 매력이 강하다. 차분하게 대하는 정서와 감성적이면서도 시적인 교훈을 주는 능력은 사람들의 무뎌진 감성을 풍성하게 한다. 그래서 작가형을 찾는 사람들이 많고, 인기도 누릴 수 있다. 이로 인해 팀은 부가적인 가치를 창출할 수 있다.

조직에 대한 부정적 요소

항상 현실과 이론 사이에 많은 괴리가 발생한다. 작가형은 현실주의자라기보다는 이상주의자에 가깝다. 의외로 현실에 냉정하지 못하고 어리석을 때가 많다. 팀 또한 비현실적인 구조를 가지게 될 위험이 있다. 감성적이면서 설득하는 논리적 기능은 팀의 방향이나 분위기를 흩뜨려놓는다. 과외 일들이 많아 자신의 업무에 집중하지 못할 요소도 있다. 작가형은 사람을 많이 가리기 때문에 팀에 분파나 균열이 생길 가능성도 크다.

37. C/I/S 중재자형

개요

속도	일에 느리고 사람에 빠름
대인관계	정확한 일을 하면서 사람에게 따뜻함
선호환경	어느 한편으로 치우침 없이 법과 협상에 의거하여 함께 상생하는 환경
스트레스	조건을 달아서 어느 한쪽이 손해를 봐야 하는 상황

- 유형: 중재자형, 화합자, 화해시키는 사람, 공정한 해결사.
- 장점: 상상력, 현실화 능력, 논리력, 설득력, 인내심, 제조 능력, 섬세하며 부드러움.
- 단점: 생각이 현실을 가로막음, 급변하는 감정적 변화로 자포자기, 게으름이 생각을 막음, 현실적 압박이 가해져야 실천 가능.
- 직업: 상상력을 동원한 실용예술업, 올레길 같은 지역축제 문화업, 지방 문화재 관련 보존사업, 국가 문화재 복원사업, 국가나 정부 로고 및 홍보물 제작업.
- 건강: 폐와 기관지 질환 주의, 체온 유지, 백색 계통의 쓴 음식 섭취.
- 소통: 충분한 소통으로 명료한 예술 건축물 제작, 사적인 대화 필요, 발상을 돕는 대화.

특징

중재자형은 관습과 충의로 움직이는 관계중심의 스타일이다. 다정하며 열정적이고, 격식을 차리지 않으며, 이야기하는 것을 좋아한다. 하지만 다른 사람의 생각이나 의견에 지나치게 염려하는 특성을 보인다.

비판과 혹평에 민감하다. 자신이 하는 일의 질적인 특성이나 품질에 대해서 상당한 신중함을 가진다. 자신의 주위에 있는 사람들에 대해서도 민감하며, 다른 사람들을 위해 즐거움을 느끼고, 행복한 환경을 만들어주기 위해서 최선의 노력을 한다.

훌륭한 의사소통 능력을 이용해 특정 사실에 대한 지식과 사람, 현상을 분석한다. 이런 탁월한 능력은 주위 사람들에게 영향을 끼칠 수 있다. 이들은 분열과 대결을 일으키지 않는다. 하지만 그런 상황에 직면할 때는, 논리를 이용하여 잘 마무리할 수 있는 능력 또한 지니고 있다.

중재자형은 대인관계를 잘 유지하고 재정비하기 위해서 종종 불거질 수 있는 불화와 혼동을 해결한다. 분석적 능력과 의사소통 능력을 이용해 확고부동한 지위를 얻기 위해 노력한다. 친근하고 융통성 있으며 뛰어난 적응력을 가지고 있다.

조직에 대한 긍정적 요소

중재자형은 정확하고 조직에 충성한다. 중재자형의 주된 목표는 안정되고 조화로운 환경을 유지하면서 팀과 함께 과업을 성취하는 것이다. 중재자형은 이런 행위를 사람들과 관계를 맺는 '정석'이라고 본다. 따라서 자신이 하는 일의 질적인 면을 매우 의식한다. 특히 '일을 잘 끝마쳤다.'라는 사회적인 인정을 기대할 때는 더더욱 그렇다.

중재자형은 C기질의 분석적인 능력으로 관계를 회복시키고, S기질의 확고히 하는 성향과 I기질의 의사소통 능력을 발휘해서 분쟁에 대한 해결책을 모색한다.

조직에 대한 부정적 요소

중재자형은 형식을 따지며 말이 많다. 다른 사람들의 생각에 과도하게 신경 쓴다. 비판받는 것에 매우 민감하게 반응하기 때문이다.

38. C/S 원칙중심형(가을, 겨울)

개요

속도	사람과 일에 느림
대인관계	수동적 인간관계로 필요에 따라서 관계를 유지하나 소수의 선호하는 동료들과는 친하게 지냄
선호환경	홀로 조용하고 깨끗한 곳에서 책을 읽고 쉴 수 있는 환경
스트레스	강요된 일과 요란한 사람들의 리더가 될 때

- 유형: 원칙중심형, 완벽주의자, 전통적인 사람, 집요한 연구자.
- 장점: 가장 많은 직업군을 가진 인재형, 성실성, 책임감, 온화함, 관리자, 연구자.
- 단점: 비활동적, 비전 없음, 부정적, 과거지향적, 지도력 부족, 위기상황 대처 능력 부족.
- 직업: 법조인, 노무사, 세무사, 회계사, 관세사, 손해사정사, 생명과학 연구원, 사회과학 연구원, 판사, 법무사, 의사, 안경사,

사서 및 기록물 관리사, 기계공학자, 전자공학자.

- 건강: 상부기관 허약, 폐와 심장, 비장 질환 주의, 지속적인 운동, 소식, 가족과 함께 야외활동.
- 소통: 감정이나 주관적 신념이 없는 객관적으로 자료화된 소통 방식, 차분한 논리적 대화, 경청하며 감정을 상하지 않도록 압박하지 말아야 함.

특징

원칙중심형은 언제나 정확하고 섬세하며, 견고하고 변하지 않는다. 사업할 때나 개인적인 생활에서도 규칙과 단계를 따르는 경향이 짙다. 한마디로 체계적인 사고방식의 소유자이다. 약삭빠르거나 요령 좋은 스타일이 아니다. 동료들과 의식적으로 대항하지 않으며, 발생 가능한 불화와 대립, 논쟁을 방지하기 위해서 조심한다. 극히 자각적이며, 모든 주어진 일을 정확하게 하려고 고심하며 항상 최상의 수준을 유지한다.

규율과 규범으로 안전하게 보호, 관리되는 환경을 선호하며 갑작스러운 변화에 반감을 갖는다. 사람을 좋아하지만 아주 친밀한 몇몇 사람들과 지내기를 원한다. 정확함은 원칙중심형의 기본 요소이다. 가장 큰 두려움인 비난과 혹평을 실패와 동급으로 인식한다. 주어진 업무를 정확하게 수행할 것이라고 스스로 기대하기 때문이다.

어떤 결정을 내리기에 앞서 정확한 사실이나 수치가 있어야 한다. 무엇이든 성급하게 결정 내리는 것을 편하게 여기지 않는다. 앞일을 예측할 수 있는 예언력과 그에 대한 안전은 엄격한 원칙중심형에게는 최고의 목표이다. '안정적 환경에서 원칙중심형은 더욱 행복해한다.'라는 말은 모든 상황으로 미루어보아 사실이다.

조직에 대한 긍정적 요소

원칙중심형은 꼼꼼하고 사소한 일에 주의를 기울이는 착실한 사람이다. 이들은 조직적으로 생각한다. 개인적인 생활, 직장 생활 모두에서 절차를 따르는 경향이 있다. 빈틈이 없고 교섭에 능한 방식으로 행동한다. 의식적으로 동료들을 적대시하는 경우가 거의 없으며, 분쟁을 피한다.

극도로 양심적이기 때문에 일할 때 높은 도덕성을 요구한다. 이들은 늘 정확한 기준을 유지한다. 정확함은 원칙중심형에게 가장 중요한 요소이다. 주변에서는 원칙중심형이 과업을 올바르게 수행할 것이라고 여긴다. 원칙중심형의 최대 목표는 예측 가능성과 안전성이다. 이런 점은 생활의 모든 면에서 드러난다. 환경이 안정적이면 안정적일수록 원칙중심형은 행복하다.

조직에 대한 부정적 요소

규칙과 규율이 있는, 보호받을 수 있는 안전한 환경을 좋아한다. 갑작스러운 변화를 달가워하지 않는다. 사람들을 좋아하지만 가까운 친구 몇 명만 두는 것을 더욱 좋아한다. 원칙중심형은 결정을 내리기 전 분명하고도 정확한 정보를 원하고, 어떤 것이든지 강제로 결정하게 되면 불안해한다. 가장 무서워하는 일은 비난받는 일이다. 비난을 실패와 동일하게 생각한다.

39. C/S/D 국난극복형

개요

속도	사람에 느리나 전략 실행 시에 신속함
대인관계	사람보다는 자신의 욕구를 실행하는 동료들을 좋아함
선호환경	깊은 숙고와 정확한 해결책으로 문제를 해결함
스트레스	강요된 상황, 의미 없는 놀이, 빠른 선택 상황

- 유형: 국난극복형, 원칙고수형, 온전한 이순신 장군형.
- 장점: 자기 희생, 대의를 생각함, 협력 중시, 분명한 논리 위의 지속적 실천, 충성심과 일을 푸는 지혜.
- 단점: 고지식, 비사회성, 자기 신념으로 인한 충돌, 인간미 부족, 유머 감각 없음.
- 직업: 직업군인, 외교관, 일반 회사원, 전기나 전자설비 조작원, 컴퓨터 보안 전문가, 공예가, 환경공학 기술자.
- 건강: 심장이나 비장부 질환 주의, 충분한 휴식과 온수 마사지 등으로 피로 풀기, 단맛 음식.
- 소통: 매일 업무에 관한 정보 교환, 즐거운 유머 나누기, 가족과 함께 놀이와 휴식.

특징

국난극복형은 흔들리지 않는다. 자신이 해야 할 분명한 원칙은 무슨 일이 있어도 고수한다. 창의적이며 부딪힌 문제를 해결하기 위하여 깊이 연구한다. 자신을 향한 비난의 소리가 사방에서 불어와도 눈 하나 꿈쩍하지 않는다.

국난극복형은 원칙을 가지고 현실을 고수하는 것으로는 만족하지 않는다. 문제의 궁극적인 해결을 해내고야 만다. 국난극복형의 맨 뒤에 숨어있는 D형 요소가 해결책을 마련하는 에너지원이 된다. 분석적 기능인 C형과 전문적 기능인 S형 요소는 세부적인 전략을 세운다. 만약 이순신 장군한테 임진왜란이 없었더라면 그는 무기 개발자이든가 아니면 한 바다를 지키는 이름 없는 장수에 불과했을 것이다. 그러나 국가의 존망이라는 중차대한 상황에 직면했을 때 그는 D형의 발상으로 왜선들을 깨부술 거북선을 만들었고, 바다의 물 흐름을 이용한 세부전략을 세워 적군을 물리쳤다. 국난극복형은 명랑하지는 않지만, 침착하며 대형 프로젝트에 강하다. 현장중심의 실천적 지도자로 어려운 시기에 혜성처럼 등장한다.

조직에 대한 긍정적 요소

국난극복형은 타인과 협상하지 않는다. 자기의 성을 굳게 지키는 장수처럼 일벌백계로 군기를 강화하고 사람들을 엄하게 다스린다. 자기 자신에게도 엄하고 타인에게도 해가 되는 일을 행하지 않는다. 팀에서 권위가 있으며, 국난극복형 앞에서는 상사일지라도 몸을 사린다.

이들은 I형처럼 실없는 농담을 하거나 S형처럼 아무 때나 조는 사람을 용납하지 않는다. 근무 중에도 철저하다. 자신의 업무에 최선을 다하고, 일이 마친 뒤에도 회사를 돌아보고 문단속까지 다 확인한 뒤에 마지막에 퇴근하는 확실한 관리자이다. 그룹의 총수는 융통성이 없다고 농담 삼아 조롱하면서도 국난극복형에 대한 신뢰는 항상 최고다.

《삼국지》에 보면 위나라에 학소라는 인물이 있다. 진창성을 지키는 장수인데 공명 앞에서 함부로 지략을 펼치는 것이 죽음을 자초한다고 믿고 도리어 성을 굳게 지켜서 촉군의 힘을 뺀다. 천하의 모략가 공명도 국난극복형의 학소 때문에 많은 군사가 죽는 실패를 겪는다.

국난극복형은 언제 어디서나 실익 없는 자리를 만들지 않는다. 항상 충성 그 자체인 삶을 산다.

조직에 대한 부정적 요소

국난극복형은 원칙을 고수하면서도 때와 장소를 구분할 줄 안다. 강직하면서도 지혜로운 사람이기 때문에 팀에서의 영향은 절대적이다. 하지만 답답할 정도로 완고한 원칙주의인 게 사실이다. 변화를 요구할 때 강하게 반발하는 에너지는 사람들과 부딪히는 충돌 요소가 된다. 그래서 국난극복형이 사람들에게 압박을 가하는 성실성과 충직함은 모함을 받기가 쉽다. 타인에게 요구하는 높은 기대치와 끝없이 계속되는 강요로 약한 사람들은 튕겨 나가게 된다. 이들 곁에는 I형이 필요하다. I형이 완충 역할을 해야 주변과 화목한 조화를 이룰 수 있다.

40. C/S/I 교수형

개요

속도	일과 사람에 느림
대인관계	관계능력이 부족하고 수동적
선호환경	학문과 사색으로 깊은 지적세계를 경험함
스트레스	강요된 상황, 의미 없는 놀이, 빠른 선택 상황

- 유형: 교수형, 실천가, 현실주의자, 고독한 스승.
- 장점: 명석한 분석력, 차분한 논리적 완성, 재미있게 설명, 사람 존중, 학문적 성취도, 전달 능력.
- 단점: 긴 설명으로 본말전도 가능성, 모든 상황에 이론 설명, 실행력 부족, 결정적인 핵심 사안 부족.
- 직업: 국가와 지방의 학술적 연구원, 대학교수, 철학자, 물리학자, 만화가, 여행 서비스 종사자, 시민단체 활동가.
- 건강: 폐와 기관지 등 상부기관 주의, 온도 관리, 따뜻한 뿌리 음식을 맵게 섭취.
- 소통: 논리적 대화, 비감정적·이성적 대화, 작은 목소리로 차분하게, 질문을 깊이 있게, 상호 존중의 눈빛과 제스처.

특징

교수형은 말이 논리적이면서도 청산유수인 따뜻한 사람이다. 예민하면서 높은 기준을 갖는다. 사실과 근거 자료를 수집한 후에 결정한다. 친절하고 열정적이며, 공적이고 수다스럽다. 다양한 주제를 이지적으로 처리한다. 다른 사람의 생각에 대해서 많이 걱정하는 면도 있다.

이 유형은 팀의 멤버로 받아들여지기를 원한다. 또 새로운 프로젝트를 시작하기 전에 기대하는 바가 무엇인지를 정확하게 알기를 원한다. 논리와 감정을 통해서 다른 사람들을 설득하는 세심한 사람이다. 지나치게 아는 것이 많아서 수다가 많아질 수 있으니 조심성을 가질 필요가 있다.

조직에 대한 긍정적 요소

분석적이고 신중한 태도와 함께 외향적인 성격을 드러낸다. 쉽게 친구를 사귀며 고의로 적대하지 않게 자기 자신을 통제한다. 남을 신경 써주고 친절하며 경쟁심이 있다. 일을 잘 마치고 인정받고 싶어 하는 자질을 중요시한다.

교수형은 주위 사람의 욕구를 의식하면서 동시에 일도 잘 끝낸다. 사소한 일에도 주의를 기울일 수 있는 사람이라고 사람들은 생각한다. 탁월한 대인관계 기술을 지니고 있고, 사실에 기반을 둔 정보를 이용해서 사람들에게 영향을 준다.

직관적, 논리적, 분석적으로 기술과 사람을 잘 결합하여 매우 효과적으로 일할 수 있다. 교수형이 잠재력을 충분히 발휘해서 능력을 키울 때, 매우 강력한 지도자가 될 수 있다.

조직에 대한 부정적 요소

천성적으로 완벽주의자이기 때문에, 일을 완수하는 데 필요하다면 스스로 모든 교제를 끊는 경향이 있다. 예상할 수 있는 상황에 부딪히는 것을 좋아한다. 즉 "제발, 놀라게 하지 마세요."라고 말하면서 준비된 답을 내놓는다. 교수형은 남들이 좋아해 주기를 바라기 때문에, 징계하는 역할을 맡을 때 힘들어할 수도 있다. 그들은 홀로 자기 안의 울타리에 갇혀 단절된 사고로 연구한다. 그 때문에 잘못된 신념을 추종자들에게 강요하여 집단 지성을 호도할 수 있다. 사고의 결과물로 내놓은 사상이나 연구 자료들이 시대정신에 부합하지 않거나 이미 지나가버린 낡은 연구일 수 있다.

14

DISC 복합 유형

D=I=S=C 슈퍼바이저형

개요

속도	일과 사람에 자연스러움을 택함
대인관계	인간에 대한 무한의 조건 없는 사랑
선호환경	약자, 병자, 고통당하는 사람들에게 도움을 줄 수 있는 상황
스트레스	가진 것이 많아 자신의 도움을 필요로 하지 않는 사람들과 함께 있는 환경

- 유형: 슈퍼바이저형, 만능형, 성자형.
- 장점: DISC 4유형의 모든 장점.
- 단점: DISC 4유형의 모든 단점.

- 직업: 성자 그룹에서 지구상의 평화를 만드는 성직자, 의식 세계의 스승, 그루.
- 건강: 신체 음양의 균형이 잡힌 수화지교水火之交, 음양이 화평한 상태라 몸이 음식을 스스로 찾아감.
- 소통: 침묵과 무언의 평화 에너지장으로 소통함.

특징

슈퍼바이저형은 전체 유형의 5% 범위에 있는 사람이다. 무엇이든지 다 할 수 있는 만능형이다. 일이면 일, 인간관계면 인간관계 전부 능하다. 또한, 기다릴 줄도 알고 폭발할 때도 안다. 사람하고도 잘 사귀고 꼼꼼하게 세부사항도 수립한다.

D=I=S=C형은 감성적이면서도 논리적이고, 열심히 하면서도 잘 놀줄도 안다. 인생이나 직장 생활 어느 부분에도 막힘이 없다. 인류의 성자 반열에 들어있는 대다수 사람이 슈퍼바이저형이다. 그러나 성자의 반열에 이르는 것은 4가지의 기질이 모두 상향되어 조화를 이룰 때만이 가능한 이야기이다.

조직에 대한 긍정적 요소

슈퍼바이저형은 1인 4역을 한다. 그 때문에 대통령처럼 국가를 통치하는 데에 유용하다. 하지만 특정한 업무만을 취급하는 곳이라면 도리어 슈퍼바이저형의 능력이 삭감될 수 있다. 슈퍼바이저형은 자신이 속한 팀에서 가장 약한 부분을 맡아서 책임지거나 어떤 문제든지 5분 대기조처럼 신속하게 처리할 수 있다. 성자형으로 무엇보다 천박한 물질주의 사회에서 비로소 사람됨의 가치가 무엇인지 알려준다.

슈퍼바이저형이 위대한 스승의 자리에 있어야 인류가 살 수 있다.

조직에 대한 부정적인 요소

슈퍼바이저형은 처음 맡는 일이나 어떤 종류의 일이라도 다 할 수 있다. 그만큼 능력이 많기 때문이다. 그러나 4유형의 단점으로 결합한 경우 인격적으로 성숙하지 못할 수 있다. 욕심 많은 사람이 바탕이 되면, 모든 일에 분쟁을 일으킨다.

우리말에 '팔방미인이 굶어 죽는다.'라는 말이 있는 것처럼 이들은 자신의 정체성을 이해하지 못하고 안 해본 것 없이 다 해보았지만, 어느 것 하나 제대로 해놓은 것이 없을 수도 있다. 팀에서 가장 빨리 처리해야 할 무능한 사람 1순위가 될 수 있다. 그것은 자신의 고유 영역이 없기 때문이다. 슈퍼바이저형은 균형 잡힌 성향으로 태어났다. 이 점을 장점으로 하여 자기 존재를 만들어가려고 노력해야 한다. 그래야 성인의 반열에 오를 수 있다.

DISC 유형별 특징 정리

행동 유형 개요

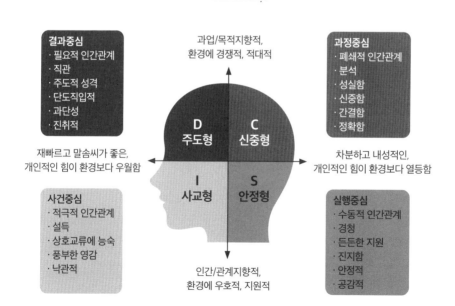

결과중심
· 필요적 인간관계
· 직관
· 주도적 성격
· 단도직입적
· 과단성
· 진취적

과업/목적지향적,
환경에 경쟁적, 적대적

과정중심
· 폐쇄적 인간관계
· 분석
· 성실함
· 신중함
· 간결함
· 정확함

재빠르고 말솜씨가 좋은,
개인적인 힘이 환경보다 우월함

D 주도형　　**C 신중형**

I 사교형　　**S 안정형**

차분하고 내성적인,
개인적인 힘이 환경보다 열등함

사건중심
· 적극적 인간관계
· 설득
· 상호교류에 능숙
· 풍부한 영감
· 낙관적

인간/관계지향적,
환경에 우호적, 지원적

실행중심
· 수동적 인간관계
· 경청
· 든든한 지원
· 진지함
· 안정적
· 공감적

D형 이해하기

D형의 시각적 특징

- 몸보다 머리가 크다.
- 윗입술이 아랫입술에 비해 두껍거나 위아래가 전부 두껍다.
- 눈동자에 힘이 있고 검은색이 짙은 편이다.
- 얼굴이 각이 지고 광대가 돌출되어 있다.
- 어깨가 넓고 위에서 볼 때 웅장하다.
- 뒷짐을 지거나 배를 내밀고 있다.
- 발뒤축에 힘을 주고 걸어서 쿵쿵 소리가 난다.
- 자동차는 치장이 없고, 신호 대기 중에도 쉴 새 없이 일한다.
- 목 뒤편으로 땀을 많이 흘린다.
- 대머리인 경우가 많다.
- 콧구멍이 크고 드러나 보인다.
- 말할 때 한 손이나 손가락을 많이 사용한다.
- 의자 깊이 등을 묻고 머리를 세워 상대를 본다.

D형의 언어적 특징

- 단문을 사용한다.
- 결론부터 내린다.
- 원하는 결과부터 말한다.
- 인사보다는 업무 이야기부터 시작한다.
- 세부과정은 생략하고 요점만 말한다.
- 목소리가 크다.

- 2번 말하게 하면 톤이 높아지고, 짜증 섞인 음성이 된다.
- 공개적인 자리에서도 거침없이 욕을 한다.
- 말의 속도가 빠르다.
- 상대의 말을 듣기보다는 혼자서 전부 다 말해버린다.
- 자기 상황이 불리하면 비밀까지 전부 공개하여 자기를 변호한다.
- 칭찬과 영광은 자신이 갖고, 비난과 책임은 타인에게 전가한다.
- 말의 일관성이 없고 상황에 따라서 말을 바꾼다.
- 자기 과시적인 용어와 '우리' 혹은 '버려'라는 계통의 언어를 많이 사용한다.
- 상대의 이야기가 길거나 지루하면 도중에 자르고, 자신이 요약해서 말하거나 결론만 말하라고 다그친다.
- 상대가 마음에 들지 않으면 단도직입적으로 다음에 보자고 하고 그냥 나가버린다.
- 마음이 불편하거나 화가 날 때는 참지 못하고 소리를 지른다.

D형의 비언어적 특징
- 상대의 말을 조금만 듣고도 속을 알고 표정이 바뀐다.
- 거만하고 상대를 무시하는 듯한 느낌을 준다.
- 상대의 이야기가 마음에 들지 않는 경우 머리를 내민다.
- 윗입술이 치켜올라가면 상당히 강한 부정적인 반응이다.
- 몸을 뒤로 젖히고 머리를 뒤로하면 긴장을 풀고 듣는다는 뜻이다.
- 상대를 열심히 바라보는 것은 조금 더 들어보고 곧 대응하려는 것이다.
- 얼굴을 돌려 옆으로 사람을 바라보는 것은 빠르게 다음 행동을

341

준비하는 것이다.

- 눈만 옆으로 돌려 사람을 바라볼 때는 그 대화를 상당히 경멸하는 것이다.
- 상대에게 거리를 두는 것은 상대를 신뢰하지 않는 자세이다.
- 주먹을 불끈 쥐거나 머리를 흔들 때는 상당히 화가 난 것이다.
- 악수할 때 손을 꽉 쥐는 것은 호의적인 반응이다.
- 손바닥이나 팔이 상대 쪽으로 열려있을 때는 상대에게 관심이 있다는 뜻이다.
- 손가락으로 책상을 두드리거나 무엇을 붙잡고 흔들어대면 조급한 마음이다.
- 손으로 목 뒤를 만지거나 머리 뒤쪽을 만지면 더는 대화하기 싫다는 뜻이다.

D형에게 대응하기: 영원한 보스

- 말에 토를 달지 말고 무조건 순응하라.
- 자기 업적을 과시할 때 입을 벌리고 '아!' 소리와 함께 존경의 눈빛을 보여라.
- 무언가를 드러내려 할 때 막지 말라.
- 승리를 맛보게 하라.
- 항상 업무적으로 필요한 이야기만 하라.
- 단답형 스타일의 언어를 사용하라.
- 업무의 과정보다 결론을 빨리 말하라.
- 주제를 놓치지 말고 요점만 정리해서 말하라(I형의 경우).
- 언제든지 있을 말 바꿈을 위해서 근거를 마련해 놓아라.

- 보이지 않게 정밀한 자료로 뒷받침을 해주면 무궁한 신뢰를 보낸다.
- 가장 **빠른** 결과를 도출하는 방법을 최우선시하라.
- D형의 실수는 모른 척하고, 나의 실수는 **빠르게** 사과하라.
- 대화 시 시선을 떼지 말고 속으로 긴 호흡을 하라.
- 대할 때마다 군대에서 산다고 생각하라.

D형으로 성공하기: 몸은 의식을 만든다

- 긴 호흡법을 하라(단전 호흡).
- 임맥 풀기 운동을 하라.
- 양명대장경(검지)을 자극하라.
- 배는 따뜻하게 하고 머리는 시원하게 하라.
- 두 손으로 가슴을 위에서 아래로 쓸어내리고 배는 시계 방향으로 돌려준다.
- 머리가 복잡할 경우 양손의 모든 손가락을 구부려 머리 위(백회혈)를 두드려라.
- 머리 양옆의 관자놀이(태양혈)로 분노의 기운이 **빠져나간다고** 생각하라.
- 좁은 공간보다는 넓은 공간에서 모임을 가져라.
- 천재 발명가 에디슨처럼 입면기(잠이 들락말락한 상태)의 영감을 최대한 활용하라.
- 사람을 향한 사랑의 마음을 가득 담고 내부의식에 집중하라.
- 타인의 실수에 지적하지 말고, 덮어주는 관용을 몸에 배게 하라.
- 상대가 내 마음에 들지 않더라도 끝까지 잔잔한 미소로 경청하라.

- 화가 날수록 조용히 말할 수 있는 사람은 반드시 성공한다.
- 빠른 것만이 능사가 아닐 때가 많다.

I형 이해하기

I형의 시각적 특징

- 얼굴이 갸름하고 턱이 뾰족하다.
- 입술이 얇고 돌출된 사람이 많다.
- 하체가 가늘고 신체 균형이 상하에 조화를 이룬다.
- 걸음걸이가 날렵하고 재빠른 느낌을 준다.
- 눈동자가 반짝거리고 포도송이처럼 예쁘다.
- 말할 때 손을 흔들거나 요란한 몸동작을 한다.
- 의상 코디를 제일 잘한다.
- 눈에 띄는 스타일을 좋아한다.
- 단색이나 원색보다는 다양한 색깔로 입는 것을 좋아한다.
- 단순한 복장보다는 무엇을 걸치거나 두르는 것을 좋아한다.
- 자동차의 경우 액세서리가 심하다.
- 옷매무새가 깔끔한 것에 비해 살림은 의외로 지저분하다.
- 신호 대기 중에는 음악에 맞추어 핸들을 두드리며 노래를 부르고 몸을 흔든다.
- 남녀노소를 막론하고 다리를 자주 떤다.

I형의 언어적 특징

- 목소리가 크다.

- 과장이 심하다.

- 생각이 혀에 붙어있다.

- 논리적이기보다는 감정적이다.

- 설득이 뛰어나다.

- 다양한 대화 주제를 다룬다.

- 말하는 사람이 숨 쉴 때, 대화의 주도권을 쟁취한다.

- 여행이나 축제, 파티 같은 주제에 크게 흥분하며 말한다.

- 고도의 심각성을 띤 대화에서 전혀 엉뚱한 발상을 하여 분위기를 흩뜨릴 수 있다.

- 반대로 지혜로운 I형은 심각한 자리에서 엉뚱한 발상으로 돌파구를 열기도 한다.

- 다른 사람에게서 들은 이야기를 그 사람이 있는 자리에서 마치 자기가 처음 한 이야기처럼 진중하게 말한다.

- 위로와 용기를 주며 칭찬하고 사람을 세우는 언어를 많이 사용한다.

- '오늘은 내가 쏜다!'처럼 기분을 내거나, 앞장서는 말에 제일 빠르다.

- 자신이 한 일로 인해 좋은 변화가 생겼을 때, 자신의 영향력을 드러내길 원한다.

I형의 비언어적 특징

- 항상 사람 가까이에 있으려 한다.

- 스킨십을 좋아해서 손을 만지거나 포옹한다.
- 악수하면 손을 흔들거나 붙잡고 놓지 않는다.
- 상대의 눈을 바라보며 잔잔한 미소를 띤다.
- 눈동자가 바쁘다.
- 미지의 세계에 흥분을 감추지 못한다.
- 음식(미식성)이나 디자인, 여행, 놀이 등의 주제에는 몸이 앞을 향한다.
- 심각한 리스크가 따르는 부분도 그곳에 있을 재미를 상상한다.
- 흥분할수록 손이나 다리를 흔들거나 무엇을 두들겨댄다.
- 손깍지를 끼거나 몸이 움츠리면 부정적 반응을 보이는 것이다.
- 입술을 꼭 다물거나 아랫입술이 안으로 말리면 곧 짜증 상황이 된다.
- 양쪽 눈썹을 올리거나 입을 벌리면 감탄하는 것이다.
- 다른 곳을 쳐다보고 있으면 이야기를 중지하라.
- 입술을 삐죽거리면 불만족하다는 표시다.

I형에게 대응하기

- 업무에 관한 본론은 쉽게 만들고, 대화 끝에 말하라.
- 미친 영향력의 결과를 칭찬하고 인정하라.
- 대화를 시작할 때는 반드시 I형이 즐거워하는 취미 생활이나 놀이, 여행 같은 이야기를 하라.
- 모든 대화의 주도권을 I형에게 주고 끝까지 경청하라.
- 예술, 스포츠, 영화, 자동차, 패션 감각과 식견에 대해 칭찬하고, 모든 사람이 I형의 식견에 공감한다고 말하라.

- 말할 때 다른 곳을 보거나 지루해하는 표정을 짓지 말라.
- 억양, 표정 등의 감정과 표현을 맞춰라.
- 호의에는 반드시 감사의 답례를 하라. 먼저 호의를 베푼다면 더 좋다.
- 당신에게 가까이 오기 전에 먼저 가까이 가라.
- 남들이 열정을 갖는 부분에 실패담과 같은 말을 하지 말라.
- 일보다는 노는 쪽에 중심을 두라. 언제 한번 그 즐거움을 함께 하자는 암시를 주라(실컷 논 뒤엔 업무 이야기도 즐겁게).
- 당신이 없으면 세상은 물 없는 오아시스처럼 삭막하다고 말하라.
- 대화 중 모르는 부분은 질문해서 I형에 관심을 보여주라.
- I형은 관계회복이 빠르므로 실수한 뒤에도 정중하게 사과하면 이전보다 더 좋은 관계가 형성될 수 있다.

I형으로 성공하기

- 상대 이야기의 핵심적인 부분은 메모하라.
- 시간과 약속에 집중하라.
- 증거 없는 이야기를 하기보다는 차라리 침묵을 택하라.
- D형 보스와 함께 있을 때 자랑이나 공은 반드시 보스에게 돌려라.
- 세부적인 사안에 관심을 두고 전체적인 윤곽을 머릿속에 그려라.
- 단전을 손으로 1,000번 이상 두드려 열감이 소장에서 넘쳐흐르도록 하라.
- 소양삼초경(네 번째 손가락)에 금반지를 끼면 신중성이 증가한다.
- 설득을 이끌어내기 위해서는 상대 가까이 다가가라. 단, C형한테는 금물이다. 설득력을 최대의 무기로 활용하라.

- 황색이나 적색 계통의 음식보다는 녹색(신맛)이나 흑색(짠맛) 계통의 음식을 많이 섭취하라.
- D형이나 C형을 대할 때는 일 모드로 전환하라.
- 뒷정리를 깔끔하게 잘하여 다시 손 가는 일이 없도록 하라.
- 사무보다는 대인관계의 업무를 택하라.
- 이름과 상황을 메모하고 암기하여, 이름을 바꾸어 부르는 것 같은 실수를 반복하지 말라.
- 상대가 말할 때 앞질러 말하기, 중간에 끼어들기, 화제 바꾸기 등은 거래의 종말임을 잊지 말라.

S형 이해하기

S형의 시각적 특징
- 얼굴이나 몸에 살집이 많으며 눈에 정기가 없다.
- 아랫입술과 눈꺼풀이 두툼하다.
- 걸음걸이가 느리고 점잖다.
- 자동차가 4유형 중에서 가장 지저분하다.
- 의상 코디가 전체적으로 어색하며 어수선하다.
- 헐렁하고 편안한 복장이나 환경을 좋아한다.
- 물욕이 가장 강하고 자신의 몫은 반드시 챙긴다.
- 너무 많이 쌓아놓고 쓸데없는 것도 버리지 못한다.
- 신호 대기 중에 잠시 눈을 감다가 아예 잠이 들기도 한다.
- 기본적인 생존 욕구(음식, 잠)에 상당히 민감하다.

- 기계류(컴퓨터, 카메라, 스마트폰 등) 소유에 집착한다.
- 웬만한 상황에서는 화를 내지 않는다.
- 남의 이야기를 듣다가 자기도 한다.
- 몸으로 웃기는 언어에 빠르게 반응한다.

S형의 언어적 특징

- S형은 핵심을 피하는 것이 핵심이다. 말하기보다는 들으려 한다.
- 한마디 툭 던져놓고 상대가 말하는 것을 가만히 들으려 한다.
- 결론은 항상 이야기의 뒤에 나온다.
- 직접적이고 명확하기보다는 비슷하게 돌려 말하기 때문에 언어의 속내를 읽어야 한다.
- 자신의 견해보다는 누군가가 이렇게 말한다는 관계적인 언어를 사용하여 자신의 의사를 밝힌다.
- 사람에게 친절하고 사무적인 지위를 고수하는 언어를 사용한다.
- 신뢰를 보증받고 싶은 용어를 사용한다.
- 유머는 자신도 별로 웃지 않고 하는데, 맨 나중에 아주 괴상한 이야기가 나온다.
- 한마디씩 묻거나 자기 이야기를 한다면 호의적인 반응을 보이는 것이다.
- 함께 식사하자거나 무엇을 하자고 하는 것은 관계성 유지에 대한 욕구이다.
- 상대의 실수나 잘못에 대해서는 "어이구." 같은 아주 짧은 문장으로 빈정거린다.
- 느리고 짧은 말투이지만 몇 문장 안에 하고 싶은 말을 다 한다.

- 압박이나 스트레스 상황엔 침묵한다.

S형의 비언어적 특징

- 이야기가 지루해지면 얼굴에 잠의 기운이 강하게 몰려온다.
- 자신이 말하지 않아도 상대편이 알아서 척척 진행해 주기를 바라는 눈빛이다.
- 복잡하고 피곤하게 하는 것을 싫어하여 사인만 하면 끝나도록 요청한다.
- 아주 강한 압박이 들어오면 도피해 버린다.
- 일을 피하지 않고 끝까지 자신의 책임을 다한다.
- 음식과 관계된 이야기에는 머리가 앞으로 쏠린다(탐식성).
- 조직에 애사심이나 충성도를 표현한다.
- 전체가 원만하게 합의하여 업무가 진행되기를 원한다.
- 상대가 너무 가까이 오는 것을 싫어하고, 적당한 거리를 두는 걸 좋아한다.
- 손가락으로 깍지를 끼거나 팔짱을 끼는 것은 적당한 관심 표시이다.
- 아랫입술이 벌어지면 OK라는 뜻이다.
- 아무 표정이나 말없이 이야기를 듣고만 있는 것은 그냥 들어주는 것이다.
- 이들이 한번 안 된다고 하면 귀찮게 하지 말아야 한다.
- 다른 곳을 보는 것 같아도 상대의 이야기를 다 듣고 있다.

S형에게 대응하기

- 안정감을 주는 일이 제일 중요한 과제다. 말보다 확실한 증거를 보여라.
- 신뢰할 만한 사람과의 관계로 연결고리를 만들라.
- 빠른 결과를 도출하려 하지 말고, 서서히 신뢰관계를 쌓아라.
- 사안을 복잡하게 만들지 말고, 단순하고 알기 쉽게 만들라.
- 무엇이든지 주라.
- 전혀 질문 같지 않은 물음에도 성실하게 응답하라.
- 접대(주로 식사)는 편안하고 아늑한 환경에서 풍성한 메뉴를 선택하라.
- 대화 속에 담긴 핵심 단어를 찾아라.
- 절대로 환경의 변화를 주지 말아야 한다는 걸 명심하라.
- 현실적인 부담이나 미래에 대한 압박감 등 부정적인 멘트를 금하라.
- 부드러움을 끝까지 유지하라.
- 찾기 전에 먼저 찾아가라.

S형으로 성공하기

- 장기적인 프로젝트를 사용하라.
- 형성해 온 인맥을 사용하라.
- 더욱 구체적인 대안을 제시하라.
- 가슴 호흡을 많이 하라.
- 결정되었을 때에는 주저하지 말고 시행하라.
- 환경의 변화를 두려워하지 말고, 다양한 길을 모색하라.

- 다수의 사람에게 소유를 나누어주라.

- 잠자는 시간을 줄여라.

- 부드러운 인간관계를 최우선 무기로 삼아라.

- 버릴 때는 과감하게 버려라(D형에게 맡긴다).

- 어떤 일이든지 타이밍을 놓치지 말라.

- 빠른 업무 처리, 압박감이 찾아올 때 도피하지 말고 부딪쳐라.

- 주변의 외향성, 개방적 스타일의 사람들을 잘 활용하라(대변인).

- 등을 활짝 열어젖히고 어깨를 펴서 독맥이 잘 흐르도록 하라.

C형 이해하기

C형의 시각적 특징

- 피부가 희고 차분한 인상을 준다.

- 이목구비가 얼굴의 중심에 몰려있다.

- 입술이 작고 입 전체가 자그마하다.

- 눈동자는 갈색이고 정기가 없다.

- 걸음걸이가 차분하고 조용하다.

- 부끄러움을 많이 타서 작은 일에도 얼굴을 붉힌다.

- 하체가 튼실해서 안정적인 느낌이 든다.

- 자동차는 깨끗이 정돈되어 있다.

- 의상은 수수하고 검소한 스타일이다.

- 외양적으로 장식이 없으며 튀는 것을 싫어한다.

- 사람 가까이 다가가지 않고, 적당한 거리를 두려 한다.

- 자신의 물건에 손대는 것을 싫어한다.
- 계산하거나 검토하는 일에 시간이 많이 들어간다.
- 시끄러운 환경을 싫어하고 홀로 조용히 있는 것을 선호한다.

C형의 언어적 특징

- 목소리가 작고 조용하게 말한다.
- 필요한 사항 외에는 말을 하지 않아서 무뚝뚝한 인상을 준다.
- 그 일을 왜 해야 하는지 자신과 무슨 연관성이 있는지 질문한다.
- 궁금한 것은 속이 풀릴 때까지 물어본다.
- 자신의 고정관념에 대해서는 양보하지 않는다.
- 육하원칙에 의해 논리적으로 말하는 사람을 좋아한다.
- 잘못이 없는데 강제로 억압하는 상황에서 분노한다.
- 한번 기분이 나빠지면 속이 풀릴 때까지 치근댄다.
- 상대를 압박하지 않고 논리적으로 차분하게 설명하려 한다.
- 말 가운데 수를 많이 사용한다(몇 년, 몇 개, 몇 원).
- 마음에 들지 않으면 계속해서 불평불만을 이야기하고 따진다.
- 낙담을 잘하고 좌절하는 용어들을 많이 사용한다.
- 어려운 상황에서는 자신이 책임을 지겠다고 말한다.

C형의 비언어적 특징

- 사무실 환경이 정돈이 잘 되어있다.
- 남보다 앞에 서서 걸어가려 하지 않는다.
- 스킨십을 싫어한다.
- 신중하게 단어 하나하나에 관심을 가지며 듣는다.

353

- 몸이나 이목구비를 사용하는 행동이 없다.
- 대화하는 도중에 다른 생각을 하는 듯 보이면 의문이 있는 것이다.
- 남의 눈에 드러나 보이지 않는 장소를 선호한다.
- 상대와 거리를 두고 앉는 것을 좋아한다.
- 한꺼번에 다양한 주제를 다루기 싫어한다.
- 의자 깊이 등을 묻었을 때는 심각한 고민을 하는 것이다.
- 글씨는 한 글자 한 글자 또박또박 힘있게 쓰는 스타일이다.
- 날짜, 장소, 시간, 약속 등을 메모하는 습관이 있다.
- 잘 웃지 않는데, 작은 미소라도 띠는 것은 아주 좋다는 뜻이다.
- 당황하거나 실수가 드러날 때 얼굴이 붉어진다.

C형에게 대응하기

- 압박하는 상황을 만들지 말라.
- 자신의 관점에서 설득하지 말고 객관적, 논리적 근거로 설득하라.
- 설득은 육하원칙에 의해서 한다. C형은 항상 계산하고 있다는 것을 기억하라.
- C형과 사전에 이야기되지 않은 부분을 공개하는 것은 금물이다.
- 한 번의 대화와 업무로 해결된다고 판단하지 말라.
- C형의 불쾌한 표현(반복적인 감정 표현)에 분노하지 말라.
- 생각하고 준비할 수 있는 충분한 시간적 여유를 주라.
- 제일 까다로운 사람들이라는 생각을 지우지 말라.
- 쉽게 이해하지 못할 때 몇 번이고 그들의 관점에서 설명하라.
- 절대로 큰 소리로 말을 하지 말라. 그들은 남의 이목을 부끄러

위한다.

- 번잡하고 요란한 장소를 피하라.
- 세부적인 계획과 완벽한 자료를 준비하라.
- 결과보다는 과정을 중시하는 자세를 견지하라.
- 깔끔한 의상과 인상을 주라.

C형으로 성공하기

- 홀로 버티지 말고 다른 사람에게 위임한다.
- 빠른 결과를 도출해야 하는 업무를 할 때는 핵심만 골라내는 훈련이 필요하다(결과 중시).
- 가슴을 여는 운동(팔굽혀펴기, 독맥 열기 운동)을 한다.
- 논리 뒤에 숨어있는 의도를 직관으로 발견하라.
- 완벽한 일 처리 부분의 강점을 살려라.
- 세부적인 자료까지 내용 전체를 숙지하라.
- 인간관계에 있어서 득실을 계산하지 말라.
- 강요된 업무에도 미소로 응답하라.
- 상대에 따른 코드 변경을 할 수 있도록 상대의 성격을 숙지하라.
- 우울한 얼굴빛을 감추고, 내부의 밝은 에너지를 끌어내서 자신감을 보여줘라.
- 긍정적인 언어를 사용하라.
- 폭넓은 대인관계를 유지하라.
- 프로젝트 전체에 대한 큰 그림을 그려라.
- 속도전에서 이겨야 할 때 외향성들의 도움을 받아라.

장점과 장점을 결합하라

힘을 주는 언어(장점)	유형	힘을 약하게 하는 언어(단점)
주도적, 성공지향적, 과업지향적, 결과지향적, 직관력, 결정력, 통솔력, 추진력, 보스형, 영향력, 집중력, 실제적, 외향적, 용감함, 개성이 강함, 타협하지 않음, 의지력, 생산적, 이지적, 단호함, 열정적, 권위적, 모험심, 낙관적.	**D** 주도형	공격적, 분노함, 완고함, 성격이 급함, 불안함, 경솔함, 충동적, 기회주의적, 책임 전가, 거만함, 교활함, 권력적, 보복적, 적대적, 폭력적, 욕을 잘함, 인내하지 못함, 비정함, 통제형, 화를 잘 냄, 자기 자랑, 변덕이 심함.
사교적, 무대체질, 분위기 메이커, 설득력, 감동적, 활동적, 낙천적, 감화력, 영향력, 자발적, 온화함, 표현적, 매력적, 예술적, 대중적, 감성적, 열광적, 반응적, 긍정적, 생기발랄함, 자부심, 용서를 잘함, 상대를 배려함, 남의 말을 좋게 함.	**I** 사교형	요란함, 즉흥적, 의지력이 약함, 뒷정리가 안 됨, 과장된, 수다스러움, 타협적, 쾌락적, 자유방임형, 위선적, 주의산만, 비현실적, 변덕스러움, 방종함, 자기 과시, 남의 말에 끼어듦, 유혹에 잘 걸림, 사치스러움.
안정적, 온화함, 조직중심적, 충성심, 남의 말을 잘 들어줌, 감정을 억제함, 꾸준함, 친절함, 협동적, 외교적, 양심적, 인내력, 실제적, 진지함, 믿을만한, 효율적, 유연함, 성실함, 규칙순종적, 평화적, 사려 깊은, 차분함, 순수함, 예민함, 전문적.	**S** 안정형	갈등 회피형, 두려움, 행동이 느림, 변화를 싫어함, 완고함, 소심함, 변화에 적응이 느림, 추진력 결여, 수동적, 자신감 결여, 타협적, 압박을 두려워함, 미루기 잘함, 게으름, 표현하지 않음, 잠이 많음, 나서기 싫어함.
신중함, 완벽주의, 분석적, 예술적, 원칙적, 세부적, 강직함, 예민함, 자존감이 높음, 구조적, 이지적, 과묵함, 자아 성찰형, 창조적, 도덕적, 논리적, 비타협적, 질적 가치 중시, 절제력, 이상적, 치밀함.	**C** 신중형	부정적, 비판적, 아량이 없음, 음산함, 자기 비판적, 불만족, 분이 풀릴 때까지 치근댐, 의심이 많음, 고지식함, 이기적, 너무 따짐, 복수심, 상처를 쉽게 받음, 계산적, 절망감, 상처가 오래감, 사람을 좋아하지 않음.

유형별 장단점을 다시 묶은 이유는 기질의 확장성 때문이다. 하나의 기질만 가진 사람은 없다. 대부분 2, 3개 이상의 기질을 갖고 있다.

예를 들어 보자. I/D형인 사람이 있다. 표를 보면 I형의 장점과 단점이 있고 D형의 장점과 단점이 있다. I형의 장점과 D형의 장점을 하나씩 결합해 보면 어떨까? 사교적인데 주도적으로 일하고, 설득력으로 일을 추진하고, 분위기 메이커인데 조직에 열정을 불어넣고, 긍정적이지만 단호한 모습으로 멋진 자신을 만들 수 있다.

이렇게 2가지 유형의 장점을 결합하는 것은 실제로 어려운 일이 아니다. 그동안 장점 그룹에 포집한 정보체계를 정리하지 않았기 때문에 장점의 다양성과 극대화를 이루지 못한 것뿐이다. 유형별 단점 결합은 상상하기 싫을 만큼 끔찍하다. 그런데 사람들은 장점 결합보다 단점 결합 쪽으로 더 끌린다. 왜 그럴까? 바로 악의 힘이고, 악의 부정적 효능이다. 그래서 나쁜 놈들은 더 나빠지지만, 좋은 사람은 더는 좋아지지 않는 것이다.

시련은 장점이 극대화될 때 끝이 나고, 이후 축복과 은총의 문이 열린다. 우리는 자신의 장점을 수백 가지의 결합으로 다양하게 만들어야 한다. 일을 잘하는데 따뜻하기까지 한 사람, 섬세한데 용감한 사람, 말수가 적은데 영혼을 울리는 웅변이 있는 사람, 이 모든 결합이 우리가 자신과의 관계를 혁명적으로 개조해 나가게 한다.

독자들이 특히 어린 자녀를 둔 부모라면 아이의 유형을 장점으로 결합하여 문장으로 만들고, 노래하듯이 항상 이야기하자. "우리 딸은 얼굴도 예쁜데, 남에게 베풀기도 잘하네.", "우리 아들은 착한데, 어려운 친구를 위해 나설 줄도 알고 용감하네." 2개 이상의 장점으로 복합 문장 만들기를 하면 영혼을 울리는 신의 음성을 듣게 될 것이다.

단, 단점 결합은 극단적인 상황이 필요할 때만 사용해야 한다. "그렇게 교만한데 사람을 속이고 괴롭히기까지 하면 얼마나 나쁜 사람이 될까?"처럼 마치 사건 속의 사람을 이야기하듯 부정적 교훈으로 경계심을 각성시키자. 그럴 때 양심은 부끄러운 자아를 일깨운다.

5장

유형별 자녀 양육법

16

청소년 DISC 행동 유형 평가와 진단

청소년 DISC 설문지 진단법

행동 유형 평가

청소년의 DISC 성향을 파악하기 위해서 먼저 설문 진단을 해야 한다. 총 15개의 문항에 각 4개의 설명이 들어있다.

질문을 읽고 자신에게 가장 잘 맞는 부분에 4점, 그다음 잘 맞는 부분에 3점, 약간 해당하면 2점, 거리가 멀면 1점의 배점을 준다. 주의할 것은 4개의 칸에 모두 다른 숫자를 넣어야 한다. 비슷하다고 3, 3, 2, 3 이런 식으로 배점을 주면 통계를 낼 수 없다. 모든 칸에 4, 3, 2, 1점을 하나씩 모두 기록하고 세로로 합산하여 150점이 나오면 제대로 한 것이다.

K-DISC 행동 유형 설문지(청소년용) 나를 잘 묘사한 순서대로 4점, 3점, 2점, 1점으로 적는다.

나는 __를 좋아한다.	리더가 되기	새로운 일하기	다른 사람 돕기	일을 제대로 하기	
다른 친구들은 나를 __이라고 생각한다.	모험적인 사람	재미있는 사람	조용한 사람	신중한 사람	
나는 __을(를) 잘한다.	지휘 / 통솔	칭찬 / 격려	도움 주기	계획 세우기	
나는 __을(를) 싫어한다.	시켜서 하는 일	반복하는 일	갑작스러운 변화	실수하기	
나는 __ 말한다.	의견을 분명하게	즐겁게	다수의 의견에 따라서	곰곰이 생각한 후에	
나는 __를 원한다.	내가 결정하기	다른 사람들을 기쁘게 하기	들은 대로 따르기	분석하기를	
나는 다른 친구들이 __가 싫다.	내 말에 반대할 때	나를 혼자 둘 때	압박하거나 무섭게 할 때	내 실수를 지적할 때	
내 가족은 나에게 __ 하라고 한다.	조금 차분	말을 적게	조금만 빨리	따지지 말고	
나는 규칙이 __	항상 불편하다.	재미없다고 생각한다.	안전하게 해준다고 생각한다.	공평하게 해준다고 생각한다.	
나는 종종 __	할 일을 만든다.	산만하다.	참는다.	생각한다.	
나는 당황하면 __	화가 난다.	말을 많이 한다.	가만히 있는다.	우울해진다.	
다른 사람들과 같이 있을 때 나는 __	책임을 맡는 편이다.	이야기를 하는 편이다.	돕는 편이다.	상황을 분석하는 편이다.	
나는 매우 __	경쟁적이다.	관심 있는 일이 많다.	느긋하다.	주의가 깊다.	
나는 새로운 것에 대해 __	해결책을 찾는다.	흥분한다.	불편해한다.	이것이 무엇인지 연구한다.	
내 방은 __	허락을 받아야만 들어올 수 있다.	어지럽혀져 있다.	쉬는 공간이다.	깨끗하다.	
총점	(가) 점	(나) 점	(다) 점	(라) 점	

K-DISC 40개 행동 유형 프로파일(청소년용)

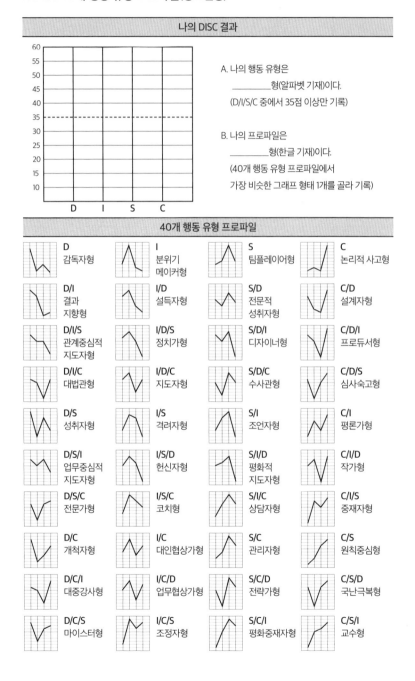

나의 DISC 결과

A. 나의 행동 유형은
_____형(알파벳 기재)이다.
(D/I/S/C 중에서 35점 이상만 기록)

B. 나의 프로파일은
_____형(한글 기재)이다.
(40개 행동 유형 프로파일에서
가장 비슷한 그래프 형태 1개를 골라 기록)

40개 행동 유형 프로파일

D 감독자형	I 분위기 메이커형	S 팀플레이어형	C 논리적 사고형
D/I 결과 지향형	I/D 설득자형	S/D 전문적 성취자형	C/D 설계자형
D/I/S 관계중심적 지도자형	I/D/S 정치가형	S/D/I 디자이너형	C/D/I 프로듀서형
D/I/C 대법관형	I/D/C 지도자형	S/D/C 수사관형	C/D/S 심사숙고형
D/S 성취자형	I/S 격려자형	S/I 조언자형	C/I 평론가형
D/S/I 업무중심적 지도자형	I/S/D 헌신자형	S/I/D 평화적 지도자형	C/I/D 작가형
D/S/C 전문가형	I/S/C 코치형	S/I/C 상담자형	C/I/S 중재자형
D/C 개척자형	I/C 대인협상가형	S/C 관리자형	C/S 원칙중심형
D/C/I 대중강사형	I/C/D 업무협상가형	S/C/D 전략가형	C/S/D 국난극복형
D/C/S 마이스터형	I/C/S 조정자형	S/C/I 평화중재자형	C/S/I 교수형

프로파일 작성법

프로파일 작성지에 D줄에는 앞의 (가)의 총점, I줄에는 (나)의 총점, S줄에는 (다)의 총점, C줄에는 (라)의 총점에 점을 찍고 줄을 이어본다. 줄을 잇는 목적은 그래프의 형태를 보고 빠르게 이해하기 위함이다. 4개의 점수 중 35점을 기준선으로 35점 미만은 버린다. 점수가 높게 나온 순서대로 A항 나의 행동 유형 란에 D/I/S/C 중에서 골라 기록한다. 프로파일 표를 보면 한글로 유형들의 이름이 있다. 그 이름을 B항 나의 프로파일 란에 기록하면 된다. 점수가 같게 나온 경우 본인이 좋아하는 유형을 택한다.

4개가 모두 35점 이상이 나왔다면 슈퍼바이저형이라고 기록하면 된다. 도합 40개의 유형들에 대한 설명은 이 책의 4장에 상세하게 기록해 놓았으니 참조하기 바란다.

17

D형 부모의 자녀 양육

D형 부모와 자녀 유형별 갈등 양상

부모 유형	부모의 충돌 요인	자녀 유형	자녀의 충돌 요인	문제 양상
D	명령적 강압적 단호함	D	자립심 도전적	주도권 싸움
	과업지향적 단호함 실질적	I	관계지향적 감성적	업무중심 vs. 관계중심
	적극적 성급함 명확함	S	소극적 느린 행동 결정을 미룸	빨리 vs. 천천히 결단력 vs. 결정 회피
	결과중심적 대담함 도전적	C	과정중심적 신중함 결정을 미룸	결론 vs. 과정 숲 vs. 나무

D형 부모와 D형 자녀

부모와 자녀가 같은 유형을 가진 경우 대부분 가치 충돌이 생긴다. 하지만 협력과 시너지도 발생한다. D형의 최고 핵심가치는 일이다.

D형 부모는 자기처럼 일을 잘하고 추진력이 강한 자녀를 좋아한다. 어린아이라 할지라도 D형 아이는 표시가 난다. 다른 애들보다 앞장서고 무엇이든지 자기 뜻대로 하려는 강인함 때문에 자연스럽게 지도자가 된다.

아이의 이런 지도력은 확고한 소신 때문에 선생님이나 부모와 충돌을 일으킨다. 강한 D형 부모의 아이는 자신의 성격적 근원이 되는 존재와 매일 맞닥뜨린다. 엄한 아빠나 엄마하고 살아야 하는 데서 오는 내면적 불만이 쌓인다.

D형 부모와 D형 아이의 가정은 가장 격렬한 에고의 충돌이 일어난다. 융의 이론에 따르면 자녀에게 페르소나(세상을 살아가기 위해 만들어진 사회적 인격)를 만들게 한다. 자녀가 쓰고 있는 가면은 부모에게 순종이라는 미덕으로 포장된다. 말을 잘 듣는 착한 어린이라는 가짜 얼굴을 갖는다. 이런 페르소나의 크기가 강할수록 그 뒷면에 있는 그림자(자신이 숨기고 싶은 열등 기능이나 혹은 좋은 능력인데도 인정받지 못하여 뒤에 숨겨놓은 기능. 마음의 부정적 힘으로 항상 작동)의 크기도 강해진다.

D형 부모와 D형 아이의 관계에서 자녀한테 페르소나와 그림자가 만들어지는 것은 강한 부모의 압력과 도덕적 해리 현상 때문이다. D형이 갖고 태어난 이질적인 기대치는 자신에게는 관대하고 타인에게는 높은, 한마디로 비합리적인 구조다. 그래서 아이는 필요에 따라서 약속을 식은 죽 먹듯이 식언한다. 자기는 잘하지도 않으면서 자녀에게

강하게 요구하는 이율배반적인 부모의 모습에서 저항감을 느낀다.

D형 부모는 자기처럼 강한 아이를 억제한다. 아이의 내면 욕구는 누적되어 있다가 그림자의 폭발 시기가 되면 터지고 만다. 결국은 일을 저지르고 야단을 맞는다. 이런 과정들이 반복되면서 부모에게 더 큰 저항심을 갖는다.

〈나는 자연인이다〉라는 TV프로가 있다. 자녀들이 만나주지 않거나 자신을 버려두고 가족이 이사를 가버려 산에 올라와 산다는 사람들을 본다. 대부분 D형 아버지들이다. 강한 D형 아버지가 노쇠하자 어린 시절 억눌림을 당한 자녀들이 반발이나 복수의 형태를 보이게 된 것이다. 부인이 남편을 살해하는 경우가 있다. 대부분 D형 남편과 D형 아내 사이에서 벌어지는 일이다.

D형 부모는 아이의 강한 성향을 알아야 한다. 누구도 아닌 자신의 성향을 아이가 갖고 태어났기 때문이다. 그 아이 안에는 자신이 숨어있다는 것을 알아야 한다. "쟤는 누구를 닮아서 저 모양이야?" 이런 말은 자신의 책임을 회피하는 것이다. 책임감Responsibility이란 반응Response과 능력Ability의 합성어다. 책임을 진다는 것은 반응하는 능력을 말한다. 장애를 갖고 태어난 사람은 자기 몸이 장애인 것에 책임질 필요가 없다. 자신이 그렇게 만든 것이 아니기 때문이다. 그러나 장애의 몸으로 세상을 어떻게 살고, 어떻게 관계를 맺을 것인지 결정하는 것은 자신의 책임이다. 장애의 몸을 비관하며 일생을 보내다가 생을 마쳐서는 안 된다. 레나 마리아나 닉 부이치치는 자신의 고통을 승화시켰다. 같은 고통을 당하는 사람들에게 희망과 용기를 주었다.

D형 아이에게 누구를 닮아서 그러냐고 원망할 것이 아니라, 부모된 나에게 어떻게 반응할 것인가를 물어야 한다. 피해서 되는 문제가

아니고, 화를 낸다고 해결되는 문제도 아니다. D형 부모와 D형 아이가 가장 훌륭한 가정을 만드는 길은 가정에서 공동 프로젝트를 하는 것이다. 예를 들어 가정 경제가 어려울 때면 아이와 이 문제를 주제로 삼아 이야기를 나눈다. 가정 경제를 회복시키기 위한 프로젝트를 함께 세워본다. 세부계획까지 같이 설계한다.

옛날 부모들처럼 애들은 몰라도 되니 너희는 그냥 공부만 잘하면 된다는 교육 방식은 잘못된 것이다. 살아있는 교육은 아이를 가정의 일원으로 인정하는 데 있다. 부모의 고민과 아픔도 함께 나누고, 부모의 즐거움도 함께 나누자. 짐도 함께 지고 기쁨도 함께 나눠보자. D형 아이는 부모와 고통을 분담하고 가정을 세워나간다는 큰 목표에서 검소함과 절약을 배운다. 어려서부터 돈의 소중함을 알게 되니 자연스럽게 돈 버는 방법을 연구한다.

D형 아이는 공부 못한다는 소리를 듣기 싫어한다. 자연스럽게 공부에 대한 동기부여도 얻는다. 기억하라. D형 아이한테는 50년 뒤의 큰 비전을 세워주자. 공동 과제를 만들고 책임과 함께 권한을 부여해주는 것이 D형 아이에 대한 교육 방식이다. 아이한테 멋진 별명도 붙여줘라. 평생 그 별명만 들으면 없던 힘도 생길 만큼 동기가 유발된다. 평생의 멘토로 삼을 만한 큰 위인의 별명을 붙여주면 그 사람처럼 되어간다. 물론 별명도 아이가 스스로 찾도록 해야 한다.

D형 부모와 D형 아이의 충돌 상황 시 갈등 구조는 주도권 싸움에서 온다. 부모가 힘으로 아이를 억누르려 하면 안 된다. D형 아이는 누르면 튀어 오른다. 갈등을 푸는 방식은 2가지이다. 첫 번째는 서로 도움이 되는 지혜로운 협상이다. 두 번째는 갈등 상황을 피하지 말고 아이의 에너지를 다른 곳으로 돌려서 또 다른 성취를 맛보게 하는 것

이다. 이를 에너지 전환이라고 한다. D형 아이는 에너지가 가장 강하기 때문에 힘의 방향만 틀어주면 그곳에 에너지를 쏟아붓는다. 보람 있고 가치 있는 일로 대체하자. 더 강렬하고 더 도전할 만한 것으로 부모와의 갈등이나 위험한 일의 물꼬를 돌리라는 이야기다. 부모는 아이에게 분노가 담긴 언어를 절대로 삼가야 한다. 아이는 그 언어를 그대로 갚아주기 때문이다.

분노를 다스리는 방법을 알아보자. 먼저 기분 나쁜 상황을 떠올리면서 눈동자를 24회 원형으로 굴리면 나쁜 기억이 흐려진다(EMDR[3] 기법). 오른쪽 어깨뼈 아래 움푹 들어간 중부혈을 12회 톡톡 때려주면 분노가 가라앉는다(EFT[4] 기법). 양팔을 바깥으로 기지개 켜듯이 회전시키면 화가 내려앉는다(Vortex[5] 운동).

이런 분노 처리 운동을 온 가족이 함께 해보자. 집단 상담하듯이 서로의 몸을 두드려주거나 시큼한 음료를 마시면서 "우리가 화만 잘 조절하면, 나라를 살리는 존경받는 가정이 된다."라는 말을 하여야 한다. D형은 일을 잘해놓고도 화를 처리하지 못해서 마지막에 가서 욕을 먹는다. 명상이나 단전 호흡도 좋다.

D형은 절대 금연해야 한다. D형에게 담배는 죽음으로 가는 지름길이다. 폐의 에너지가 강하기 때문이다. 불을 붙여서 태우는 담배 열과 강제 도파민 생성을 위한 타르 성분이 폐의 강한 열선에 작용하면 어떻게 되겠는가. 분노가 많은 D형, 거기에 욕심까지 많은 D형에게 담

---

3) EMDR(Eye Movement Desensitization&Reprocessing): 안구를 360도 회전시켜서 뇌에 저장된 과거의 상처나 고통을 흐릿하게 만드는 운동 기법.
4) EFT(Emotional Freedom Techniques): 정서 치유 기법. 자유로운 감정 만들기.
5) Vortex: 에너지 회전 응집 운동. 좌측으로 회전하면 에너지가 풀리고, 우측으로 회전하면 에너지가 쌓인다.

배는 인생의 비극적 종말을 준다. D형 아이한테도 일생 담배를 배우지 않도록 교육해야 한다. 공부 잘해서 좋은 대학 나오고, 좋은 직장에 취직했는데, 담배 때문에 폐암으로 고통을 겪다가 죽는 D형 인재들을 많이 봤기 때문이다.

술은 D형의 약한 간을 더욱 힘들게 한다. 간 기운이 약해지면 더욱 화를 내게 된다. D형한테는 흙이 있는 곳을 맨발로 걷는 운동Earthing이 좋다. 발바닥의 용천혈로 신체의 활성 산소를 발산하고, 자유전자가 몸으로 들어오게 하자. 맨발 걷기는 죽어가는 몸도 살린다.

D형 부모와 I형 자녀

D형 부모와 I형 아이는 아주 묘한 관계를 이룬다. D형 부모는 아이가 열정적이고 활동적이고 리더십을 발휘하는 듯한 모습에 장차 큰 일을 할 것이라고 착각하기 쉽다. 하지만 아이는 나이가 들수록 점점 부모에게 실망을 준다. 원래 I형 아이는 친구들을 좋아하지 원대한 비전을 갖거나 공부를 열심히 하는 아이가 아니다.

근원적으로 I형은 D형처럼 외향적이라, 활달하고 긍정적이며 미래 지향적이다. 하지만 I형은 늘 마음이 밖을 향해 열려있다. 돌아다니고 놀기를 좋아한다. 친구가 좋고, 친구들과 얘기하고 노는 것 그 자체가 즐겁다. D형처럼 사람을 일이나 목적으로 대하지 않는다. 여기서 D형 부모와의 갈등 구조가 발생한다.

I형 아이는 이렇게 공부시키자. 만화나 유튜브 영상처럼 이미지로 공부하거나, 공부 잘하는 친구를 사귀게 하면 공부에 취미를 붙게 할 수 있다. D형 부모의 I형 아이에 대한 양육 방향이 정말 중요한데, D형 부모는 자녀 양육에 극적인 방법을 택할 때가 많다. 믿음이 가는

자녀에게는 전적인 신뢰를 보내고, 믿음이 가지 않는 자녀에게는 아주 엄한 통제적 방식을 택하기 때문이다. 특히 공부보다는 친구하고 놀거나 게임을 즐기는 I형 아이를 대할 때 더 심한 통제를 가할 수 있다. D형 부모는 자신이 생각하는 학교 공부와 달리 좀 더 미래를 보는 시각으로 I형 아이를 바라볼 필요가 있다.

내 손녀는 이제 초등학교 1학년인데 벌써 공부가 싫다고 한다. 전형적인 I형 아이다. 그러나 미래 도시건축 그림대회에서 우수상을 받았다고 가족 카톡방에 상장을 자랑스럽게 올렸다. 앞서 기술한 대로 미래사회는 아직 인류가 경험하지 못한 세상이 열릴 것이다. 새로운 세대의 상상력으론 어떤 미래세계가 펼쳐질까? 기술력을 현실화시킬 디자인은 I형 아이들이 한다.

D형 부모는 강력한 통제력을 강력한 신뢰로 바꿔보자. I형 아이가 마음껏 상상의 나래를 펼칠 수 있도록 넓은 세계를 구경시켜 주자. 방학 기간에 아이와 함께 여행을 다니면서 세계의 아름다운 문화를 경험하게 하자. 즉, 많은 시각적 교육을 해주는 것이 좋다는 이야기다. 경험한 세계들을 바탕으로 더 멋진 도시를 만든다면? 더 멋진 집을 짓는다면? 더 멋진 명품을 디자인한다면? 어떻게 해보고 싶냐는 질문으로 아이들의 상상력을 강화해야 한다.

우리나라에서만 머물게 하지 말자. 앞으로는 언어 번역기들로 고통스러운 어학을 하지 않아도 되는 시대가 온다. 언어를 배우는 데 시간을 빼앗기지 말고 좋아하는 나라에 가서 마음껏 끼를 발산하도록 도와주자. 그러면 I형 아이를 세상에 빛나는 존재로 살 수 있다. 잊지 말아야 할 것은 일반적이고 정형화된 학교 교육은 그다지 도움이 안된다는 사실이다. 그 틀에 넣지 말고, I형 아이의 탁월한 개성이 어느 쪽으로 발달했는지를 관찰하고 도와주어야 한다.

I형 아이는 부모의 화를 그다지 두려워하지도 않고 회피하는 방법만 빠르게 배운다. 따라서 화를 내어 아이를 변화시키려는 것은 효과가 없다. 도리어 칭찬으로 긍정 에너지를 마음껏 발산시키자. 다만 I형 아이는 죄의식이 부족하고 도덕성이 떨어지기 때문에 사람들이 행복한 세상에서 살도록 영향력을 발휘하라는 의식을 꾸준히 심어주는 것이 좋다.

D형 부모와 S형 자녀

D형 부모와 S형 아이는 부모가 아이에게 가장 화를 많이 내거나 비인격적인 압박을 가할 수 있는 관계다. D형 부모의 급하고 능동적 결과중심 성향에 반해, S형 아이는 가장 게으르고 수동적인 행동 특성을 가졌기 때문이다.

S형은 어느 단체 어느 조직에서도 D형으로부터 강한 압박을 받는다. 심지어 회사 상사가 S형이고 부하가 D형일지라도 답답한 상사를 향하여 D형 부하들은 서슴없이 직언을 가한다. 비록 자신이 상사라도 S형은 D형을 두려워하고 그들을 피한다. 오히려 D형이 S형 상사 대신 일을 처리하고 조직을 이끌어가는 경우가 많다. 이런 상황이 발생해도 S형은 자존심이 상하지 않는다. 자기 지위를 넘어서 일을 처리하는 D형을 감사하게 여긴다. 같은 D형끼리라면 어림없는 일이다. 유독 D형과 S형의 묘한 관계에서 드러나는 현상이다.

D형의 연상 여자친구와 결혼하려는 S형 남자는 이러한 D형의 매력에 끌리게 되어있다. 능력 있고 알아서 자기를 챙겨주니 좋은 것이다. 강한 D형이 무서운 것은 사실이지만 그 대가로 얻는 것이 많다.

371

D형은 여름 사람이라 버리는 것이 많은데, S형은 겨울 사람이라 수렴 기능이 강하다. D형이 버린 것들을 S형이 모두 가져온다.

이런 행동 양식을 가진 S형 아이를 양육하는 D형 부모는 아이가 어떻게 행동할지 예측할 수 있다. S형 아이는 느리게 움직이고, 의사가 명료하지 않으며, 말을 해도 핵심을 피해 돌려 말한다. 먹는 것을 탐하며 누워있는 것을 좋아하는 S형 아이를 보면 D형 부모는 눈이 뒤집힌다. D형은 자기 눈앞에서 모든 사람이 움직여야 한다. 무엇을 하든 움직여야 한다. 그래서 될 수 있으면 가만히 있기를 원하는 S형 아이를 보면 화가 치밀고, 실망감이 올라온다. 결국 거친 말로 표현한다. 대부분 욕설이나 탄식조 같은 경멸의 언어다. 부모는 억압하고 자녀는 두려워하니 D형 부모와 S형 아이는 상호 소통 거리가 제일 멀고, 거의 대화가 없다고 보면 된다. 마주쳐봐야 화만 더 나고, 한쪽은 무서워서 서로 피한다. 그러다 보니 아이의 마음 세계와 미래에 대해서 부모는 관심조차 두지 않게 된다.

S형의 제일 중요한 가치는 생존이라 하였다. 가족치료 전문가인 보우웬의 이론에 따르면 부부싸움이 심한 가족이나 서로 간에 짐이 무거운 가족은 분화가 필요하다고 한다. 예를 들어 부모가 부부싸움을 하면 D형 아이는 적극적으로 뜯어말리고 자신이 재판관이 되어 잘못한 쪽에게 사과와 행동 수정을 요구한다. 그렇게 싸움을 평정시킨다. 만약 화해가 안 될 때는 자신이 집을 뛰쳐나가 버린다. I형 아이는 부모가 싸우면 눈물을 흘리면서 중재하고 특히 약한 쪽의 편에 서서 보호하면서 가해자를 이해시킨다. 그런데 놀랍게도 S형 아이는 그 피해가 자신에게 돌아올까 봐 가만히 있으면서 싸움의 추이를 지켜본다. 어느 편에 붙어야 살 것인지를 생각하기 때문이다. C형 아이는 부모

의 갈등을 자신의 죄인 양 구석에서 숨죽여 운다. C형 아이가 받는 상처가 가장 깊고 오래 간다.

실제로 S형 아이는 극단적인 자기 생존 능력으로 인해 상처받는 마음보다 독립적 생존을 향한 욕구가 발달한다. 가정이란 곳이 편하지 않고 늘 불안하니까 분화될 준비를 의식적으로 하는 것이다. S형 아이는 큰 인물이 되거나 큰돈을 벌려는 욕심이 그다지 없다. 그래서 일할 직업이 많다. 관계형이지만 생존에 위협을 느끼면 아주 놀라울 정도로 빠른 결단과 행동을 한다. 이것이 좋은 쪽으로 발달하면 일제 치하에서 독립 투쟁하는 의로운 의인 열사가 된다. 하지만 극단적 이기주의로 발달하면 자기만 살아남는 행동으로 다른 사람의 생명을 방관하게 되는 것이다.

KBS 〈아침마당〉에 출연해 S형 아이에 관해 설명한 적이 있다. 어떤 부모가 감사의 글을 올렸다. 강의를 듣고 보니 자기 아이가 S형인 것을 알게 되었고, 저렇게 답답한 아이가 장래 무엇을 해서 먹고 살 것인가를 염려했는데, 의외로 일할 직업이 제일 많다니 위로가 된다고 했다. 장수할뿐더러 조직에 충성하는 팀플레이어이고, 자기 분야의 전문가이며, 사회에 공헌하는 공무원 중에서도 S형이 제일 많다는 것을 배우고 나서 한시름 놓았다고 했다.

결론은 이렇다. D형 부모의 눈으로 보는 S형 아이는 참으로 불안해 보이지만, 이는 S형 아이가 D형 부모를 두려워해서 자기를 드러내지 못하기 때문이다. D형 부모는 S형 아이를 대할 때 항상 먹을 것을 제공하면서 부드러운 눈빛으로 대화하는 습관을 길러야 한다.

S형 아이는 어떻게 코칭해야 할까? S형 아이는 질문받는 것을 싫어하니 "네 생각은 어떠냐?"라고 막연히 묻지 말자. "책 읽는 것이 좋

니? 기계를 만지는 것이 좋니?", "문과가 좋니? 이과가 좋니?" 이렇게 둘 중의 하나를 고르는 방식으로 묻자.

단, 먹는 것이나 선호하는 기계류의 물건을 살 때는 선택할 수 있는 폭을 넓혀서 본인이 결정하도록 확대 질문하는 것이 좋다. "어떻게 하고 싶니? 어떤 것을 고르고 싶니? 그때 슬그머니 그것을 고른 이유가 뭐니?"라고 내면의 원인을 물으면 아이의 숨은 욕구와 생각을 들을 수 있다.

평균적으로 S형 아이는 자신이 선택하기보다는 누군가가 길을 열어주고, 자신은 시킨 일만 하면 되는 구조를 더욱 선호한다. D형 부모는 아이의 마음 구조를 S형이라는 독특한 성향에 맞추어서 들여다보아야 알 수 있다. S형 아이는 말수가 적고 조용하기 때문에 그냥 간과하기 쉬운데, 실제로는 가장 돌봄이 필요한 아이다. S형 아이를 원하는 대로 만들 수 있다면, 부모의 역할이 얼마나 중요하고 많은지를 알게 된다.

S형 아이는 장래에 고급 기술을 가진 엔지니어나 로봇과 드론 제작자, 통제 관리자로 일할 수 있다. 인류가 먹고 사는 가장 기초적인 분야에서 일할 기초 산업 일꾼이다. 어려서부터 평안을 주자. 하나하나 습관을 들여 서서히 능력을 키워가는 역량 개발훈련을 시켜주면 아이도 좋아하고, D형 부모와 S형 아이 사이에 상호 신뢰가 형성된다.

D형 부모와 C형 자녀

D형 부모는 C형 아이를 아주 고가의 도자기를 만지듯이 다루어야 한다. 생각 없이 화부터 내고 그냥 튀어나오는 대로 거침없이 폭언하는 D형은 C형 아이에게 평생 같이 있고 싶지 않은 첫 번째 사람이다.

D형 부모는 후유증에 대한 조심성을 자각해야 한다.

자기 멋대로 하는 D형 부모는 특히 이율배반적인 기대치 구조로 자신이 말한 것을 스스로 지키지 않는다. 그러면서 자녀에게는 도덕 군자처럼 명령한다. 물론 D형은 남들이 이해하지 않더라도 자기 나름대로 진실성이 있다. 하지만 이성적이고 합리적인 C형 아이는 D형 부모를 향한 미움과 불신이 깊어간다.

D형 부모는 C형 아이를 양육할 때 근본적인 자기 패러다임을 변화시켜야 한다. 좀 힘들 수도 있지만, 자기와 가장 거리가 먼 C형의 가면을 쓰고 아이를 대하라는 이야기다. 이렇게 C형 페르소나를 쓰지 않는 한 D형 부모는 C형 아이의 마음속을 알 길이 없다. 대부분의 D형 부모와 C형 아이는 세월이 지날수록 거리가 멀어진다. 훗날 D형 부모가 세상을 떠나도 C형 아이는 그렇게 슬퍼하지도 아쉬워하지도 않는다. 도리어 안도의 해방감을 누린다.

주변에서 이런 유형의 가정을 너무 많이 보았다. 그래서 D형 부모 아래 있는 C형 아이의 말 못 할 고통을 깊이 통감한다. 우선 D형인 나 자신부터 C형인 내 어린 아들에게 많은 상처를 주었다. 아이가 받은 고통의 결과물로 격동의 청소년기를 보냈다. D형 부모가 화를 참지 못하여 무심코 던지는 분노의 한마디, 부숴버린 물건의 소리와 파편 그리고 이어지는 폭력에 C형 아이는 쉽게 상처받고 강한 두려움을 갖는다. 심지어 숨조차 쉬지 못할 공황장애나 대인기피 현상을 겪게 된다. 전부 D형 부모의 인과응보다. D형 부모는 C형 아이의 특수성을 백번 이해하고 조심해야 한다. 부부싸움도 아이가 있는 곳에서는 피하라. 부부 갈등은 C형 아이에게 공부를 못 하게 하고 살아갈 가치를 잃게 만든다. C형 아이에게는 화목하고 항상 존중하는 부부의 모습을 보이는 것이 중요하다.

C형 아이는 누가 야단친다고 공부하거나 야단을 안 친다고 공부 안 하는 그런 아이가 아니다. 자기 할 일을 스스로 알아서 하니 D형 부모의 잔소리가 독이 된다. 완벽함을 추구하는 C형 아이에게 자기만의 조용한 공간, 마음대로 공부하고 쉴 수 있는 공간을 주는 건 최상의 배려다.

D형 부모는 스케일이 크기 때문에 통 큰 선물을 주려 하지만, 그것도 아이에게는 부담이다. 기대가 큰 만큼 자신이 부모를 실망하게 하지 않으려고 노력해야 하기 때문이다. 그냥 내버려두는 것이 제일 좋다. 수시로 검사하지도 말자. 자율적으로 공부하고, 자율적으로 쉬고, 자율적으로 게임하도록 허락해 주자. 무엇보다도 책 읽을 수 있는 조용한 환경을 후원해 주면 일단 D형 부모로서는 큰일을 한 것이다.

그리고 가끔 인간관계나 학업, 나아가서 인생 전체에 있어서 방향을 잡을 만한 멋진 질문이나 깊이 사고할 수 있는 격언을 해주는 D형 부모라면 만점이다. 지나치게 세부사항을 따지는 C형 아이에게 전체를 보게 하는 시각적 비전훈련 또한 전적으로 D형 부모의 몫이다. 훗날 C형 아이가 생각의 미로에 빠져 헤어나오지 못할 때 D형 부모의 단 한 방의 질문이나 격언이 인생의 길을 새롭게 잡아주기 때문이다.

내 늦둥이 아들은 전형적인 C형이다. 나는 아들이 생각하는 부분의 장단점을 인생의 선배로서 사실만 알려주었다. 하라거나 하지 말라고 말하지 않았다. 아들의 고민과 생각을 존중했다. 어느 쪽으로 다시 반복하더라도 도와줄 마음이었기 때문이다. 방황하면서 스스로 발견해 가는 가치는 귀하다. 결국, 내 아들은 이 세상에서 영원한 것을 추구하는 것이 가장 귀하고 보람된 것임을 스스로 찾아냈다. 자신이 잘하는 물리학을 포기하고 신학교에 편입했다. 이러한 가치의 발견은 무엇을 해서 먹고 살아야 하는가의 고민보다 인생을 귀하게 만든다. 젊은 시절, 방황하는 긴 고통의 시간은 헛되지 않다. C형 아이의 삶을 보살피고 학문적 역량을 마음껏 발휘하도록 도와주기만 하여도 D형 부모는 역할을 잘한 것이다.

(Tip) 학습의 감정적, 환경적 장애물

유형별로 학습을 방해하는 감정과 환경을 떠올려보자.

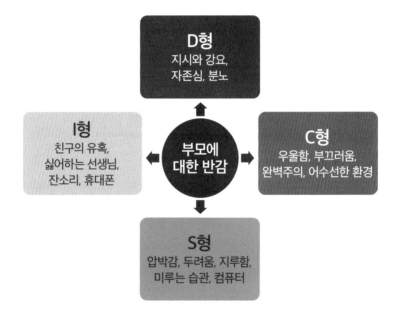

18

I형 부모의 자녀 양육

I형 부모와 자녀 유형별 갈등 양상

부모 유형	부모의 충돌 요인	자녀 유형	자녀의 충돌 요인	문제 양상
I	감성적 인정 많음 낙천적	D	냉정함 공격적 결과중심적	집착이 두려워
	충동적 감성적	I	자유분방함 낙천적	자유방임?
	적극적 외향적 변화지향적	S	소극적 내성적 완고함	집에만 있는 꼴이 답답해
	낙천적 둔감함 감성적	C	비판적 민감함 완벽주의적	둔감 vs. 민감 별것도 아닌 일

I형 부모와 D형 자녀

I형 부모는 명랑하고 긍정적이라 자녀의 기를 죽이지 않고 그들이 원하는 대로 다 들어준다. 하지만 이것이 상당 부분 아이의 사회 생활에 문제를 일으킨다. D형 아이는 원래 자아가 가장 강한데 집에서도 제어당하지 않은 채로 양육되기 때문이다. 훗날 만날 사회공동체가 자신의 가정과 다르다는 것을 깨닫는 데 오랜 시행착오를 거치게 된다.

긍정적인 I형 부모는 의사결정 구조에서도 항상 장밋빛 결정을 내린다. 기대치가 낮으므로 죄의식이 약하다. 그래서 강한 D형 아이가 타인에게 상처를 줄 때도 긍정적으로 해석하거나 오히려 타인의 가정을 비난하기도 한다. 아주 위험한 교육 심리다. 아이의 건강한 성장을 위해서는 비판적 지지자라는 생각도 할 수 있어야 한다. D형 아이의 행동에서 좋은 점만 보지 말자. 공동체나 친구들, 혹은 자신에게까지 이르는 위험한 요소나 상처가 되는 점들이 무엇인지를 아이와 나누어야 한다. 다행스럽게도 I형 부모는 워낙 대화를 잘한다. I형 부모는 D형 아이와 더불어서 꿈을 설계하고 아이의 꿈을 위해서 질문을 던지는 코치 마인드를 갖는 것이 좋다.

I형 부모는 야단을 치지도 않지만, 야단을 쳐도 부드럽게 하므로 D형 아이가 감정이 상하지 않게 핵심만 들어서 바로잡아 나가면 된다. 대신 간단하고 명료한 것을 좋아하는 D형 아이에게 쓸데없는 자랑이나 왕년의 경험을 오래 늘어놓는 상황은 피해야 한다. D형 아이는 경청하는 힘이 약하기 때문에 재미도 없고 같은 이야기를 또 하는 I형 부모를 참아내지 못하고 잘라버리거나 핀잔을 준다. 이럴 때 I형 부모는 아이로부터 도리어 상처받고 우울해한다. D형 아이의 '핵심

만 간단히'라는 정서를 몰라서 그렇다. D형 아이는 항상 스스로 해나가게 두자. I형 부모의 위로와 용기를 주는 논평도 그다지 필요 없다. 그 대신 아이가 성취를 이루었을 때 아주 짧고 강력하게 "와!", "대박!", "역시!" 이런 몇 단어면 족하다.

I형 부모와 I형 자녀

사실상 I형 부모와 I형 아이 사이에 문제가 제일 심할 수 있다. 부모와 자녀 모두 가장 비현실적인 세상에서 사는 사람들이고, 인생의 계획성이 없고, 규모 있게 사는 것이 힘들며 쉽게 흥분하기 때문이다. 서로가 낭비성이 심하다. 돌아다니는 것을 좋아해서 물건 사는 것을 즐기고는 카드 빚에 허덕인다.

나의 아내와 둘째 딸은 전형적인 I형이다. 대형 할인점에서 카트 하나 가득 물건을 넣고서는 카드 잔액이 부족하여 다시 절반가량 빼는 걸 1, 2번 본 게 아니다. 나와 아들은 C형이라 사는 데도 한참 걸리지만 물건을 골랐다가도 이건 필요 없다면서 내려놓아 거의 빈 카트를 끌고 나온다.

I형 여자의 가정 생활 분위기는 밝다. 하지만 옷가지들을 정리하지 않아 방마다 정신이 하나도 없다. 항상 손님들을 데리고 와서 후다닥 치우기를 잘한다. 나중에 옷장을 열어보면 옷들이 마치 허수아비처럼 서있다가 쓰나미처럼 한꺼번에 밀려 쓰러진다.

I형 가족은 모든 식구가 꿈속에 살고, 늘 내일은 잘될 것이라는 긍정적 격려 속에서 서로의 모자람을 비난하지 않는다. 아이들도 명랑하고 성적보다는 하루하루 같이 얼굴을 보는 존재로서 서로 기뻐한다. 가장 행복한 가정이라고 보아도 된다. 문제는 삶의 방향성과 세부

계획이다. 미래의 세계적인 인물들이 벌써 다 된 것 같은 분위기와 꿈을 그리는 긍정적 마음은 훌륭하지만, 이들은 계획을 세우지 않는다. 설령 계획을 세운다 해도 이행하기보다는 상황에 따라 바꾼다. 갑자기 생긴 재미에 계획 실행을 다음으로 미루고 서서히 잊어버린다.

새해에 멋진 다이어리를 사고 거창한 계획을 다이어리 앞장에 기록해 놓는다. 그러곤 3일을 사용한 뒤에 그 해가 지날 때까지 더는 기록이 없다. 이런 다이어리가 잔뜩 쌓여있다. 이 가정은 스스로 믿기보다는 실행하지 않으면 안 될 강제적인 틀을 만들어놓는 것이 좋다. 언제 어떻게 갑자기 튀어나갈지 모르기 때문이다.

I형 부모는 I형 직업란에서 아이가 가장 좋아하는 장래희망이나 잘하는 부분, 강점을 찾아보자. 일찍부터 재미와 공부가 혼합된 방식에서 I형 아이를 양육해야 성공 확률이 높다.

I형 부모와 S형 자녀

이 배합은 S형 아이에게 가장 좋은 배합이다. 자녀를 힘들게 압박하지 않고, 언제나 재미있게 하면서, 먹을 것을 주고, 안전을 지켜주는 유일한 존재가 I형 부모이기 때문이다.

좋은 쪽으로 보면, 말하기 좋아하는 I형 부모는 아무 소리 없이 들어주는 S형 아이에게 무한 자랑과 무용담을 늘어놓을 수 있다. 말을 잘하지 않는 S형 아이는 I형 부모의 말을 잘 들어주면서, 부모가 즐거워하는 것을 보면 편안해진다.

I형 심성의 기본적 선호 구조는 가치를 친구에게 두는 데 있다. 그래서 I형끼리 서로 좋아한다. 그러나 가끔은 자기보다 더 말이 많은 I형 때문에 못 한 말이 생기기도 한다. 그럴 때는 모았다가 S형에

게 한꺼번에 쏟아낸다. S형은 지겨워하지도 않고 말을 잘 들어준다. 그 보상으로 I형은 S형을 데리고 쇼핑하러 간다. S형은 오직 먹을 것을 향한 마음으로 따라가서 실컷 얻어먹는다. I형은 영화를 보여주고, S형은 영화를 보다가 잔다. I형은 끌고 다니고, S형은 끌려 다니기를 좋아한다.

이토록 절묘한 보완관계는 상호 유익을 주지만 I형 부모의 게으름과 S형 아이의 느림으로 자칫 잘못하면 무기력과 방관으로 무능한 아이를 만들 수 있다. 미래 인재로 자라게 하는 교육을 생각해야 한다. S형 아이는 정확한 자기의 꿈을 찾거나 세부계획을 세워나가는 것보다 주변으로부터 칭찬과 지지를 받는 것을 더 선호하는 타입이다. 스스로 자기 인생을 찾아가지 않는 S형을 부모와 자녀 모두 수수방관하기 쉽다. I형 부모는 S형 아이가 빠른 행동이나 결단을 요구하는 일, 사람들의 생명을 책임져야 하는 일, 일정 부분 위험성이 따르는 일은 피하게 하자. 주로 기술적인 부분이나 관리, 혹은 제작하는 부분에서 아이의 장점들을 찾아야 한다. 대부분의 S형 아이는 그런 분야에 강점을 보이기 때문에 어렵지 않을 것이다.

S형 아이에게 가장 무난한 직종은 공무원인데, 이 분야도 앞으로의 사회에서는 예측할 수 없으므로 좀 더 범위를 확장해 보자. UAM, 드론이나 로봇, 3D 프린터 제작과 같은 공학이나 4차 산업의 산물들을 관리하는 기술을 익히도록 하면 어떨까? 기계들을 만지게 하고 실습하도록 아이 방을 공장처럼 만들어주는 것도 좋다. S형 아이는 I형 부모라는 가장 큰 안정적 자산 때문에 성공할 확률이 높다. 정서적으로도 상당히 안정되어 대인관계에서도 불안 심리를 보이지 않기 때문이다.

I형 부모와 C형 자녀

상반된 성향의 부모와 자녀가 만난 경우인데, 실제로 많은 가정이 여기에 해당한다. 엄마가 I형일 경우, 아빠 대부분이 C형이라서 아이가 아빠를 닮았으면 이런 조합이 생기게 된다. 보편적으로 엄마가 I형이면 가정이 밝고 재미있다. 하지만 아빠가 C형인 경우는 부부 사이에 성격적 갈등이 있다. 이런 경우에 아이가 아빠를 닮아서 C형이면 엄마는 남편과 자녀 사이에서 말수가 적어진다. 자기 할 일만 하는 남편과 아이 사이에서 소통할 주제도 별로 없게 된다.

그래도 I형 엄마는 C형 아이를 자랑스럽게 여긴다. 그 이유는 자기가 갖지 못한 분석적이고 완벽한 성향에 감동해서다. 아이가 차분하면서도 이지적이라며 그 진지함을 온 동네에 퍼트린다. 심지어는 90점 맞은 수학 과목을 만점 받는다고 하고, 아이가 매일 책만 본다고 자랑한다. C형 아이는 이러한 I형 엄마의 과장과 공개적으로 자기를 드러내는 것이 부끄럽다. 잘난 체를 해야만 신이 나는 I형 엄마는 진실하기를 소망하는 C형 아이의 내면 구조를 이해하지 못한다. 엄마에 대한 실망감이 더해지면서 많은 사람과 함께 있을 때 C형 아이는 불안감을 느낀다. 드러내기를 싫어하는 C형과 드러내고 싶은 I형 사이의 충돌 때문이다.

근원적으로 C형 아이에 대한 엄마의 깊은 이해가 필요하다. C형 아이는 항상 객관적이고 분석적이다. 이론적인 분명한 근거 위에서 사실을 바탕으로 지식의 체계를 만들어간다. 중간에 하나라도 거짓이 있거나 사실 증명이 안 되는 가설이 들어있으면 전체의 논리를 틀렸다고 본다. 그렇게 과정을 중요시한다.

C형 아이에게 '사실'은 지식의 근거다. 이러한 이성적 체계가 항상

바탕이 되기 때문에 거짓말이나 과장된 말을 싫어한다. I형 부모는 자기에게 없는 C형 아이의 차분한 학구파의 삶을 보면서 내가 어떻게 저런 애를 낳았느냐고 신기해한다. C형 아이를 경외하는 마음으로 바라본다. 그래서 사실을 추가하고, 과장은 더 심해진다. 심지어는 신화까지 만드는 부모도 있다. 애가 밤을 꼬박 새워서 학문적인 성취를 이뤘다거나 학계에 발표해도 될 새로운 가설을 세웠다는 등 천재성을 자랑한다. C형 아이는 천재형이 아니고 수재형이다.

오히려 천재형은 I형이 더 많다. C형 아이는 쉽게 이해하지 못하기 때문에 이해가 될 때까지 묻고 또 묻는다. C형 아이의 장점이다. 머리는 I형이 더 좋다. 하지만 복잡한 것에 싫증을 빨리 내고, 새로운 것에 관심을 두기 때문에 마지막까지 노력을 기울이지 않는다. C형의 강력한 신장 기능은 집요한 학구적 에너지를 지속시킨다. 결국은 C형이 학문의 결과를 만들어내고, 새로운 과학적 발전을 이루게 한다.

C형 아이는 I형 부모에게 다정다감하고 평온한 사랑을 더 공급받길 원한다. 그러니 C형 아이에게 조용한 환경을 조성해 주자. 집도 깨끗이 치워주고 특히 청각과 후각이 민감한 C형 아이를 위해서 더러운 냄새를 제거하자. 시끄러운 TV 소리나 전화 잡담을 줄여주고 은은한 클래식을 들려주자. 아이는 더욱 깊은 정신적 세계를 경험할 수 있다. 자기는 책 한 권 읽지 않으면서, 앉으면 책 읽는 아이가 자랑스러워 수시로 들락날락하면서 말을 시키는 I형 부모는 되지 말자.

C형 아이에게 충분한 시간을 부여하고 가끔 한 번씩은 밖으로 데리고 나가자. 역사적 인물들의 흔적을 찾아다니는 테마 여행을 하면서 관련 이야기를 미리 준비해 놓았다가 여행 중에 차 안에서 설명해 주자. 현장에 가서 역사적 의미와 부여한 평가를 서로 나누어보라.

이러한 교육 방법은 말 많고 과장이 심해서 신뢰를 떨어뜨리는 부모가 아니라, 실력으로도 존경받을 수 있는 부모가 되게 한다. I형 부모의 강점인 끝없는 격려와 지원이 C형 아이에게 든든한 안정감을 제공해 준다. 요란하지 않게, 차분하게, 아이와 함께 공부하는 부모가 되자. 아이가 실망하지 않도록 용기를 북돋우는 것은 I형 부모의 큰 자산이다.

(Tip) 동기를 자극하는 이야기

유형별 좋아하는 이야기의 종류도 다르다.

19

S형 부모의 자녀 양육

S형 부모와 자녀 유형별 갈등 양상

부모 유형	부모의 충돌 요인	자녀 유형	자녀의 충돌 요인	문제 양상
S	침착함 온순함 현실적	D	성급함 자신만만함 모험적	서두르지 마 집착하지 마
	침착함 성실함 현실적	I	충동적 자유분방함 낙천적	변덕이 심해 정신없어
	현실적 불확실함 소극적	S	소극적 불확실함 결정을 미룸	야심을 가져봐
	편안함 자유로움	C	과민함 비판적	어떻게? vs. 왜?

S형 부모와 D형 자녀

이 집안은 부모와 자녀의 위치가 역전된 가정이다.

부모가 선하지만 아프고 가난해서 어려운 가정인 경우, 아이는 어려도 부모를 걱정하고 돌보고 가정을 세운다. 그런데 부모가 벌쩡한데도 게으르거나 술만 먹으며 아이를 방임하면 아이는 집으로부터 튕겨 나가서 제멋대로 거칠게 살아간다. D형 아이의 2가지 버전을 살펴보자. 전자의 경우는 D형 아이에게 돌봄이라는 책임감을 길러주지만, 후자의 경우는 D형 아이가 부모를 멸시하게 되고 그런 자식이 두려워 부모가 자식을 피한다.

아직은 어린아이라 드러나지 않지만, D형 아이는 성장하면서 상극인 S형 부모를 무능하고 답답하게 여긴다. 일을 명료하게 해결하지도 않고, 자식을 사랑하는 것도 아니고, 언제나 그 자리에 가만히 있기만 한 S형 부모를 보며 점점 분노를 키운다. S형 부모한테는 자녀의 미래에 대한 명료한 비전이 없기 때문이다.

S형 부모는 거친 D형 자식을 버거워하지 말자. 말하기가 어렵다고, 아이가 화를 낸다고 피하지 말자. 아이의 잘못은 엄하게 꾸짖고, 잘한 일은 분명한 포상을 해야 한다. 이렇게 몇 차례 가정 교육의 틀을 만들어가면 아이는 자상하면서도 한번 화가 나면 무서운 부모를 조심하게 된다. 부모는 어찌 되었든 부모라는 이름의 권위를 가진 사람이다.

공자는 제자들이 "효란 무엇입니까?"라고 물었을 때 "자식이 아플까 봐 걱정하는 것이다."라고 하였다. 얼핏 들으면 이해가 안 가는 말이다. 자식이 해야 할 행동이 아니고, 부모의 행동을 말하니 이해되지 않는다. 그러나 조금만 깊이 들여다보면 효도는 이렇게 자식 걱정을 해주는 부모에게서 나온다는 말로 해석할 수 있다. 이러한 속 깊고 자상한 사랑이 S형의 장점이다. 표현은 하지 않지만 언제나 자식 걱정을 하는 부모에게 자식은 더 많은 부모 걱정을 하게 된다.

S형 부모는 직접 대놓고 말하지 않기 때문에 엄하면서도 배려 깊은 규칙들을 집안의 전통으로 만들어놓는 게 좋다. 서로 지키도록 상벌을 분명히 하는 틀을 만들어야 D형 아이를 다스릴 수 있다. 방임은 제일 위험한 교육 방식이다. D형 아이 앞에서 피하는 모습을 보이지 말자. 약자들을 도울 수 있는 사람이 되도록 D형 아이에게 권한을 위임해 주고 아이가 해결해 나가는 멋진 모습을 보자. S형 부모로서는 꿩도 먹고 알도 먹는 일이다.

S형 부모와 I형 자녀

보편적으로 S형 부모는 타인에게 관심을 두지 않고, 관심을 두려고도 하지 않는다. 자신이 해야 할 일을 하고 만날 필요가 있는 사람을 만날 뿐이다. 이러한 패턴은 가정에서도 방임적 교육을 하는 구조가 된다.

C형 아이나 D형 아이는 자신이 할 일을 자신이 알아서 한다. 약간의 방임 상태는 아이에게 자유와 권한을 줄 수 있어서 유익하다. 그러나 I형 아이를 방임하면 잘못된 길로 나가거나 일찍 이성에 눈을 떠서 인생이 일찌감치 꼬일 수 있다. 여우 같은 아이를 내버려둔 결과다. S형 부모의 무관심과 무계획성은 이런 일을 만드는 구조적 원인이 된다.

S형 부모는 도리어 I형 아이로부터 사랑을 받거나 선물 받기를 좋아하고 기대한다. I형 아이는 밝고 긍정적이고 사람을 향한 사랑이 많

은 아이지만 일을 하거나 계획성 있게 공부를 준비하는 것에는 다소 부족하다. 부모의 철저한 준비와 관리가 필요하다. 특히 정직한 과정과 완벽하게 마무리하는 것은 꼭 피드백해야 한다. I형 아이는 중간중간 점검하고, 칭찬과 함께 고칠 부분을 같이 수정하면서 공부해야 한다. 방임하면 다른 곳으로 도망가거나 놀이를 택하기 때문이다.

다음 날 준비할 사항에 대해서도 I형 아이는 아침이 되어서야 급하게 찾는다. 그런데 부모가 S형이면 아이도 놀고, 부모도 안 도와주는 구조가 되기 쉽다. 어차피 부모로부터 세밀한 도움을 받지 못하기 때문이다. 이런 가정의 경우, 어떻게 하면 될까? 할 일을 미루지 말고 시행하자. 다음 날 준비사항을 미리미리 준비해 놓는 시스템을 만드는 것이 좋다.

S형 부모가 아이와 함께 재밌게 공부할 방법을 찾아보자. 먼저 가고 싶은 여행지 이름을 '실크로드'라고 짓고 코스 놀이를 해보자. 현관부터 I형 아이의 침실이나 컴퓨터 앞까지 노선을 만드는 것이다. 중간마다 통과의 문을 만들어 미션을 수행하게 한다. 큰 집이 아니더라도 S형 부모는 이런 것은 잘 만든다. 씻고, 숙제하고, 게임하고, 내일 준비물을 준비해 놓는 위치를 지나야 잠자리에 들어갈 수 있도록 코스는 아이 스스로 정하게 한다. I형 아이는 나름대로 정해진 틀 속에서 자기만의 세계를 누린다.

I형 아이의 장점은 공상의 나래를 펴는 데 있다. S형 부모는 주말을 활용해서 아이와 함께 놀이를 나가는 것이 좋다. S형 부모가 움직이는 것이 싫다고 I형 아이에게 바깥세상을 보여주지 않으면, 돌아다니는 것을 좋아하는 I형 아이는 결국 친구들과 몰래 다니게 된다. 애써 만들어놓은 자기 방 실크로드를 잃어버리게 된다.

I형 아이는 음식보다 옷을 좋아한다. S형 부모는 자식에게 먹을 것을 주면 좋아하리라 생각하지만 사랑의 언어는 서로 다르다. I형 아이는 예쁘고 멋있게 해줘야 한다. 부드럽고, 잔소리하지 않고, 무한대의 자유를 허용하는 S형 부모에게서 자란 I형 아이는 일생 따뜻한 사랑으로 부모를 받들 것이다.

S형 부모와 S형 자녀

동일 기질로 연합된 가정을 살펴보자. 먼저 가업을 잇는 장점이 있다. 단점은 부모와 자식이 아무것도 안 하고 살 수 있어서 인생의 진보나 가정의 변화가 없다는 것이다.

D/I/S/C 기질별로 모아놓고 세계여행 실습을 한 적이 있다. S형 아이들은 조장도 뽑지 않고 그냥 가만히 앉아있는다. 자기들끼리도 조급함이 없고, 누군가가 나서서 "우리도 조장을 정하자."라는 말도 하지 않는다. 이런 것이 S형의 일반적 특징이다. 그사이 I형들은 벌써 여행 갈 나라와 봐야 할 유명 관광지를 선택하고 복장까지 준비를 다 마친다.

S형 부모와 S형 아이가 함께 사는 수동적인 가정을 많이 봤는데, 마치 마사이마라 초원의 초식 동물들처럼 서로 간에 다투지 않는다. 누 떼와 얼룩말과 임팔라와 가젤은 함께 풀을 뜯어먹는다. 참으로 평화로운 풍경이다. 실제로 S형 가족은 몇백 년을 두고 가업을 잇는다. 도자기를 만들고, 한옥을 짓고, 궁궐 보수를 하고, 한복을 만든다. 농수산업을 대대로 이어가며 살아가는 가정들을 볼 때면 아름답고 숭고하기까지 하다.

하지만 S형 자식은 부모가 했기 때문에 무조건 가업을 잇는 것이 아니다. 자신과도 성향이 맞기 때문이다. 일이란 이렇게 몇백 년을 두고 이어서 할 때 기술이 발전하고, 유형무형의 국가 관리재들을 관리하는 전문가도 만들어진다.

요즘 걸핏하면 시골 가서 농사나 지을 것이라 말하지만 그게 말처럼 쉬운 것이 아니다. 뙤약볕에 앉아서 풀을 뽑다가 그다음 날 일어나지 못하여 보따리 싸서 다시 도시로 돌아가는 사람들이 얼마나 많은가. 육체적인 노동에 대한 겸손한 수용과, 적게 돈을 벌더라도 가족과 함께 밥 먹고 얼굴 보며 잠자는 환경이 있다는 것이 S형 부모와 S형 아이에게는 최고의 행복이다.

S형 가족은 아버지가 하는 일을 아이에게도 슬그머니 소개하고, 늘 눈에 익도록 구경시키며 장인 정신을 길러주는 것이 좋다. S형 부모가 하는 일이 힘들다고 "너만은 다른 일을 해서 돈 많이 벌고 성공해라."라고 신신당부한다면 이는 S형 아이에게 더 무거운 짐을 지워주는 것이다.

S형 부모와 C형 자녀

간섭하지 않고 방임하는 스타일의 S형 부모와 간섭받지 않고 독자적으로 살아가고 싶은 C형 아이의 관계는 상호 보완적이다. C형 부모는 S형 아이를 보면 속이 터져서 게으름을 피우지 않도록 잔소리를 쉴 새 없이 한다. 반대로 부모가 S형이고 아이가 C형이면 사는 것이 편하다. 너무 방임하는 것이 문제가 될 정도로 S형 부모는 C형 아이를 편하게 둔다. 이런 경우, C형 아이는 스스로 알아서 공부하고, 자기 문제를 해결하기 때문에 좋은 결과를 낸다. 그런데 반대로 나쁜 결과가 나올 수도 있다. C형 아이가 상처 입고 집에 돌아와도 무관심한

S형 부모의 경우가 그렇다.

S형 부모는 편한 게 좋은 것이라는 생각에 경각심을 갖자. C형 아이의 눈빛이 변하거나 갑작스럽게 이상한 행동을 하는 것을 체크해야 한다. S형 부모는 아이가 이상한 행동을 해도 꾸짖지 않고 덮어주는 사람이다. C형 아이는 S형 부모의 조심스러운 배려에 스스로 잘못을 고치거나 나쁜 행동을 멈출 수 있다.

부모의 분명한 교육 지침을 하나의 규율로써 가정에 만들어놓는 것이 S형 가정에는 좋다. 부모가 자식을 일일이 간섭하지 않기 때문에 '가정십계명' 같은 식으로 지켜야 할 규칙을 만들어보자. 가족이 함께 지켜나가면 S형 부모도 편하고 C형 아이도 편하다. S형 부모는 말없이 괴로워하는 C형 아이를 지금보다는 조금만 더 들여다보고, 아이에게 불편한 것은 없는지, 모자란 것은 없는지, 아픈 데는 없는지 세밀히 살피자. 그런 부지런함이 좋은 부모로 자리매김하게 만든다.

S형 부모는 세밀한 교육 계획을 세울 때 C형 아이에게 스스로 맡기는 것이 좋다. 그러나 어려운 일이 생기면 서로 말을 하자고 사전 약속을 하는 것이 중요하다. 잘 치우지 않는 S형 부모는 C형 아이를 위해서 집안 환경을 깨끗이 해주어야 한다. C형 아이를 위해 좋아하는 드라마도 소리를 줄여서 보는 배려를 해야 한다. 누구보다도 착하고 성실한 S형 부모지만 C형 아이는 근본적으로 완벽한 아이라 부모는 아이한테 미루거나 게으른 모습을 보이지 않도록 특히 신경 써야 한다.

(Tip) 학습 동기를 죽이는 대화법

유형별로 학습 동기를 억누르는 말은 어떤 것일까?

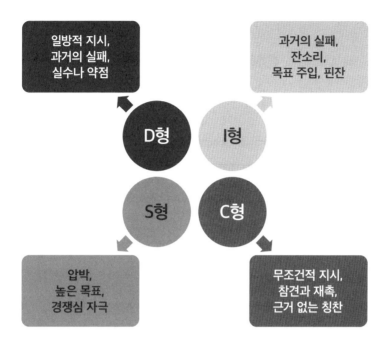

⑳ C형 부모의 자녀 양육

C형 부모와 자녀 유형별 갈등 양상

부모 유형	부모의 충돌 요인	자녀 유형	자녀의 충돌 요인	문제 양상
C	과정중심적 신중함 예의 바름	D	결과중심적 행동지향적 경솔함	경솔해
	체계적 섬세함 비판적	I	산만함 둔감함 낙천적	섬세함 vs. 둔감함
	완벽주의 엄격함	S	편안함 불확실함	정확 vs. 불확실
	완벽주의 비판적	C	완벽주의 비판적	비판 vs. 비판

C형 부모와 D형 자녀

갈등을 들여다볼 때 가장 심각하고 가장 치열한 유형이 C형과 D형이다. 이 만만치 않은 두 유형은 성격뿐 아니라 자아와 신념, 일하는 방식과 사람을 대하는 방식 모두 상극이다.

D형은 빠른 결과를 원하기 때문에 불법도 강행하지만, C형은 아무리 어려워도 법과 질서를 지킨다. D형은 결과만 나오면 되지만, C형은 과정이 정직하지 않으면 결과가 나와도 우울해한다. D형은 빠르게 처리해야 하고, C형들은 완벽하게 처리해야 한다. C형한테는 이념적인 신념이 있는데, D형은 성과를 내기 위해서라면 신념 같은 것은 하루에도 수십 번을 바꾸는 사람이다. D형은 예의가 없고 거친데, C형은 예의가 바르고 타인을 함부로 대하지 않는다. D형은 사람을 자기 멋대로 평가하지만, C형은 타인에 대해서 말하기를 꺼린다. D형은 자기 공을 드러내지만, C형은 성취한 것도 숨기려 한다. D형은 목청도 크고 시원시원하지만, C형은 소리도 작고 매사에 조심스럽다.

이 두 유형이 부모와 자녀로 배치가 됐다. 부모가 C형이기 때문에 D형 아이를 보면 불만족이 많다. D형 아이는 그냥 하면 될 것을 엄마는 무얼 그렇게 따지는 게 많으냐고 대들 수 있다. D형 아이는 다이아몬드 같은 아이라고 했다. 귀하지만 자신을 깨뜨릴 수 있는 것은 없다고 생각한다.

D형 아이에게는 명료함이 가장 중요하다. 무엇을 하면 되는지, 그 원리를 이해하고 싶은 것보다 무엇을 해야 하는지를 알고 싶어 한다. C형 부모는 깊게 생각하기 위해 오랜 시간을 필요로 하지만 아이는 기다리지 않고 그사이에 사고를 친다. 학교에서 D형은 격하게 놀거나 남을 괴롭힌다. 일찌감치 공부와는 담을 쌓는다. 가장 마음이 여린 C형

부모는 자기 책임이라고 항상 자책한다.

특히 엄마가 C형이고 아빠가 D형인 경우, 아빠 성향을 닮은 아이가 태어날 수 있다. 집안에 D형이 둘 이상 있는 셈이다. 이 경우, C형 엄마는 자신의 몸과 마음부터 건강하게 하여야 한다. 잘 먹고, 잘 자고, 운동도 많이 해서 약간은 외향성으로 자신을 변모시켜야 D형에 대응할 수 있다. D형처럼 저지르고 금세 잊어버리자. 가끔은 D형처럼 소리도 지르면서, D형에게는 부족한 논리적 설득력으로 무장해 정신적으로 우위에 서야 한다. 이런 실력이 있으면 D형 아이는 강력하고 카리스마 넘치는 C형 엄마의 말을 듣는다.

C형 엄마의 카리스마는 정확한 사실에 따른 것임을 항상 확인시켜주어야 한다. 진실하게 사는 것이 중요하다는 것을 알게 한다. 잦은 잔소리는 역효과만 일으키고, 지나치게 높은 기대치는 C형 자신을 힘들게 한다. 역대 모든 나라의 훌륭한 D형 인물들 뒤에는 정확하면서도 진실한 C형 엄마가 있었다는 사실을 기억하자.

D형 아이가 거칠다고 한탄하지 말자. D형 대응 방식을 잘 익혀서 아주 큰 제스처와 목소리로 칭찬하고, 잘못했을 때는 논리적으로 일의 결과가 어떻게 되는지를 설명하자. "너는 잘할 수 있는 아이야."라고 용기를 주면 D형 아이는 자기가 가진 능력보다 10배나 큰일을 해낼 수 있다.

C형 부모는 D형 아이 때문에 속을 썩는 일이 한둘이 아니다. 자나깨나 노심초사한다. 특히 C형 부모의 신중한 모습은 D형 아이에게 거울이 된다.

'3년 고개' 이야기가 있다. 한번 넘어지면 3년 밖에 못사는 전설의 고개다. 어느 날, 한 할아버지가 고개에서 넘어지고 말았다. 이제 3년

밖에 못 산다며 슬퍼하는데, 어린 손자가 기막힌 처방을 알려준다. "할아버지! 2번 넘어지면 6년, 3번 넘어지면 9년이니까 할아버지 살고 싶을 때까지 구르세요." 이 아이는 무슨 유형일까? 간단명료하게 문제의 핵심을 꿰뚫는 직관 능력으로 명쾌한 답을 내리는 D형이다.

지혜의 임금 솔로몬에게 두 여자가 재판을 요청하였다. 아기 하나를 두고 서로 자기 아이라고 주장했다. 솔로몬이 I형이었다면 두 사람을 화해시키고, 아기를 함께 기르라고 했을지도 모른다. 솔로몬이 S형이었다면? 나 힘들게 하지 말고 알아서 해결하라고 했을지 모른다. 솔로몬이 C형이었다면? 여러 과학적 검사를 거쳐 합리적인 판결을 내렸을 것이다. 하지만 솔로몬은 아기를 반으로 잘라서 반씩 나눠주라고 명한다. 한 여인이 기겁하며 자신이 포기하겠다고 하자, 저 여인이 진짜 엄마라고 지혜롭게 판결했다. 솔로몬은 무슨 유형일까? D형이다. 그래서 자기 아버지 다윗(I/C형)이 해결하지 못한 영토 확장, 성전, 왕궁 건축 등 대형 프로젝트를 완성했다.

C형 부모에게 D형 아이는 원자력 같은 존재다. 잘못 기르면 집안의 우환이 되고, 잘 기르면 가문을 일으키고 조직, 나라까지 번성시키는 큰 일꾼이 된다. C형 부모는 D형 아이의 태도를 잘 살펴야 한다. 친구들을 괴롭힌다면 일찍부터 인성 교육에 온 힘을 쏟아야 한다.

C형 부모와 I형 자녀

C형 부모가 I형 성향에 대한 깊은 이해만 있다면 아이를 가장 잘 길러낼 수 있는 부모가 될 것이다. 원래 C형 부모는 자녀 교육에 제일 관심을 두는 사람이다. C형 부모는 잘 공감이 안 되는 I형 아이 특유의 행복감과 긍정적인 심성을 깊이 이해해야 한다. 자신과 타인에 대

해 기대치가 높은 C형 부모와 달리 I형 아이는 자신과 타인에 대해서 기대치가 낮다. 기대치의 차이는 C형 부모와 I형 아이 사이에 큰 괴리감을 만든다.

C형 부모는 완벽한 부모로서 본을 보이면서 자녀도 완벽한 사람으로 살기 원한다. 이러한 기대치가 I형 아이를 숨 막히게 한다. I형은 아주 작은 성취에도 자화자찬하고, 타인에게 자랑을 늘어놓는다. 그러나 C형은 I형보다 수십 배의 성과를 올리고서도 부끄러워 드러내지 않는다. 이 말을 반대로 보면, I형 아이는 C형 부모에게 야단맞기는 쉬워도 칭찬받기는 어려운 구조를 갖는다. I형 아이는 칭찬받고 싶은데 부모로부터는 야단맞기 십상이다. 그러니 I형 아이는 자연스럽게 자기를 칭찬해 주는 친구나 다른 사람에게 마음을 열게 된다. 엄하고 완벽한 부모 앞에서 반항하거나 지능적으로 부모 속이기를 배워간다.

C형 부모는 자신과 완벽한 상극이 되는 I형 아이의 이러한 기대치부터 읽어야 한다. EBS TV 〈60분 부모〉라는 프로그램에 출연하여 I형 아이에 대해서 강의한 적이 있다. 방송을 본 어떤 C형 부모가 눈물의 후기를 올렸다. 자신은 완벽주의자인데, 자기 아이는 너무 명랑하고 정신이 하나도 없으며, 말이 많고 친구들과 놀기 좋아해서 아이를 미워했고 부부끼리도 아이 문제로 자주 다투었다고 했다. 그러다 방송을 보고 나서 자기 아이가 I형이라는 사실을 알았다. I형 아이는 유재석 같은 MC, 교사, 상담사가 되어서 사람들에게 기쁨을 준다는 사실도 알았다고 했다. 그동안 아이에게 너무 심한 요구를 해서 미안했다고 글을 올렸다.

I형 아이는 C형 부모를 제일 어려워한다. D형 부모에게는 애교를 부리면서 살살 죽는 시늉을 하면 되는데, C형 부모는 철저한 원칙 위

에 완벽한 실행을 요구하니 아이가 힘든 게 당연하다. 거기에 심한 잔소리까지 동반하기 때문에 욕먹을 거리가 제일 많은 I형이 C형 부모를 좋아할 리 없다.

조금 지난 영화지만 〈반지의 제왕〉에서 I형인 호빗 피핀은 진짜 골칫덩어리다. 지름길을 택한 반지 원정대가 난쟁이 굴에 들어갔을 때 우물 속에 바가지를 떨어뜨려 적들이 몰려오게 만든 실수도 I형의 몫이다. 문자를 보낼 때도 내 주변의 I형들은 매번 오타투성이로 보낸다. 나의 아내는 전형적인 I형인데 교회에서 새로 등록한 류명수 성도를 위해 기도를 하게 됐다. "사랑하는 주님, 우리 박명수 성도를 기억하셔서 그의 가정에 복을 내려주옵소서."라고. 기도를 듣던 교인들은 웃음을 참기 위해 입술을 깨물 수밖에 없었다. 아내 고향인 경북 봉화에 가서는 군청에 근무하는 동창 남병진 과장을 향하여 "어이, 주병진! 오랜만이네!" 했다. 주위 친구들은 그러려니 하는 모양새였다.

이제부터 중요한 걸 얘기해야겠다. C형은 I형의 공상력과 창의성이라는 자원을 눈에 보이는 현실로 만들 능력이 있다. 허황한 소리라고 치부하지 말고 공상력을 가진 I형 아이를 눈여겨보라. C형 부모는 자신과 다른 사고를 하는 I형 아이의 발상을 메모하자.

좌뇌 일색인 일본인들은 우뇌를 개발하려고 별의별 과학적 연구를 다 했다. 일본 중앙박물관에 가면 임진왜란 당시 조선 노동자의 막걸리 막사발을 중앙에 모셔놓았다. 왜 그런 막사발을 박물관에 비치했을까? 좌뇌형에 C형인 일본인들은 제대로 규격에 맞추어 설계한 것은 잘 만들어도, 자연스럽게 손의 감각으로 장난치듯이 만든 막사발은 만들지 못한다. 뛰어난 놀이 문화나 디자인을 세계에 수출하는 대한민국의 장래는 I형에게 달려있다. 우리나라는 I형 천국이다. 한국인의 맛과 멋은 전적으로 I형의 우뇌에서 만들어진다. 이것이 세계적인 것이다. 비정형적인 I형 아이를 정형화된 기계의 틀 안에 집어넣지 말자. 마음껏 생각하게 하고 그 생각 자체를 귀하게 마음에 새겨놓으라는 이야기다.

구약성경에 보면 요셉이라는 위대한 꿈쟁이 어린이가 등장한다. 요셉은 아버지와 형들에게 꿈에 하늘의 해와 달과 11개의 별이 자기에게 엎드려 절했다고 말했다. 아들 요셉의 황당한 꿈 이야기를 들은 아버지 야곱은 그 이야기를 마음에 두었다고 기록되어 있다. 이 꿈 이야기로 형들에게 미움을 산 요셉은 훗날 애굽이집트으로 팔려간다. 요셉은 갖은 고생 끝에 애굽 총리가 된다. 흉년에 곡식이 떨어진 요셉의 형들은 애굽 총리 요셉에게 엎드려 절하고 곡식을 산다. 그때 죽었다고 했던 아들이 살아있다는 소식에 아버지 야곱은 의미심장한 말을 한다. 창세기 45장 28절에 이스라엘야곱이 이르되 "족하도다. 내 아들 요셉이 지금까지 살아있으니 내가 죽기 전에 가서 그를 보리라 하니라." 그는 아들이 죽었다는 생각을 안 한 것이다. 지금까지 살아있다는 말은 그가 아들이 꿈 이야기를 할 때 가슴 깊이 간직했다는 것을 증명한다.

물론 요셉은 강한 C/S형이지만 I형은 이처럼 꿈을 꾸는 사람이다. C형 부모는 I형 아이의 꿈같은 이야기를 들을 때 기억해야 한다. 미래는 상상력을 가진 사람이 지도자가 된다. 이들 옆에 차분하고 완벽한 부모가 세부계획을 세워주고, 꿈을 현실화시켜줄 수 있다면 얼마나 훌륭한 가정이 될까? 정신없고 산만한 I형 아이를 미워하지 말자. 아이의 밝은 영혼을 사랑하고, 그 빛으로 인하여 모두가 행복하게 됨을 C형 부모는 감사해야 한다.

C형 부모와 S형 자녀

부모는 가끔 자신이 낳은 아이인데 자신과 너무 달라서 의문을 갖기도 한다. 분명 내가 낳았는데 어쩌면 이렇게 나와 다르냐고. 대답은 간단하다. 혼자서 만든 것이 아니기 때문이다. 배우자의 성격이 아이에게 있고, DNA 속에는 가족이 살아온 무의식적 환경이나 대한민국이라는 나라에서 살아온 조상들의 집단 무의식 정보가 숨어있다. 그래서 인간이란 이해하기가 어렵다. 사람의 기질적 유형 중에 제일 심리적 구조가 복잡하고 예민한 유형을 찾으라 하면 무조건 C형이라고 말한다. C형은 그만큼 정밀하고 예민하다.

C형이 부모일 경우, 역사 이래로 그 자녀들은 혹독한 윤리적 교양을 받아야 했다. 그래서 세계적인 위인들이 많이 탄생했다. 율곡이 신사임당으로부터 그렇게 자랐다. 감리교를 창시한 요한 웨슬리의 어머니 수산나 웨슬리가 그렇게 자녀들을 양육했다. 아마 지금도 C형 엄마는 대부분 신사임당이 자녀 교육의 멘토일 것이다. 그들은 자녀들을 반듯하고 예의 바른 사람이 되도록 가르친다. C형 부모는 자녀를 지나칠 정도로 엄하게 기른다.

그런데 이러한 C형 부모도 S형 아이에게는 쉽사리 결과가 드러나지 않는다. S형 아이는 타인을 향해서 손해를 끼치지 않지만 그렇다고 싹싹하게 남을 배려하지도 않는다. 그냥 있는 듯 없는 듯, 인사도 하는 듯 마는 듯, 말도 듣는 듯 듣지 않는 듯, 구분이 안 될 정도로 자신을 드러내지 않는다. 그래서 C형 부모에게 야단을 맞는 경우가 종종 있다. S형 아이는 근본적으로 악하지 않다. 좀 게으를 뿐이다. 조용한 아이를 보고 집에 놀러 온 이웃이나 친척이 애가 왜 저러냐고 속으로 한마디씩 할 수 있다. 그러나 S형 아이의 특수성을 이해한다면 이 아이는 이미 인사를 다 한 것이다. 표현하는 방법이 사회 통념과 다를 뿐, 눈을 마주치고 잠깐이라도 끔벅한 것이 이 아이들의 인사법이다. 부모의 방법을 강요하지 말고, 아이 방식대로 인사를 해보면 아이가 부모를 신뢰한다.

요즘 길고양이가 많다. 아무래도 사람 손을 타지 않으니 야성이 드러나서 사람을 피해 도망 다닌다. 길에 나와있는 고양이들을 보거든 마주 보고 눈을 끔벅해 보자. 고양이가 같이 눈을 끔벅이면 그 고양이는 나를 두려워하지 않고 반기는 인사를 한 것이다. 이것이 상대방 중심의 경청법이다.

EBS에서 〈부부가 달라졌어요〉 프로를 진행할 때 어떤 부부의 사연을 다룬 적이 있다. 이 부부는 서로 일은 열심히 잘하는데 자주 싸운다. 왜 싸우냐고 물었더니 아내가 남편을 불러도 답을 안 하고 식사를 하라고 해도 늑장을 피운다고 했다. 그래서 남편을 어떻게 부르냐고 했더니 아주 높은 톤으로 "여보, 식사해요!!" 한단다. 남편을 보니 S형이었다. 부인에게 음을 조금만 낮추고 편안하게 불러 보라니까 남편이 낮은 소리에 반응을 보인다. 이제는 반대로 남편더러 음을 조금만 높여서 부인에게 "알았어요. 갈게요."라고 하랬더니 부인이 그렇게 좋아할 수 없다. 그 부부는 가정 문제가 바로 해결되었으니 더는 코칭을 안 받겠다고 했다. EBS에는 조금 미안했지만, 상호 음조를 맞추는 패이싱Pacing 기법으로 갈등을 풀어냈다.

S형 아이에겐 고음이나 날카로운 음성 자체도 내면으로 숨게 하는 요인이다. 조금 편안한 음성으로 말하자. 원인을 묻지 말고 반복적 행동 시스템으로 습관화해 주는 것이 우선이다. S형 아이는 물어도 답을 제대로 하지 않는다. 정확한 이유를 듣기 원하는 C형 부모는 그래

서 더욱 짜증을 낸다. 출발선이 잘못된 것이다. 이유를 묻지 말고 S형
의 특징을 먼저 이해해야 한다. 서로 편하고 만족할 수 있는 합의점을
찾아내야 한다.

S형 아이에게 완벽한 정리정돈을 요구하면 피차 더욱 힘들어진다.
그냥 발명가라고 생각하고 방이 더러워도 아이가 편하면 된다고 생각
하자. 복잡한 방에서 S형 아이는 안정감을 느낀다. 움직임이 없으므
로 그렇게 더러운데도 먼지가 별로 일지 않는다. 그 속에서 S형 아이
는 쉼을 누리고 다음 일을 할 수 있는 에너지를 축적한다. 시골 들녘
이 추운 겨울에 아무 일도 안 하는 것은 봄에 씨를 뿌리기 위하여 양
분을 축적하기 위함이다. S형 아이는 이러한 시스템에서 평생 꾸준히
살기 때문에 장수하며 늦게 복을 받는다.

대부분의 S형은 노년이 풍족하다. 그들은 모험을 즐기지도 않고,
위험한 투자도 하지 않는다. 스스로 벌어서 적으면 적은 대로 꾸준히
모으고, 가족들과 함께 오순도순 살아간다. 이런 거북이 같은 꾸준함
을 장점으로 여기자.

C형 부모들이 도와줄 게 있다. 방을 깨끗이 치워주는 일보다 더
중요한 일은 S형 아이한테 50년 프로젝트를 만들어주는 것이다. 한
치 앞도 예측할 수 없는 미래사회에 50년 동안 지속할 일이 무엇일지
알 수는 없다. 하지만 인간과 지구 환경이라는 큰 주제를 놓고 가장
기본적인 일들을 생각하면 오랜 세월 동안 꾸준히 이어나갈 일이 보
인다. 먹거리 문제와 마셔야 할 물이나 숨 쉬어야 할 공기 그리고 살
아야 할 집의 구조와 냉난방 같은 가장 기초가 되는 부분은 인간이
생존하는 날까지 존재한다. 이런 분야의 미래사회 변화를 설명해 주
면 S형 아이는 귀 기울여 듣는다. 이런 기초 생존 분야를 공부하게

하면 S형 아이는 세상에 기여하는 자신의 삶에 행복과 만족을 누리게 된다.

C형 부모와 C형 자녀

C형 부모와 C형 아이는 같은 유형이기 때문에 서로 사랑하는 마음만 있다면 가장 최상의 관계가 될 수 있다. 유대인의 대화식 교육 방법인 하브루타 교육이 제일 잘되는 가정도 C형 가정이고, 깊은 질문과 더 깊은 물음을 만들어낼 수 있는 관계도 C형 부모와 자녀이다.

이들은 조용하며 자기 할 일을 스스로 해서 충돌하지 않고 서로 간섭하지 않는다. 하지만 대인관계 때문에 고통을 겪을 때는 서로 위로해 줄 말이 별로 없다. 그 대신 C형 아이가 학교에서 따돌림을 당하거나 혼자 속을 끓이는 것을 C형 부모는 누구보다 잘 알기 때문에 가장 큰 공감의 위로자가 된다.

나도 C형 기질이 있고 내 아들도 C형이 있다. 우리 둘은 중국 역사와 물리학과 신학과 성경을 이야기한다. 지구의 역사와 과학적 미래를 설계하고 필요한 일을 서로 돕는다. 그러나 마음이 상한 일이 있을 때 C형 아이는 자기와 같이 괴로워할 것을 알기에 C형 부모에게 말하지 않는다. 그땐 도리어 가벼운 파트너인 I형 부모가 위로자가 된다. C형 아이가 힘들 때 C형 부모는 보기 싫은 자기 모습을 아이를 통해서 투사하기 때문에 더 괴로워할 수 있다. 그래서 C형 아이는 말하기를 꺼린다.

새티어Satire라는 사회복지사 출신의 여성 심리학자는 가족치료를 통하여 이런 C형 가족들을 동시에 치유하였다. C형 부모와 C형 아이를 집단상담하면서 서로를 치유했다.

C형 부모가 감추어놓은 자기의 아픔을 C형 아이가 똑같이 할 때, C형 부모는 상상도 못 할 화를 낸다. 완벽하지 못한 자기 자신에 대해 실망하는 모습을 아이도 같이 겪을 때 해줄 것이 없기 때문이다. 그래서 C형 가족은 가족치료 전에 서로 간에 받았던 상처들을 공개하고 치료하는 것이 좋다.

새티어가 이러한 가족치료에 성공할 수 있었던 것은 이론적인 공부를 잘해서가 아니라 그녀의 헌신적인 사랑 덕분이었다. C형은 측은지심이 많고 정의롭고 눈물이 많다. 가족이라는 공동체 안에서 사랑하는 훈련을 하지 않으면 이들은 밖에서 사랑하기가 쉽지 않다.

완벽주의 C형 부모가 C형 아이를 도덕주의자로 만들기 전에 사랑하며 살아가는 진실한 모습을 실천하면, 이 아이는 일찍부터 사랑을 배우게 된다. C형 아이는 이성적이라 사랑이나 행복한 감정을 느끼는 데에 둔하다. 그래서 나무 한 그루, 풀 한 포기, 동물의 털끝, 타인의 정감 어린 손길에서도 사랑하며 살아야 할 따뜻한 이유를 배워야 한다. 그냥 공부만 하도록 내버려두면 C형 아이는 정감이 없는 까다로운 사람이 된다. 주변 사람들이 사라져버린다.

C형 아이가 사랑이 가득하고 행복한 삶을 살게 하려면 매일 감사일기를 기록하게 하자. 식사 시간에도 밥상머리 대화를 통하여 자연스럽게 다양한 소재들을 다루자. 대화하는 부모의 진지한 태도는 아이의 장래에 큰 도움을 준다. 세계적인 C형 학자들 대부분은 학문적인 바탕을 만들어준 C형 부모 덕분에 인재로 성장했다.

앞에서도 말했지만 우리나라는 C형 인재를 길러내는 데 국가 구조적으로 실패한 나라다. 공부하는 학생이 궁금한 것을 질문하면 선생은 물론 친구들도 싫어한다. 대충 하지 뭐 그렇게 피곤하게 하느냐는 사회적 풍토 때문이다. 그러니 대학을 졸업해도 영어 한마디 못 하고, 노벨상 하나 타지 못하는 나라가 된 것이다. 나는 어려서 국어 시간에 받아쓰기를 제일 잘했다. 그러나 받아 적으면서도 계속 의구심이 들었다. 선생님은 왜 아는 것을 받아 적으라고 할까? 모르는 것을 알아서 적어보라고 하면 안 될까? 이런 생각이 들어 질문했지만 야단만 맞았다.

우리는 받아서 적고, 적은 것을 외워서 시험을 잘 보면 판·검사, 의사, 약사가 될 수 있기 때문에 무조건 외워야만 했다. 왜 그런 원리가 만들어지는가에 대한 실험도 과정도 생략한 채 그냥 그렇게 슬프도록 '태종태세문단세'를 외우고 구구단을 외웠다. 가설을 세우고 그 가설을 증명할 이론을 만들고 이론을 실험하여 현실화시키는 좌뇌 국가들처럼 C형 위주의 학문을 해야 한다. 공부하기 싫은 사람들, 공부 머리가 없는 사람들은 독일처럼 기술학교로 보내고 평생 일하고 잘 먹고 잘 살게 하면 된다. 사업을 할 사람은 사업을 하고, 코미디를 할 사람은 코미디를 하고, 기계를 만드는 사람은 기계를 만들고, 원리를 세우는 사람이 공부해야 한다. 이것이 C형이 이 땅에서 살아갈 이유이다. 우리도 노벨상을 타는 사람을 보고 싶다.

C형 아이에게 제일 좋은 배려는 아이만의 도서관을 만들어주는 것이다. 책과 세계에 대한 지도나 정보들로 가득한, 자기만의 학습 공간에서 클래식 음악을 일찍부터 접하게 해주면 C형 아이는 행복해진다. C형 아이에게는 상처받지 않도록 단어 하나에도 존중을 담아 선택해야 한다. 거친 명령어나 아이의 존재감을 무시하는 말은 절대로 금물이다. 내가 왜 저런 애를 낳았느냐며 혀를 차거나 경멸하면, C형 아이가 받는 상처는 거의 자기 학대에 이르러 자신을 죽이기까지 한다. 공

부를 잘하면서도 자살하는 아이는 대부분 C형이다. 기대치가 높으므로 쉽사리 상처를 받고, 한번 받은 상처는 쉽게 지워지지 않는다. 한마디의 말도 깊이 생각하여 말하고, 내면의 세계를 존중해야 한다.

원래 C형 아이는 학자다. 사업가도 아니고 군인도 아니고 정치인도 아니다. 그저 공부하는 것을 좋아한다. C형 아이가 C형 부모에게 자유롭게 질문하고, 더 나아가 질문을 즐기도록 허용하자. C형 부모는 C형 아이와 함께 역사와 인물의 세계를 찾아가자. 부모가 아이의 공부를 도울 때 이 아이는 큰 인물로 성장할 수 있다. 주입식 교육은 금기 사항이다.

(Tip) 학습 동기 유발 포인트

유형별로 학습 동기를 끌어내는 방법은 무엇일까?

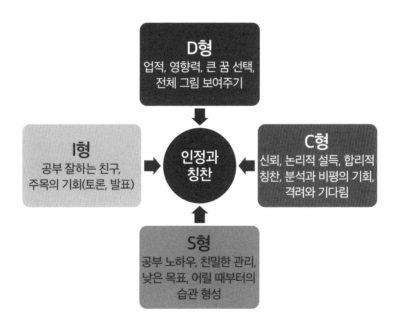

407

21
부모와 자녀의 대화 실습

자녀 유형별 대화 환경

선호 환경과 기피 환경

자녀에게 희망과 용기를 주는 선호 환경과 좌절과 분노를 심어주는 기피 환경을 유형별로 구분했다. 다음 표를 잘 활용하여 자녀와의 대화를 실습해 보자.

각 유형은 자신이 선호하는 주제에 따라서 대화가 잘 이루어진다. 예를 들면 D형 아이에게 음식 이야기나 의상 같은 주제는 별 관심을 불러일으키지 않는다. 그러나 자신의 꿈이나 이름을 드러낼 수 있는 환경에서는 심도 깊은 대화를 나눌 수 있다. 지혜로운 부모라면 자녀들의 유형을 잘 이해하여 유형에 맞는 환경을 활용하자. 자녀들의 적극적인 호응을 끌어낼 수 있다.

구분	D형	I형	S형	C형
+상태	호방, 진취적, 책임감, 직관, 해결사, 영웅	재치, 유머, 우호적, 열정적, 분위기 메이커, 스타	배려, 인내, 편안함, 여유, 지원자, 장인	원칙, 깔끔, 예의, 정확, 체계적, 연구자, 학자
-상태	정면 공격, 분노, 파괴적, 강압적, 독단, 독재자, 폭군	감정적 공격, 말이 많음, 나섬, 부주의함, 경솔, 수다쟁이, 아부	수동적 공격, 복지부동, 회피, 잠수, 우유부단, 보신주의자, 침묵	논리석 공격, 까다로움, 비판, 비관, 우울, 슬픔, 염세주의자, 투덜이
선호	결과, 일, 빠른 방법	유희, 새로운 것, 재미있는 방법	안전, 안정, 편함, 전통적 방법	완벽, 원칙, 적합한 방법
기피	통제받는 것, 따지는 것	심각한 것, 지루한 것	강요된 선택, 빠른 변화, 결론	시간제한, 저지르기, 정돈 안 됨
추구하는 것	힘, 권세, 통제력, 업적	인기, 새것, 쾌락	안정, 실리, 어울림	완벽, 가치, 명분, 원리
두려운 것	이용당함, 힘을 잃는 것	배척당함, 인기를 잃는 것	빠른 변화, 안정을 잃는 것	비판당함, 틀리는 것

　부모가 자녀의 성향을 깊이 이해할 때에 자녀의 장점을 극대화시킬 수 있다. 기질을 깊이 알면 아이가 진정으로 원하는 삶의 모습이 무엇인지 알 수 있다. 그렇게 하기 위해서 아이가 어렸을 때부터 아이의 관심사를 대화의 주제로 삼고 양육하자.

　부모와 자녀의 소통 방식은 1차적으로는 언어로 이루어진다. 어느 집이나 가정에서 사용하는 언어가 제일 거칠고 원색적이다. 흠담을 쉽게 하고, 약점을 공격한다. 양자 역학의 관점에서 보면, 언어란 자녀 몸의 모든 세포에 내리는 명령이다. 말은 그냥 하는 것이 아니다. 제대로 말해야 한다. 무심결에 던지는 비난과 절망적인 언어는 자녀 가슴에 평생 상처로 남는다. 부모는 자녀한테 플러스가 되는 언어 사용법을 배워야 한다. 남에게 사랑을 베푸는 아름다운 사람은 부모로부터 만들어지기 때문이다.

마치며

살아있는 것은 위대하다
지금 살아있는 생명의 광휘를 보라

K-DISC 원리부터 시작하여 적용 방법과 40개 행동 유형 프로파일까지 넣다 보니 책의 분량이 방대해졌다. 나의 연구와 지식을 총망라했다는 안도감과 함께 DISC 여정을 반추해 본다.

20여 년 전 미국 리전트대학교 대학원에서 DISC로 박사과정을 밟을 때 나는 지도교수가 없었다. 교수들 중에 DISC를 공부한 사람도 없었거니와 신학대학원이어서 인간에 대한 심리학적 배경도 약했다. 칼융의 심리학을 통한 인간심리 구조 부분은 잘 지도했지만, DISC는 그들도 처음이라 내가 쓸 DISC 논문에는 기대 반, 무관심 반 정도였다.

박사 논문을 제출한 후, 심사를 맡은 교수들에게 동양의 체질의학적 배경을 설명하면서 오링테스트를 시현했다. 장부 에너지를 적용하여 교수들의 DISC 유형을 전부 알아맞히자 일순간 술렁이기 시작했다. 이런 신비스러운 인간 이해를 논문으로 인정해야 할까? 그런 갈등이 이는 듯했다. 담당 교수가 고심 끝에 입을 뗐다.

"우리는 당신이 연구한 DISC 원리나 동양적 배경을 가진 체질과 성향에 대한 이해 및 지식이 없다. 미국에서도 이런 방법의 DISC 연구는 없었다. 단순한 성향 진단에 불과한 DISC 유형론을 이렇게 원리부터 깊이 연구하고, 당신만의 탁월성으로 인간의 생김새나 밖으로 드러나는 행동까지 아우르며 인간을 이해하는 장을 넓힌 게 놀랍다. 이 분야는 당신이 세계 최고의 권위자요, 창시자가 되기를 바란다."

그렇게 축복의 오케이 사인을 받았고, K-DISC의 태동을 알렸다.

그로부터 20년 가까운 시간이 흘러 비로소 인간관계의 교과서로서 고전이 될 책 한 권이 탄생했다. 원리가 있는 학문은 유행을 타지 않는다. 인간이 존재하는 한 K-DISC는 앞으로도 수많은 분야에 적용될 것이고, 더 깊은 연구가 이루어져야 한다. 에고와 존재에 대해서 더 깊이 들어가야 한다. DISC나 분석 심리인 MBTI나 모두 에고이며 자아의 형태를 말한다. 부모로부터 물려받은 자아는 지독하게 힘이 강하다. 너무 강해서 인간의 근원인 존재로 들어가지 못하게 한다. 우리는 DISC라는 자기 성향, 곧 자아를 넘어야만 자기 존재의 소리를 들을 수 있다.

자기 존재로 사는 방법은 명료하다. 구름이 사라지면 파란 하늘이 드러나듯이 자신의 에고가 사라지면 존재는 자연히 나타난다. 우리는 자신의 에고가 어떤 성질을 갖고 있는지 명확하게 알아야 그 에고를 버릴 수 있다. 그러므로 DISC 진단으로 드러난 자신의 욕구가 무엇인지를 정리해야 한다. 욕구는 장점이든 단점이든 우리의 생각을 점령한다. 욕구에 사로잡힌 생각들은 행동으로 성취하려고 힘을 발휘한다. 그 욕구들이 에고의 자리를 떠나지 못하게 하는 것이다. DISC 공부는 그저 나의 성향을 아는 데 머물러서는 안 된다. 성향 너머 존재로서 고결한 삶을 살고자 하는 영적 욕구를 다시 끄집어내야 한다. 한국인들은 영적인 자리에서 물질 차원으로 빠른 속도로 추락하고 있다. 너무 빠르게 멀리 가버렸다. 돈과 쾌락이라는 욕구의 가치를 숭상하기 때문이다. 죽을 때 후회하지 않으려면 존재로 살아야 한다.

구름 너머 빛나는 태양의 세계가 있듯이 우리의 성향 너머에도 신성한 영적 존재의 세계가 있다. 그 세계는 치졸한 재미, 에고의 욕구에 구속당하지 않는 자유 의지가 있다. 인생은 이런 세계를 찾아가는 여행이다. 자기 에고의 욕구를 명확히 아는 사람은 이미 그 세계로 올라갈 비행기에 탑승한 것이다. 사는 것이 힘들고 고달플지라도 존재의 세계로 들어가면 하늘의 위로가 있다. 여기서 사는 동안은 두려워할 것도 없다. 괴로워할 것도 없다. 그것들은 자기 성격에서 시작된 허상들이지 인생의 본질이 아니기 때문이다.

영어에 원더풀Wonderful이란 단어가 있다. 원더wonder가 풀full하다는 이야기다. '원더'는 놀라운 기이함이고 '풀'은 충만함이다. 인생은 원래 기이함이 충만한 곳이다. 하늘과 푸른 들판과 신령한 노래들, 흐르는 시냇물과 아름다운 새소리들, 뛰는 심장 소리와 걸어다니는 사람들, 이 모두가 신비이고 충만한 놀라움이다. 그러나 에고는 우리가 존재의 황홀한 충만함을 경험하지 못하게 가로막는다. K-DISC는 이때 필요하다. 성향 진단 후 나를 존재로 살지 못하게 하는 에고 덩어리들을 발견할 수 있기 때문이다.

예를 들면, D형의 에고는 분노다. 분노로 모든 공적을 한방에 날려버린다. I형의 에고는 즐거움과 사람들의 반응이다. 그들은 자기 존재를 남에게서 확인받으려고 모든 에너지를 분출한다. S형의 에고는 게으름과 이기적 자기 보호다. 그러므로 누군가에게 필요한 사랑을 적시에 보내지 않는다. C형의 에고는 비판적 거절이다. 인간과 자신에 대한 실망은 이들의 에너지를 없애버린다. 이러한 유형별 단점들을 보완하고 제거하는 훈련을 해야 한다. 그래야 자기 완성의 실현이 시작된다. 자기 완성의 세계는 자기 존재의 기이하고도 놀라운 에너지들로 가득한 곳이다. 인간은 자기 존재를 기이함으로 충만하게 만들어야 한다.

K-DISC는 이러한 존재가 될 수 있도록 자신을 발견하는 도구이다. 우리는 이제 얼굴부터 말투, 의상, 걸음걸이만 보아도 상대 유형을

파악할 수 있다. 그러므로 자기 이해에 에너지를 너무 오래 쏟지 말고, 다음 단계인 위대한 존재의 영역으로 들어가기 위해 빠르게 에고 죽이기를 시작해야 한다.

이 책 《홍광수의 K-DISC: 관계 혁명》에서는 에고 제거에 대한 내용을 다루지 못했다. 그래서 마치는 글을 통해 성향을 넘어서 존재로 살도록 안내한다. 에고는 우리 성격의 상처를 에너지원으로 먹고 산다. 습관적으로 분노하고 불안해하고 가슴 아파하는 사람들은 에고를 벗어날 수 없다. 에고는 나를 괴롭히고 결국은 죽음에 이르게 한다.

어린아이들은 소파에 올라가 높은 곳에 앉고 뛰기도 한다. 어른들은 소파에서 뛰거나 꼭대기에 걸터앉지도 않는다. 왜 아이들은 소파에서 뛸까? 재미있기 때문이다. 어른들은 소파가 망가지거나 먼지가 난다고 뛰지 않는다. 어른의 눈에는 먼지가 보이고 아이의 눈에는 재미가 보이는 것이다. 에너지 장을 볼 수 있는 '키를리안 사진'으로 소파에서 뛰는 아이들을 보면, 아이들 주변에 무지갯빛이 충만하다. 예수 그리스도는 어린아이와 같아야 천국에 들어갈 수 있다고 했다. 그것은 때 묻지 않은 순수한 영혼으로 살아가는 것이다.

우리는 언제나 떠오르는 생각 너머 존재의 의도를 읽고 듣는 훈련을 해야 한다. 지금 눈을 감고 자신의 모습을 떠올려보라. 어떤 자신이 보이는가? 가장 중요한 발견은 지금 자기 자신을 보는 '나'라는 존재가 살아있다는 것이다. 살아있는 것은 위대하다. 지금 살아있는 생명의 광휘를 보라. 자신의 몸 밖으로 뿜어져 나오는 무지갯빛의 황홀한 에너지를 보라.

관계 혁명은 다시 모든 관계의 줄을 연결하라는 말이다.

먼저, 신과 끊어진 관계를 다시 연결해야 한다. 이는 무릎 꿇고 기도하는 것이다.

다음은 가족과 관계를 회복해야 한다. 가정이 무너진 개인들은 너무 외롭다. 서로가 틀리다고 다투고 원망하는가? 기질과 성향의 원리를 안다면 모든 존재의 고유성을 인정하게 된다. 서로 다름을 이해하고 상호 보완하는 법을 배우는 것이 관계 혁명이다.

마지막으로 자기 자신과 관계를 회복하는 것이다. 자기 자신은 자기 내면의 존재를 말한다. 깊은 밤 고요 속에서 내면의 소리를 들으라. 존재는 항상 옳다. 존재와의 관계를 연결하는 사람은 가장 위대한 혁명을 이루는 사람이다. 자기 자신을 사랑하는 사람만이 타인과 진정한 관계의 줄을 이을 수 있다. 자신을 미워하지 말고 마음껏 사랑하라.

홍광수

북소울